INHALT

für Mirjam:
„Schwestern sind verschiedene Blumen aus demselben Garten."

Und für Vreni:
Danke für deine behutsame Ermutigung zum Aufblühen!

EINFÜHRUNG

....

DIE ANFRAGE

Meine persönliche Geschichte mit diesem Thema geht zurück auf eine Anfrage, die mich im Frühling 2014 erreichte: ob ich bereit sei, im kommenden Jahr beim Frauen-Impuls-Tag (FIT) im schweizerischen Wetzikon das Hauptreferat und einen Vertiefungsworkshop zum Thema *Blühe dort, wo du gepflanzt bist* zu halten.

Ich war hin- und hergerissen. War es angebracht, über blühendes Leben zu sprechen, wenn sich mein eigener Lebensgarten ernüchternd trostlos präsentierte? So fühlte es sich zumindest in meinem Inneren an. Von außen betrachtet meinten Einzelne, in meinem Lebensgarten durchaus Blumen zu erkennen. Ihre Sicht bezog sich aber vor allem auf äußere Erfolge, was meinem Empfinden nach mehr einer flüchtigen Momentaufnahme entsprach. Mit der viel tieferen Natur des Blühens, die ich mir für mein Leben ersehnte, hatte dies wenig gemeinsam.

Seit mich zwei Jahre zuvor gesundheitliche Probleme aus der Bahn geworfen hatten, kämpfte ich darum, wieder Herrin der Lage zu werden. Der Kampf sah allerdings nicht sonderlich vielversprechend aus. Im Spannungsfeld verschiedener Lebensrollen und dem Bemühen, es allen recht zu machen, blieb ich selbst viel zu oft auf der Strecke. Gehetzt. Gelebt. Niedergeschlagen. Erschöpft. Enttäuscht – von mir selbst, aber auch von anderen.

Als ich meine Bedenken äußerte, ob ich tatsächlich die geeignete Referentin für dieses Thema sei, sprach man mir Mut zu. Es gehe auch um Grenzen und darum, dass wir aufhören sollten, sehnsüchtig auf die scheinbar blühenden Lebensgärten anderer zu schielen. Wir sollten uns vielmehr darauf konzentrieren, die Möglichkeiten, die Gott in unser Leben gelegt hat, zu nutzen und verantwortungsbewusst unseren eigenen Lebensgarten zu pflegen. Meine Neugier war geweckt. Ich wollte dem Geheimnis blühenden Lebens unbedingt auf die Spur kommen. Also sagte ich gespannt zu.

DAS REFERAT UND DIE FOLGEZEIT

Nachdem ich fast ein Jahr lang mit dem Thema *Blühe dort, wo du gepflanzt bist* „schwanger" gegangen war, kam mit dem Frauen-Impuls-Tag 2015 der Tag der „Geburt". Im Hauptreferat sowie im Vertiefungsworkshop gab ich den Frauen Anteil an Gedanken, die mir im Vorfeld wichtig geworden waren. Viele dieser Gedanken sind in diesem Buch in vertiefter Version zu finden. Ich spürte, dass dies nur der Anfang meines Weges mit dieser Thematik sein würde. Kein Zweifel: Dieses Thema birgt Lernstoff für ein ganzes Leben!

Die Aufforderung *Blühe dort, wo du gepflanzt bist!* löste nicht nur bei mir etwas aus. In der Folgezeit erreichten mich immer wieder Anfragen für Referate zu diesem Thema – und dies, obwohl das Thema noch gar nicht auf meiner Themenliste erfasst war. Es schien einen Nerv im Leben vieler Frauen zu treffen und so war ich in den vergangenen drei Jahren an verschiedensten Orten in der Schweiz über 20-mal mit diesem Thema im Einsatz.

Ich sprach im *Frühling* darüber, als die Natur auf geheimnisvolle und berührende Weise zu neuem Leben erwachte und neue Lebenshoffnung weckte. Im *Sommer*, als sich das Auge an den kräftigen, satten Farben kaum sattsehen konnte und blühendes Leben so greifbar nahe war. Im *Herbst*, als sich goldene und stürmische Tage die Hand reichten und das Wechselbad der Natur auf das Gemüt der Menschen abfärbte. Im *Winter*, als die Dunkelheit und Kälte in vielen Herzen belastend Einzug hielt und der Gedanke an blühendes Leben zur Zumutung wurde. Mit jedem Referat – und zu jeder Jahreszeit – berührte mich das Thema wieder neu und wuchs mein Anliegen, meine Zuhörerinnen zu einem blühenden Leben zu ermutigen – unabhängig von der Jahreszeit, in der sich die Natur oder ihre Seele gerade befand.

DER TRAUM

Zu Beginn des Jahres 2017 willigte ich in dieses Buchprojekt ein. Wenig später träumte ich eines Nachts, wie ich in einem Krankenbett am Vorwort dieses Buches schrieb. Ich fand den Traum seltsam. Mit der Zeit geriet er wieder in Vergessenheit. Die Monate, die dem Traum folgten, waren schwierig. Meine Hoffnung, dass sich die gesundheitliche Situation, die mich seit vier Jahren herausforderte, entspannen würde, zerschlug sich. Neue Probleme traten auf und ein weiteres Jahr war von Arztbesuchen, Untersuchungen, schlaflosen Nächten, Schmerzen und der Einnahme von Medikamenten geprägt. Eine Operation sollte Linderung bringen. So lag ich im Oktober 2017 im Zimmer eines Krankenhauses und wartete auf einen Eingriff, der für den nächsten Tag geplant war. Ich war allein im Zimmer, da meine Bettnachbarin an jenem Tag operiert wurde. Das Krankenhausfenster gab den Blick frei auf einen wunderschönen Park. Die farbenprächtigen Herbstblätter schienen mit dem intensiven Blau des Herbsthimmels zu wetteifern. Die herrliche Farbenpracht wirkte wie Balsam auf meine wunde Seele. Die milde Herbstsonne warf lange Schatten auf die Grünflächen des Parks. Patienten und Besucher schritten langsam über die gepflegten Fußwege. Jeder trug seine eigene Geschichte, sein eigenes Schicksal, wie ein unsichtbares Gepäckstück mit sich. Einigen setzte die Last sichtbar zu.

Als ich so dalag, in diesem ruhigen Zimmer, und mir alle möglichen Gedanken durch den Kopf gingen, erinnerte ich mich plötzlich an den Traum. Ich griff nach einem leeren Notizbuch, das bereits darauf wartete, Gedankensplitter festzuhalten, die mich während meines Krankenhausaufenthaltes beschäftigten. Und indem ich im Krankenbett einige Gedanken für dieses Vorwort niederschrieb, wurde der Traum, den ich einige Monate zuvor gehabt hatte, Wirklichkeit.

IM KRANKENHAUS – 5. OKTOBER 2017

„Angespannt liege ich in einem Schweizer Krankenhaus. Ich hoffe und bete, dass die morgige Unterleibsoperation gelingt und dadurch meine gesundheitlichen Beschwerden der letzten Wochen und Monate gelindert werden.

Wenn ich an die vergangenen fünf Jahre zurückdenke, bin ich einmal mehr froh darüber, dass uns der Blick in unsere Zukunft verwehrt ist. Hätte ich vor fünf Jahren gewusst, was auf mich zukommen würde, hätte mich die Angst davor vielleicht zu einer Verzweiflungstat getrieben, um all dem auszuweichen. Doch dann hätte ich auch nicht erlebt, dass Zeiten des Zerbruchs, des Leidens, der körperlichen und seelischen Schwäche zu außergewöhnlichen Glaubenserfahrungen führen und auf besondere Weise zu Segenszeiten werden können. Sie sind Teil eines bedeutenden Prozesses – des inneren Werdens, Wachsens und Reifens.

Eine Blume wird auch durch Sturm und Regen zu dem, was sie ist, nicht nur durch Sonnenschein. Die Wurzeln der Wettertannen dringen umso tiefer und kraftvoller in den Boden, je heftiger die Unwetter und Stürme wüten. So sind Aushalten, Stillhalten und Warten auch im menschlichen Leben Teil eines Prozesses, der uns verändert und uns mit Gottes Hilfe über unsere menschlichen Begrenzungen hinauswachsen lässt. Am Rande der Überforderung und Erschöpfung hat der Schöpfer seine schützenden und segnenden Hände über mich gehalten und mir, wie einer zarten Pflanze, neue Lebenskraft und junge Triebe geschenkt. Er hat mein verletzliches Wesen fest in seiner Liebe verwurzelt.

Das Krankenhaus mag ein seltsamer Ort sein, um ein Buch über blühendes Leben zu beginnen. Doch vielleicht könnte er auch passender nicht sein, da auf diese Weise gleich zu Beginn Missverständnisse und falsche Vorstellungen ausgeräumt werden. Blühendes Leben ist nicht abhängig von Lebensumständen, die unserer Ansicht nach ideal sind. Wie sonst könnte sich eine Blume mitten in der kargen Wüste entfalten? Ein Kaktus Blüten bekommen? Eine Christrose mitten im kalten Winter aufblühen? Wie könnte ein Löwenzahn kraftvoll Asphalt durchbrechen? Wie könnte eine Mohnblume zwischen Kieselsteinen überleben? Eine uralte Rose von Jericho zu neuem Leben erwachen? Blühen ist ein Wunder. Umso mehr, weil Blühen oft in krassem Widerspruch zu den Lebensumständen steht. Doch genau dieses Wunder ist es, das mich mitten im hektischen Alltag innehalten lässt. Erst vergangene Woche blieb ich verblüfft stehen, als ich eine kleine Blume entdeckte, die aus einer Hausmauer ragte. *Wie kann das sein*, fragte ich mich, *dass eine so zarte Blume eine Mauer durchdringen kann? Das ist doch gar nicht möglich?* Und trotzdem geschieht es. Die Kraft des Blühens scheint jenseits der Naturgesetze zu liegen.

Wie ist das möglich? Diese Frage geht mir auch durch den Kopf, wenn ich das Leben von Menschen beobachte, die allen Grund hätten, aufgrund von Schicksalsschlägen verbittert zu sein, die aber trotzdem – mitten in schwierigsten Lebensumständen – ihrem Wesen entsprechend aufblühen und anderen Menschen zum Segen und Vorbild werden. Solche Menschen sind wie eine Blume in der Wüste. Ich halte inne und staune. Ich spüre, dass ich Zeugin eines Wunders bin, das mit rein menschlicher Logik nicht erklärt werden kann.

Ich stelle mir vor, wie berührend es wäre, wenn andere Menschen auch bei mir denken würden: *Wie ist das möglich? Wie kann sie trotz einer schwierigen Lebenssituation Zufriedenheit, Freude und Frieden ausstrahlen?* Und gleichzeitig spüre ich, wie weit ich hiervon oft entfernt bin. Ich möchte lernen, weniger nach perfekten

Lebensumständen zu streben und mich vielmehr nach demjenigen auszustrecken, der Blühen überhaupt erst möglich macht: Jesus Christus! Ich möchte lernen, ihm immer mehr zu vertrauen, dass er mich in schwierigen Zeiten näher an sein Herz zieht und mich mitten in allen Stürmen und offenen Fragen des Lebens seine Liebe spüren lässt. Und so will ich auch den morgigen Tag, mit dem geplanten Eingriff, vertrauensvoll in deine Hände legen, Herr.“

So weit mein Krankenhauseintrag. Den Eingriff habe ich gut überstanden und ich bin dankbar für Zeichen der Besserung. Während meiner Krankheitszeit hat mich der Gedanke an blühendes Leben immer wieder neu herausgefordert. Im Laufe der vergangenen Monate habe ich auch verschiedentlich Blumengrüße erhalten, von Familienmitgliedern oder lieben Freunden, die mich ermutigen wollten. Jede Blume war für mich ein kleiner Hoffnungsbote. Sie erinnerte mich daran, dass es einen Schöpfer gibt, der jedes Lebewesen – die kleinste Pflanze und jeden Menschen, auch mich – im Blick hat und die Voraussetzungen für blühendes Leben schafft.

BLAUER DAUMEN

Vielleicht übt die Pflanzenwelt auch deshalb eine besondere Anziehungskraft auf mich aus, weil die Gene meiner Vorfahren Spuren hinterlassen haben. Mein Großvater väterlicherseits schwärmte bereits als Kind davon, einmal Gärtner zu werden. Das Gemüse, das auf dem gepachteten Landstück der Familie gedieh, wurde auf dem Gemüsemarkt in Bern zum Verkauf angeboten und half mit, den Familienunterhalt zu sichern. Obwohl mein Großvater nur kurze Zeit als Gärtner arbeiten konnte, blieb die Gartenarbeit seine große Passion, auch nach der Pensionierung. Zu meinen Kindheitserinnerungen gehört der alljährliche Frühlingsbesuch meiner Großeltern. Am Morgen kamen sie jeweils mit einem Auto voller Blumen bei uns an. Am Abend, wenn sie wieder zurückkreisten, hatte sich unser Garten einmal mehr in ein kleines Blumenparadies verwandelt.

Die *Liebe* zu den Pflanzen hat sich definitiv auf mich übertragen. Aber leider nicht die *Gabe*, so mit Pflanzen umzugehen wie mein Großvater und viele andere Verwandte väterlicherseits. Viele von ihnen waren beziehungsweise sind ganz offensichtlich mit einem „grünen Daumen" gesegnet. Also mit der besonderen Gabe, dass Pflanzen unter ihrer kundigen Pflege wie von Wunderhand grünen, blühen und gedeihen. Diese Begabung hat sich zu meinem Bedauern nicht auf mich übertragen. Dementsprechend karg sieht auch unser Garten aus. Selbst das Wort „Garten" ist eine Übertreibung. Bis heute sind wir nämlich (abgesehen von einigen nicht sonderlich erfolgreichen Experimenten mit Balkonpflanzen und Ähnlichem) nicht über eine Grünfläche und einige auswechselbare Topfpflanzen hinausgekommen. Denn auch der Rest meiner Familie ist nicht wirklich mit grünen Daumen gesegnet.

Meine Gedanken zum „grünen Daumen" erinnern mich an eine originelle Überlegung unseres mittlerweile erwachsenen Sohnes vor rund 10 Jahren. Als er damals in der Schule damit begann, mit der Füllfeder zu schreiben, war Rubens Daumen nach einer der ersten Lektionen ganz blau von der Tinte. Zu Hause angekommen, erzählte mir der damals Achtjährige ganz stolz, dass er nach der Lektion zur Lehrerin gegangen sei und ihr gesagt habe: „Frau Ellenberger, einem guten Gärtner sagt man doch, er habe einen grünen Daumen!" Und während er ihr seinen blauen Daumen entgegenstreckte, meinte er schelmisch: „Schauen Sie mal! Ich habe einen *blauen* Daumen! Dann bin ich bestimmt ein guter Schüler!"

Ich musste so lachen und fand seinen Einfall einfach herrlich. Der blaue Daumen steht für mich seit jenem Tag sinnbildlich für die Gabe des Schreibens. Während andere leidenschaftlich gerne Zeit in ihren Gärten verbringen und Pflanzen zum Blühen bringen, arbeite ich ebenso leidenschaftlich gerne an Texten, um diese mit Buchstaben und Leben zu füllen. Wenn ich andere also schon nicht mit einem blühenden Garten erfreuen kann, möchte ich doch wenigstens meinen *blauen* Daumen dazu nutzen, um andere Menschen mit Worten zu blühendem Leben zu ermutigen.

Liebe Leserin, lieber Leser, herzliche Gratulation zu Ihrem Mut, sich Ihrem Lebensgarten zu stellen und Ihre Lebensblume oder Ihren Lebensbaum näher unter die Lupe zu nehmen! Die vertiefenden Abschnitte *Mein Lebensgarten*, die jedes Kapitel abrunden, möchten zu weiterem Nachdenken anregen und sollen dazu beitragen, dass Sie das Gelesene ganz konkret auf Ihre Lebenssituation übertragen können. Ich wünsche Ihnen viele hilfreiche Erkenntnisse, eine wohltuende Frühlingsbrise, reinigende Regenschauer, tiefe Wurzeln und ein strahlendes Aufblühen.

Debora Sommer, Strengelbach (Schweiz), im Oktober 2017

Ein starker Baum möchte ich sein
Wachsen in das Licht hinein
Mich blühend verschenken
Ganz ohne Bedenken
Kraftvoll in den Himmel ragen
Haufenweise Früchte tragen
Heimisch werden hier auf Erden
Anderen zur Heimat werden

Doch mit der Zeit, da wird mir klar
Nicht alles ist stets offenbar
Was unsichtbar verborgen
Prägt die Gestalt von morgen
Um das Große zu ergreifen
Muss erst Tiefe in mir reifen
Es geht durch Dunkelheit und Bangen
Um Licht und Blüten zu empfangen

Debora Sommer (7.11.2017)

1. WURZEL-GEDANKEN

....

„Wenn die Wurzeln tief sind,
braucht man den Wind nicht zu fürchten."
CHINESISCHES SPRICHWORT

Blühendes Leben ist in der Wahrnehmung der meisten Menschen
untrennbar mit Sichtbarem verbunden: Bäume, die in voller Früh-
lingsblüte stehen – Bäume, deren Zweige sich unter der Last reifer
Früchte biegen – Bäume in herbstlicher Farbenpracht – Bäume,
die in zartes Winterweiß gehüllt sind: Sie alle erregen Aufmerksamkeit und berühren unser Inneres. Blumen, deren kunstvolle
Blüten sich öffnen, faszinieren und versetzen in Staunen. Unbe-
stritten ist vieles, was im Bereich des Sichtbaren vor sich geht, von
großer Bedeutung und Wichtigkeit: allem voran das Sonnenlicht.
Pflanzen sind vom Sonnenlicht abhängig. Daher richten sie ihre
Wuchsrichtung immer zur Lichtquelle hin aus. Pflanzen brauchen
das Sonnenlicht, um zu wachsen und zu überleben. Außerdem
entziehen sie der Luft Kohlendioxid. Mit der Energie der Sonne
stellen sie aus diesem unsichtbaren Gas Nährstoffe her. Damit das
funktioniert, braucht eine Pflanze aber auch Wasser und Nährstoffe aus der Erde. Und hier kommen die Wurzeln ins Spiel.

Was angesichts der offensichtlichen Schönheit des Blühens oft völlig vergessen wird, ist die Tatsache, dass blühende Schönheit auch und ganz grundlegend das Resultat einer tief verborgenen, meist unsichtbaren Verwurzelung ist. Es sind die *Wurzeln*, die dem Baum Standfestigkeit verleihen und ihn nähren, damit er blühen und Frucht bringen kann. Die meisten Pflanzen (einige Algenarten und Ähnliches ausgenommen) können ohne Wurzeln nicht überleben.

Vergleichbares gilt für die menschliche Existenz: Auch Menschen brauchen „Wurzeln", die ihnen Halt, Stabilität, Kraft und Nahrung geben. Doch wie bei den Pflanzen wird bei den Menschen zumeist vor allem das zur Kenntnis genommen, was sichtbar ist. Das Unsichtbare hingegen bleibt dem menschlichen Auge verborgen und wird daher irrtümlicherweise oft als weniger wichtig erachtet. Diese eingeschränkte Sichtweise führt zu vielerlei Trugschlüssen und oberflächlichen Urteilen. Bis zu einem bestimmten Punkt kann „blühendes Leben" vielleicht sogar vorgetäuscht werden. Doch letzten Endes ist tragfähiges und ertragreiches blühendes Leben ein Resultat dessen, was unsichtbar im Wurzelwerk gewachsen ist. Daher muss die Auseinandersetzung mit diesem Thema genau hier ansetzen: an der Wurzel!

Lebenswichtige Wurzeln

Ein Blick in die Pflanzenwelt macht deutlich, dass es sich bei den Wurzeln um etwas zutiefst Lebensnotwendiges handelt. Die Wurzeln erfüllen eine Doppelfunktion: Sie bieten auf der einen Seite Halt, versorgen die Pflanze auf der anderen Seite aber auch mit Nahrung. Große, starke Bäume schlagen ihre Wurzeln tief ins Erdreich. Die Wurzeln geben ihnen Stabilität, indem sie sich im Boden verankern. So können Bäume auch heftigen Stürmen standhalten. Gleichzeitig erhalten sie über die Wurzeln Energie, Wasser sowie alle nötigen

Wurzeln geben Halt und versorgen mit Nahrung.

Nährstoffe. Darüber hinaus halten Wurzeln das Erdreich zusammen. So können weder Wind noch Regen die Erde dort abtragen.

GEHEIMNISVOLLES WURZELREICH

Über die Wurzeln haben Pflanzen nicht nur Zugang zum lebensnotwendigen Wasser, sondern auch zu Mineralstoffen, die sich im Boden befinden, zum Beispiel zu Salzen. Pflanzen brauchen diese Stoffe, um Zellen zu bilden; winzige Bausteine, die den Grundstoff der Stängel, Blüten und Blätter bilden. Die meisten Pflanzen sterben sofort, wenn man ihnen ihre Wurzeln abschneidet.

Das Wurzelreich ist ein Reich für sich. Einige Pflanzen verfügen über besonders tiefe Wurzeln, von denen die Hauptwurzel – die sogenannte „Pfahlwurzel" – senkrecht und kraftvoll in den Boden dringt. Pflanzen, die solche tief greifenden Pfahlwurzeln ausbilden, um an eher trockenen Standorten Wasservorräte aus den tieferen Bodenschichten nutzen zu können, werden im Fachjargon **„Tiefwurzler"** genannt. Einige Bäume können mit ihren Pfahlwurzeln unglaubliche Tiefen erreichen. Die Wurzeln der Tamariske beispielsweise erreichen in Trockengebieten manchmal eine Tiefe von bis zu 30 Metern! (Bei einer Wuchshöhe von maximal 15 Metern.)[1] Aber nicht nur Bäume – wie die Kiefer, Lärche, Esche, Eiche, Kastanie – gehören zu den Tiefwurzlern, sondern auch einige Blumenarten, wie zum Beispiel Rosen, Mohn, Lupinen, Löwenzahn und die Königskerze.

Interessant ist, dass die Tiefe der Wurzeln oft überhaupt nicht im Verhältnis zur Größe eines Baumes steht. Ein eindrückliches Beispiel hierfür ist der Riesenmammutbaum: Dieser immergrüne Baum kann bis zu unglaublichen 95 Metern hoch wachsen (der Küstenmammutbaum sogar bis zu 115 Metern).[2] Der Stamm erreicht einen Durchmesser von bis zu 17 Metern. Was überrascht,

---

1 vgl. http://www.gartenwissen.com/gartenlexikon/tiefwurzler [19.10.2017].
2 vgl. https://de.wikipedia.org/wiki/Riesenmammutbaum [19.10.2017].

ist die Tatsache, dass die Wurzeln älterer Riesenmammutbäume in ihrem natürlichen Verbreitungsgebiet, dem Hochgebirge Sierra Nevada in Kalifornien, in der Regel nicht tiefer als einen Meter in die Erde dringen. Riesenmammutbäume bilden nämlich kein tief-, sondern vielmehr ein flaches und weitreichendes Wurzelwerk aus. Sie gehören also zum Wurzeltypus der **„Flachwurzler"**. Ihre Wurzeln können sich bis zu 30 Metern seitwärts ausbreiten. Die Wurzeln verlaufen dicht unter der Bodenoberfläche und umfassen so eine riesige Fläche. Lediglich in Mitteleuropa wurden an jüngeren Mammutbäumen bis zu 1,80 Meter tiefe Pfahlwurzeln entdeckt. Doch selbst dies erscheint verhältnismäßig wenig für einen Baum dieser Größe.

Dank ihres geheimnisvollen und meist unsichtbaren Wurzelreichs können Pflanzen Jahr für Jahr ihr frisches Grün entfalten, aufblühen und Frucht bringen. Selbst einschneidende Ereignisse werden dank intakter Wurzeln überwunden: So können sogar aus Baumstümpfen frische, kleine Triebe sprießen. Solange die Wurzeln gesund sind, kann das Leben in überraschender Kraft zurückkehren und neues Blühen möglich machen.

Solange die Wurzeln gesund sind, ist neues Blühen möglich.

BLÜTENLOSE ORCHIDEEN

Genau dies hat mir vor einigen Jahren eine Floristin in unserem Dorf bestätigt, während sie einen wundervollen Blumenstrauß für mich band. Ich äußerte meine Enttäuschung darüber, dass eine herrliche Orchidee, die ich geschenkt bekommen hatte, viel zu schnell ihre Blüten verlor (für mich eine weitere Bestätigung für meinen fehlenden grünen Daumen). Zwei andere Orchideen, die etliche Zeit zuvor dasselbe Schicksal ereilt hatte, versuchte ich seit Monaten hingebungsvoll wieder zum Blühen zu bringen. Doch nichts geschah. Mit der Zeit fragte ich mich, ob die Mühe womöglich vergeblich war und ich die Pflanzen vielleicht doch besser auf dem Kompost entsorgen sollte. Natürlich ganz diskret, damit möglichst niemand meine Unfähigkeit zur Pflanzenpflege bemerkte oder, schlimmer noch, kommentierte.

Die Floristin bot mir an, bei Gelegenheit einen Blick auf meine blütenlosen Orchideen zu werfen. Als es so weit war, reichte ein kurzer Blick ihres geschulten Auges aus, um den Zustand meiner Sorgenpflanzen einzuschätzen. „Frau Sommer", sagte die Floristin zu mir, „Ihren Orchideen geht es ausgezeichnet! Solange die Wurzeln und Blätter so gesund und kräftig sind, sind alle Voraussetzungen für neue Blüten geschaffen. Kümmern Sie sich einfach weiter so um sie und dann werden sie bestimmt auch wieder blühen." Das hat mich ungemein beruhigt und mir Mut gemacht. Was ich an jenem Tag ebenfalls von der Floristin lernte, war sinngemäß Folgendes: Eine Orchidee ohne Blüten mag zwar etwas trostlos aussehen, ist aber völlig normal. Keine Blume kann immer nur blühen. Blumen müssen sich zwischendurch auch mal ausruhen dürfen. Die Art und Weise der Ruhephase sieht dabei von Orchidee zu Orchidee anders aus.

Um meine Geschichte mit den Orchideen abzuschließen: Nachdem meine Orchideen – trotz gesunder Wurzeln und Blätter – aus welchen Gründen auch immer entschieden hatten, ihre Ruhephase Jahr um Jahr zu verlängern, und kein neues Blühen begann, verlor ich eines Tages die Geduld. Ich gab sie weg – nicht dorthin, wo Sie vielleicht gedacht haben, sondern zu einer Bekannten mit einem grünen Daumen. Vermutlich haben meine Orchideen bei ihr nach wenigen Wochen alle wieder geblüht ... Aber so genau wollte ich es eigentlich gar nicht mehr wissen.

Dank meiner Orchideen habe ich gelernt, dass berechtigte Hoffnung auf blühendes Leben besteht, solange die Wurzel gesund ist. Wenn aber die Wurzel krank ist oder verdorrt, zum Beispiel weil sie nicht genügend Wasser

Um einer Pflanze das Blühen zu ermöglichen, muss ich mich in erster Linie um ihre Wurzeln kümmern.

erhalten hat, dann geht die Blume oder der Baum ein. Um einer Pflanze das Blühen zu ermöglichen, muss ich mich also in erster Linie um ihre Wurzeln kümmern. Ein afrikanisches Sprichwort besagt: „Was nicht in die Wurzel geht, geht auch nicht in die Krone." Ich muss mich darum kümmern, dass meiner Pflanze gute Erde, genügend Wasser und genügend Raum zur Verfügung stehen, damit sich ihre Wurzeln entfalten und gesund entwickeln können.

MENSCHLICHE VERWURZELUNG

Auch Menschen brauchen feste Wurzeln. Damit sind natürlich Wurzeln im übertragenen Sinne gemeint, denn Menschen sind biologisch ganz anders geartet als ein Baum und von Natur aus mobile Wesen. Und doch sind innere Wurzeln auch für das menschliche Leben von größter Bedeutung. Wie bei einem Baum, bei dem die Wurzeln an der Erdoberfläche zusammenlaufen und den Stamm bilden, tragen auch die inneren Wurzeln eines Menschen dazu bei, seinen „Stamm" beziehungsweise seine Gestalt und seine Persönlichkeit zu formen.

Die Frage nach den menschlichen Wurzeln führt uns zu grundlegenden Fragen wie: Wo komme ich her? Wer oder was gibt meinem Leben Halt, Nahrung, Stabilität, Energie? Wurzel-Gedanken können unangenehm sein. Sie berühren Grundfragen, gehen an die Existenz – an die Wurzel eben. Das tut manchmal weh, kann aber auch aufschlussreich und heilsam sein. Über die eigene Verwurzelung nachzudenken, bildet eine wichtige Voraussetzung für blühendes Leben.

Innere Wurzeln sind für das menschliche Leben von größter Bedeutung.

Doch was soll man sich konkret unter menschlichen Wurzeln vorstellen? Man kann zum Beispiel in seiner Heimat verwurzelt sein, in seiner Herkunftsfamilie, in seinem Glauben, seinen Überzeugungen, seinem Freundeskreis und vielem mehr. Gesunde Wurzeln geben Kraft und Halt und ermöglichen inneres Wachstum. Wer in seinem Leben starke Wurzeln treiben konnte, den wirft nichts so leicht um. Ein Mensch hingegen, der ohne ein intaktes Wurzelwerk lebt, das ihm Halt, Orientierung und Nahrung gibt, kommt nur schlecht in seinem Leben zurecht.

SEHNSUCHT NACH HEIMAT

Wurzeln hat man, ob man will oder nicht. Selbst Menschen, die behaupten, wurzellos zu leben, werden in gewissen Momenten mit ihren scheinbar fehlenden Wurzeln konfrontiert. So kann zum Beispiel ein bestimmter Geruch eine verblasste Kindheitserinnerung wachrufen. Selbst demente Menschen erinnern sich an erstaunlich viele Dinge aus der Vergangenheit. Jeder Ort der Erde, jeder Haushalt hat seinen ganz individuellen Duft: eine Geruchsmischung, die sich aus einer Vielzahl von Einzelgerüchen zusammensetzt. Diese typischen Herkunftsgerüche bleiben in uns hängen, ob wir wollen oder nicht. So kann es sein, dass durch Gerüche, vielleicht aber auch durch Klänge, eine Landschaft, ein Bild oder etwas anderes ganz unversehens die eigenen Wurzeln berührt werden. Und wie beim Zahnarzt kann eine solche Wurzelberührung manchmal auch wehtun.

Doch eine Verleugnung der eigenen Wurzeln kann ernsthafte Erkrankungen der Seele nach sich ziehen. Zu behaupten, man könne ohne jegliche Wurzeln existieren, wäre nichts anderes als Selbstbetrug. Jeder Mensch braucht Halt und sehnt sich tief in seinem Innersten nach Heimat und Zugehörigkeit. Denn Heimat ist mehr als eine idyllische Landschaft oder die Erinnerung an ein graues Vorstadtviertel. Heimat bedeutet den vertrauten Umgang mit anderen Menschen, die den eigenen Heimathorizont teilen. Und selbst wenn die alte Heimat verloren geht, bleibt die Sehnsucht danach bestehen. Es bleibt ein schmerzliches Heimweh – nach Menschen, Orten und Zeiten, die man verloren hat oder loslassen musste.

Der russische Schriftsteller Andrei Donatowitsch Sinjawski sagte einst: „Heimat ist kein geographischer Begriff. Man trägt sie in sich selbst."[3] Insbesondere bei Menschen, deren Herkunftsgeschichte ungeklärt ist (sei es aufgrund einer Adoption, eines unbekannten Elternteils, der Einwanderung aus einem anderen Land etc.), wächst oft früher oder später die Sehnsucht, mehr über ihre Herkunft und damit über ihre Wurzeln zu erfahren. Sehnsucht nach Heimat und nach den eigenen Wurzeln ist etwas zutiefst Menschliches. Es zeigt, dass ich Teil einer langen Geschichte bin. Ich bin eingebettet in Umstände, in Gegebenheiten, in Grenzen und Möglichkeiten. Und im Rahmen der Grenzen und Möglichkeiten meines Lebensgartens möchte ich meinen eigenen Beitrag zur Geschichte leisten.

Ins Hier und Jetzt gepflanzt

Die Aussage *Blühe dort, wo du gepflanzt bist* bringt abgesehen von der Aufforderung zum Blühen auch zum Ausdruck, dass jeder Mensch „gepflanzt" ist. Dies stellt uns vor weitere Wurzel-Fragen, die es im Laufe dieses Buches zu beantworten gilt. Zum Beispiel: Von wem bin ich denn gepflanzt? An welchen Ort wurde ich gepflanzt? Vielleicht auch: Was ist, wenn mir der Ort, an den ich gepflanzt wurde, nicht gefällt – ist Blühen dann überhaupt möglich?

In Kapitel 2 werde ich darauf eingehen, auf wen das Zitat *Blühe dort, wo du gepflanzt bist* zurückzuführen ist und in welchem Zusammenhang es ursprünglich verwendet wurde. An dieser Stelle sei lediglich vorweggenommen, dass der Urheber des Zitats eine klare Antwort auf die grundlegende Frage „Von wem bin ich gepflanzt?" voraussetzte: Gott selbst!

---

3 vgl. http://www.kas.de/wf/de/33.30938 [13.02.2018].

GOTT ALS GÄRTNER

Am Anfang der Bibel wird beschrieben, wie Gott die Welt geschaffen hat und mit ihr Pflanzen, Tiere und Menschen. Gott wird uns folglich in gewisser Weise auch als schöpferischer Gärtner vorgestellt.

Das Bild von Gott als Gärtner begegnet uns auch an anderen Stellen in der Bibel. Zunächst in Bezug auf die Beziehung zu seinem Volk. In Jesaja 5 zum Beispiel beschreibt der Prophet Jesaja das Verhältnis zwischen Gott und seinem Volk mit dem Bild eines Gartens beziehungsweise einer Pflanzung. In einem Lied beschreibt Jesaja, wie Gott liebevoll einen Weinberg anlegte: *Auf einem Hügel, sonnig und fruchtbar, lag das Grundstück meines Freundes. Dort wollte er einen Weinberg anlegen. Er grub den Boden um und räumte alle großen Steine fort. Die beste Rebensorte pflanzte er hinein. Er baute einen Wachturm mittendrin und meißelte einen Keltertrog aus dem Felsen. Wie freute er sich auf die erste Ernte, auf saftige und süße Trauben!* (Jesaja 5,1-2). Welche Enttäuschung für den Gärtner, als statt der erhofften süßen Trauben bloß saure Beeren zum Vorschein kamen! *»Habe ich für meinen Weinberg nicht alles getan?«*, fragt der Gärtner in Jesaja 5,4. Enttäuscht fährt er fort: *»Konnte ich nicht mit Recht eine reiche Ernte erwarten? Warum brachte er nur kleine, saure Trauben?«*. Der Prophet Jesaja erklärt den Israeliten: *Dies ist eure Geschichte, ihr Israeliten. Ihr seid der Weinberg, und euer Besitzer ist der Herr, der allmächtige Gott. Ihr aus Israel und Juda, ihr seid die Pflanzung, auf deren Erträge er sich freute. Er wollte von euch gute Taten sehen, doch er sah nur Bluttaten; ihr habt nicht Recht gesprochen, sondern es gebrochen!* (Jesaja 5,7). Trotz aller liebevollen und fachkundigen Vorarbeit des Gärtners lag es auch in der Verantwortung der Israeliten, von welcher Qualität ihre Früchte waren.

Für unsere Gegenwart leite ich aus Jesaja 5 folgende Erkenntnisse ab: Gott ist wie ein großer Gärtner, der die Menschen in ihren ganz individuellen Lebensgarten hineinpflanzt. Er hat auch Sie und mich ganz bewusst ins Dasein gepflanzt. Mit anderen Worten: Sie sind von Gott gepflanzt, weil Gott wollte, dass Sie sind!

Sie sind von Gott gepflanzt, weil er wollte, dass Sie sind! Sie sind seine Absicht, kein Zufall.

Sie sind seine Absicht, kein Zufall. Er wollte genau Sie. Genau hier und genau jetzt. In diesem liebevollen und vorsätzlichen Schöpfungsakt sind die „Pfahlwurzeln" Ihrer Existenz zu finden.

Er schafft außerdem Voraussetzungen, die Wachstum und Blühen möglich machen. Und er sehnt sich danach, gute Erträge aus seiner Pflanzung zu sehen. Doch er erzwingt kein Wachstum. Er schenkt der Pflanze vielmehr Freiheit und schafft Raum für Eigenverantwortung. Mit anderen Worten: Menschliche Pflanzen sind für ihr Wachstum maßgeblich mitverantwortlich.

Der Weinberg, von dem in Jesaja 5 die Rede ist, verfiel. Doch das war nicht das Ende. Es blieb die Hoffnung, dass der Weinberg eines Tages wieder blühen würde. In Jesaja 27,2-6 finden wir ein neues Weinberglied. Darin verkündet der Gärtner stolz: »Einen prächtigen Weinberg habe ich. Kommt, singt ein Lied zu seiner Ehre! Ich selbst, der Herr, bin sein Wächter. Ich bewässere ihn immerzu. Tag und Nacht behüte ich ihn, damit nichts und niemand ihm schaden kann. Mein Zorn ist längst vergangen! Wenn Dornengestrüpp und Disteln meinen Weinberg überwuchern wollen, erkläre ich ihnen den Krieg! Ausreißen und verbrennen werde ich sie! So geht es allen, die nicht Schutz bei mir suchen und nicht Frieden mit mir schließen. Ja, sie sollen Frieden schließen mit mir!« Und der Prophet Jesaja ergänzt: »Es kommt die Zeit, da werden die Nachkommen von Jakob wieder in ihrem Land Wurzeln schlagen. Israel wird grünen und blühen und mit seinen Früchten die ganze Erde bedecken.« Besonders berührend finde ich an dieser Stelle die Beschreibung, wie liebevoll Gott sich um seinen Weinberg kümmert, wie er ihn bewässert und ihn bewacht, damit ihm nichts geschieht. Unverändert liebevoll und behutsam wacht Gott bis heute über dem Wachstum, der inneren Entwicklung der Menschen, die er selbst ins Dasein gepflanzt hat. Selbst die Trockenheit und Dürre der Wüste kann nicht verhindern, dass blühendes Leben einen Weg findet – das machen zahlreiche Bibelstellen im Alten Testament deutlich, auf die ich in Kapitel 2 noch genauer eingehen werde.

Bis heute hat Gott nichts von seiner Macht eingebüßt, Menschen auch durch Wüstenzeiten zu tragen, sie zu versorgen, zu heilen, zu trösten, ihnen neuen Mut zu schenken und ihre Lebenspflanze wieder aufkeimen zu lassen: *»Wenn ihr das alles seht, werdet ihr wieder von Herzen fröhlich sein, und neue Lebenskraft wird in euch aufkeimen wie frisches Gras«* (Jesaja 66,14). So kann uns das Bild des Gartens immer wieder neu daran erinnern, dass wir wie eine Blume oder ein Baum in Gottes Garten wachsen dürfen. Wir haben alles, was es dafür braucht, auch wenn es momentan nicht danach aussehen mag. Gott selbst stellt es uns zur Verfügung.

MARIA UND DER „GÄRTNER"

In Johannes 20,11 lesen wir, wie Maria draußen vor dem leeren Grab weinte, weil sie den Leichnam von Jesus nicht mehr finden konnte. Als sie sich weinend ins Grab beugte, saßen zwei Engel an der Stelle, wo der Leichnam von Jesus gelegen hatte. Die Engel fragten Maria: *»Warum weinst du?«* Maria antwortete: *»Sie haben meinen Herrn weggenommen, und ich weiß nicht, wo sie ihn hingebracht haben«* (Johannes 20,13; Hfa). Auf einmal stand Jesus hinter ihr. Sie drehte sich zu ihm um und sah ihn an, aber sie erkannte ihn nicht. Da sie dachte, Jesus sei der Gärtner, sagte sie zu ihm: *»Hast du ihn weggenommen? Dann sag mir doch bitte, wohin du ihn gebracht hast. Ich will ihn holen«* (Johannes 20,15). Der vermeintliche Gärtner sprach Maria an. Er sagte ihren Namen *»Maria!«* und das änderte alles. Dieses eine Wort genügte, dass Maria den Auferstandenen erkannte. Sie rief *»Rabbuni!«, das ist Hebräisch und heißt: »Mein Lehrer«* (Johannes 20,16).

Wieso hält Johannes fest, dass Maria Jesus mit einem Gärtner verwechselte? Ist das nicht ein unwesentliches Detail? Es schien Johannes wichtig zu sein, sonst hätte er es nicht überliefert. Insbesondere nicht, weil es sich hier um eine bedeutende Gottesbegegnung handelt – die erste Begegnung mit dem Auferstandenen. Diese Szene weist Parallelen zum Schöpfungsbericht auf und erinnert an den Gärtnergott am Anfang der Bibel, der neues Leben schuf: Menschliches Leben entstand, als Gott Staub vom Erdboden seinen Lebensatem einhauchte (vgl. 1. Mose 2,7). Gott schuf den Menschen als Mann und Frau, segnete sie und nannte sie „adam", was so viel bedeutet wie „Mensch" (vgl. 1. Mose 5,1-2). Er pflanzte einen Garten in der Landschaft Eden und brachte den Menschen, den er geformt hatte, dorthin (vgl. 1. Mose 2,8).

Gärten sind in der Bibel wiederholt Schauplätze wichtiger Stationen in der Geschichte Gottes mit den Menschen: der Garten Eden, in dem sich die ersten Menschen Gottes Gebot widersetzten; der Garten Gethsemane, in dem Jesus verraten und gefangen genommen wurde; und schließlich der Garten bei Golgatha, wo Jesus starb und nach seiner Kreuzigung bestattet wurde (vgl. Johannes 19,41). Im Internet und anderswo stößt man wiederholt auf das Zitat: „In einem Garten ging die Welt verloren, in einem Garten wurde sie erlöst." Dabei handelt es sich um eine verkürzte Form einer Aussage von Blaise Pascal, die jener in seinen *Pensées* ähnlich formulierte: „Jesus ist in einem Garten, nicht in einem der Wonne wie der erste Adam, wo er sich und das ganze Menschengeschlecht verlor, sondern in einem der Qualen, wo er sich und das ganze Menschengeschlecht errettete."[4]

> Als großer Gärtner schafft Gott neues Leben.

Wie der Gärtnergott einst dem ersten Menschen den Atem des Lebens einhauchte, so haucht der Gärtnergott in der Johannes-Stelle am Ort des Todes nun auch Maria neues Leben ein, indem er sie bei ihrem Namen ruft. Maria, die bis zum bitteren

---

4 Das Zitat ist den *Pensées* von Blaise Pascal entnommen mit dem Titel *Le mystère de Jésus*. Im Original lautet das Zitat: „Jésus est dans un jardin non de délices comme le premier Adam où il se perdit et tout le genre humain, mais dans un de supplices où il s'est sauvé et tout le genre humain" (vgl. http://www.penseesdepascal.fr/JC/JC18-moderne.php [15.12.2017]).

Tod von Jesus bei ihm ausgeharrt hatte, ist die erste Zeugin des neuen ewigen Lebens, das durch Jesus möglich wird. Statt des toten Leichnams findet Maria den auferstandenen Jesus, der wenig später zu seinem himmlischen Vater zurückkehrt und durch seinen Geist nun überall in der Welt wirkt. Als großer Gärtner schafft Gott neues Leben. Selbst dort, wo die Gegner meinten, dem Leben von Jesus ein Ende gesetzt zu haben, schaffte Gott einen ganz neuen Anfang.

MENSCHLICHER LEBENSGARTEN

So hat der Schöpfergott auch Sie ganz bewusst ins Leben, ins Hier und Jetzt gepflanzt. Sie sind von ihm gewollt und geliebt. Er wollte, dass es Sie gibt, und er hat Sehnsüchte im Hinblick auf das Aufblühen Ihres Lebens.

Doch noch ist die Frage nach dem Lebensgarten nicht geklärt. Das Bild des Lebensgartens kann ganz unterschiedlich gedeutet und interpretiert werden. Man könnte es ganz allgemein verstehen in dem Sinne, dass ja die ganze Welt in gewisser Weise Gottes Garten ist. Wenn wir uns jedoch an das Beispiel des Weingartens erinnern, wird deutlich, dass hier von einem ganz individuellen Garten die Rede war – symbolisch für eine bestimmte Situation und eine bestimmte Zielgruppe.

In diesem Buch definiere ich den Begriff „Lebensgarten" wie folgt: Ich bin überzeugt, dass Gott jeden Menschen in eine ganz konkrete Lebenssituation hineingepflanzt hat. In eine bestimmte Zeit, in ein bestimmtes Land, in eine bestimmte Familie oder Herkunftssituation. Das alles haben wir uns nicht ausgesucht. Mein Lebensgarten hat Grenzen, die unveränderlich sind. Dazu gehören die Geschichte meiner Herkunft, die Beschaffenheit meiner Heimaterde (im Bild die Beschaffenheit des „Erdbodens") sowie meine Lebensdauer. Des Weiteren die gegenwärtige Zeitepoche, kulturelle Gegebenheiten, mein Geschlecht, Grenzen meiner Persönlichkeit (im Bild gesprochen die Pflanzengattung, die ich verkörpere) sowie individuelle Begrenzungen (zum Beispiel gesundheitlicher oder anderer Art). Innerhalb dieses unveränderlichen Rahmens stehen mir in meinem Lebensgarten verschiedene Gestaltungsmöglichkeiten zur Verfügung. Ich darf meinen Lebensgarten aktiv mitgestalten. Bis zu einem gewissen Punkt bin ich sogar mitverantwortlich, wie es mir in meinem Lebensgarten ergeht. Das hängt unter anderem von Entscheidungen ab, die ich treffe. Manchmal muss ich die Konsequenzen von Entscheidungen tragen, die nicht weise waren, und manchmal muss ich Stürme aushalten, die in keiner Weise von mir verschuldet sind.

In diesem Sinne verstehe ich unter Lebensgarten den von Gott bestimmten Rahmen meines Lebens, meine Lebensgrenzen und -möglichkeiten, und nicht eine Vielzahl von unterschiedlichen Lebensgärten, von denen ich mal den einen, mal den anderen bewohne. Doch innerhalb der Grenzen meines Lebensgartens kann ganz viel geschehen! Je nach Lebensdauer ist mein Lebensgarten von beachtlicher Größe, weist geheimnisvolle Winkel und abenteuerliches Gelände auf. Innerhalb meines Lebensgartens werde ich vielleicht verpflanzt (zum Beispiel durch einen Wohnortwechsel oder anderes). Manchmal an Orte, an denen ich so richtig aufblühen kann, und dann finde ich mich plötzlich an Orten wieder, an denen jegliches Blühen schier unmöglich erscheint.

So wie in der Natur sind auch die menschlichen Lebensgärten ganz unterschiedlich. In der Natur gibt es eine Vielzahl von Gärten: Steingärten, Rosengärten, Wüstengärten, Wildblumengärten, verwilderte Gärten, gepflegte Gärten, ausgetrocknete Gärten, reich bewässerte Gärten und so weiter. Oder im Bild der Jahreszeiten: Es gibt Frühlingsgärten, Sommergärten, Herbstgärten und Wintergärten. Eine der größten Herausforderungen beim Thema Lebensgärten ist das Vergleichen. Immer wieder fällt unser Auge auf Gärten, die so viel wunderbarer sind und scheinbar viel bessere Voraussetzungen zum Blühen bieten. Und im Stillen denkt man sich: Ach, wenn ich in einem solchen Garten wäre, dann könnte ich auch blühen, aber nicht hier in meinem Lebensgarten. Neidisch blickt man auf die herrlichen Gärten anderer: bewundert die tolle Figur der Schwägerin und ihr elegantes Auftreten; sieht, wie glücklich die verheiratete Nachbarin mit ihrer Familie ist, bewundert ihr schönes Haus, die braven Kinder; sieht die Singlefreundin ihre Freiheiten genießen; ist neidisch auf den tollen Job des Bruders und so weiter. Und dann blickt man entmutigt auf die eigenen Lebensumstände, seine persönlichen Grenzen und lässt traurig

Eine der größten Herausforderungen beim Thema Lebensgarten ist das Vergleichen.

den Kopf hängen. Dem Vergleichen folgt Undankbarkeit und am Ende vielleicht sogar Resignation. Hier gilt es, zunächst eine neue Sicht auf den eigenen Lebensgarten zu entwickeln und neben den Grenzen auch die Möglichkeiten zu erkennen, die eine aktive Gestaltung des Lebensgartens durchaus zulassen.

„INS LEID GEPFLANZT – INS GLÜCK GEWACHSEN"

Berührt halte ich das Buch von Simea Schwab mit dem Titel *Ins Leid gepflanzt, ins Glück gewachsen* in den Händen.[5] Berührt deshalb, weil das Buch von einer Frau geschrieben wurde, die seit Geburt ohne Arme lebt und deshalb ihre Füße als Hände benutzt. Die Frau weiß, wovon sie schreibt, und ich bin zutiefst beeindruckt von ihrer Stärke und ihrem Mut, sich ihrer Lebenssituation in allen Herausforderungen und Widrigkeiten zu stellen. Sie musste lernen, damit zu leben, von anderen angestarrt zu werden, und sie musste viele Enttäuschungen und Rückschläge überwinden. Sie ist immer wieder auf Hilfe angewiesen und hat trotz allem Unglaubliches geschafft, meistert das Leben auf beeindruckende Weise und ist zu einer Blume aufgeblüht, die viele Menschen in Staunen versetzt, sodass sie sich fragen: Wie ist so etwas bloß möglich?

---

5 Schwab, Simea 2016. *Ins Leid gepflanzt, ins Glück gewachsen. Nachdenken über Freud und Leid.* Bern: Blaukreuz-Verlag.

Die Lebensgärten, in die wir hineingepflanzt wurden, sind in der Tat unterschiedlich und einige Menschen finden sich in unglaublich schwierigen Lebensumständen wieder. Viele Fragen bleiben unbeantwortet und wirken bedrückend. Zum Beispiel: Wieso habe ich das Vorrecht, dass ich in ein sicheres Land wie die Schweiz hineingeboren wurde – in dem Gott sei Dank die meisten Menschen genügend Nahrung und ein Dach über dem Kopf haben –, während andere Menschen in Verhältnisse hineingeboren werden, die von Armut, Krankheit, Krieg und Hass dominiert werden. Wie soll auf einem solchen Lebensboden je etwas blühen können?

Des Weiteren denke ich an Begrenzungen oder Schwierigkeiten, die von Geburt an da sind. Dabei kann es sich beispielsweise um Geburtsgebrechen, Behinderungen oder Krankheiten handeln, die das Leben begleiten. Vielleicht auch um den Schmerz, dass man als Kind nicht gewollt war oder schon früh seine Eltern (oder einen Elternteil) verloren hat. Oder dass tragische Erlebnisse wie Missbrauch oder Ablehnung die Kindheit prägten. Ich denke hier also an Dinge, die die Beschaffenheit eines Lebensgartens von Anfang an beeinflussen und nie ungeschehen gemacht werden können. An Gegebenheiten, mit denen man leben muss, solange die Zeit im Lebensgarten andauert. Der Lebensboden, in den man hineingepflanzt wurde, ist steinig und trocken und die Voraussetzungen zum Blühen scheinen menschlich gesehen nicht gegeben. Und doch zeigt das Beispiel einiger Menschen auf eindrückliche Weise, dass selbst die schwierigsten Lebensumstände blühendes Leben nicht per se unmöglich machen. Selbst wenn widrigste Umstände unser Leben negativ beeinflussen, liegt es immer noch an uns, wie wir mit diesen negativen äußeren Umständen umgehen und damit leben. Wir werden uns später noch ausführlicher mit dieser Thematik auseinandersetzen.

Selbst widrigste Lebensumstände machen blühendes Leben nicht per se unmöglich.

32

„Dort, wo du gepflanzt bist" bedeutet: Genau da, wo Sie heute in Ihrem Leben sind, genau in diesen Lebensumständen, genau in diesen Schwierigkeiten, genau mit dem, was Sie zu geben oder nicht zu geben haben, ist alles da, um Ihr Leben zum Blühen zu bringen!

Von Stürmen entwurzelt

Wir sind also vom Schöpfergott in unseren Lebensgarten einge-pflanzt. Doch wie in der Natur gibt es auch im menschlichen Le-ben Stürme. Niemand bleibt davon verschont. Zuweilen scheint es allerdings so, als ob einigen Menschen mehr zugemutet würde als anderen. Als ob sie intensivere und mehr Stürme aushalten müss-ten. Andererseits kann man nie wirklich beurteilen, wie Einzelne einen Sturm (egal welcher Stärke) empfinden. Manchmal sind die Stürme so heftig (oder werden Stürme als so heftig *empfunden*), dass im schlimmsten Fall eine Entwurzelung droht.

GEFÄHRLICHE ENTWURZELUNG

Simone Weil, eine französische Philosophin, Lehrerin und Sozial-aktivistin jüdischer Abstammung, schrieb im Jahr 1943, also mit-ten im Zweiten Weltkrieg: „Die Entwurzelung ist bei Weitem die gefährlichste Krankheit der menschlichen Gesellschaft."[6] Wenn man den Ausdruck „die gefährlichste Krankheit" liest, denkt man vermutlich eher an Krebs oder Ähnliches als an die „Krankheit" der Entwurzelung. In der Natur bedeutet die Entwurzelung eines Baumes durch einen Sturm sein Ende. Simone Weil schrieb weiter: „Die Verwurzelung ist vielleicht das wichtigste und meistverkann-te Bedürfnis der menschlichen Seele."

Während ich diese Zeilen schreibe, peitscht draußen ein

---

6 vgl. https://www.rundschau-online.de/11599186 [19.10.2017].

Herbststurm den Regen gegen die Fenster unseres geräumigen Büros im Dachgeschoss. Im Grunde genommen mag ich stürmisches Wetter, vor allem dann, wenn ich mich zu Hause zurückziehen und schreiben oder nachdenken kann. Aber heute hat es mich nachdenklich gemacht. Als ich nämlich vorhin kurz im Auto unterwegs war, erwähnte der Nachrichtensprecher, dass heute früh eine Frau von einem umgestürzten Baum tödlich getroffen wurde. Und zwar in einem Schweizer Dorf, das ich gut kenne, weil ich dort mehrere Jahre gelebt habe. Etwas später war im Internet ein Bild des umgestürzten Baums zu sehen. Was für ein Baum! Unvorstellbar, was hier für Kräfte im Spiel gewesen sein mussten, dass ein Baum dieser Höhe und mit diesem Umfang einfach umkippte. Nun lag er da, komplett entwurzelt. Und – besonders leidvoll – hatte einen Menschen unter sich begraben.

Diese Begebenheit illustriert auf bedrückende Weise, wie verheerend und gefahrvoll eine Entwurzelung ist. Wenn ich von „Entwurzelung" spreche, meine ich nicht eine grundsätzlich schwierige Beschaffenheit des „Erdbodens", in den ich – wie zuvor erwähnt – hineingepflanzt werde, sondern ich spreche von Dingen, die mitten in unserem Alltag ganz unerwartet und mit solcher Wucht über uns hereinbrechen, dass unsere Lebenspflanze erbarmungslos aus dem Boden gerissen wird. Zum Beispiel, wenn ich mit der Nachricht konfrontiert werde, dass ein mir nahestehender Mensch schwer erkrankt ist. Oder wenn ich von einem geliebten Menschen Abschied nehmen muss. Vielleicht auch, wenn mich finanzielle Probleme – ob selbst verschuldet oder nicht – in existenzielle Nöte stürzen. Vielleicht war ich unvorsichtig im Verkehr und ein anderer Mensch ist durch mich zu Schaden gekommen. Entwurzelung kann auch durch den unerwarteten Verlust der Arbeitsstelle kommen. Aber vielleicht auch, wenn ich mit der ganz neuen Situation im Ruhestand nicht mehr klarkomme. Es kann sein, dass mich ein Wohnortwechsel

Eine Entwurzelung ist verheerend und gefahrvoll.

entwurzelt. Vielleicht muss ich mich in einem neuen Land zurechtfinden – gewollt oder auch ungewollt. Ohne dass ich mir das ausgesucht habe. Vielleicht wurde ich sogar gezwungen, mein Land zu verlassen. Tausende von Menschen erleiden in diesen Tagen ein solches Schicksal.

BLÜHEN TROTZ ENTWURZELUNG?

Eine biblische Geschichte, die mich in diesem Zusammenhang immer wieder neu berührt, findet sich in Jeremia 29. Schauplatz der Geschichte ist die Stadt Babylon vor rund 2600 Jahren. Zu den Hauptfiguren des Kapitels gehört eine Gruppe verbannter Israeliten, die den Angriff der Babylonier überlebt hatte und anschließend durch König Nebukadnezar II. nach Babylon verschleppt und dort angesiedelt wurde. Bei den zuerst Verschleppten handelte es sich vor allem um Angehörige der Oberschicht, um Verantwortungsträger (zum Beispiel den König, Fürstensöhne, Hofbeamte, Älteste, Priester, Propheten und so weiter). Sie alle wurden durch das Exil entwurzelt. Nicht mehr in der Nähe des Tempels in Jerusalem zu sein, bedeutete für den gläubigen Juden auch, nicht mehr in Gottes Nähe zu sein. Denn Gott wohnte im Tempel. Der Tempel war der einzige Ort, an dem man Gott begegnen und Sündenvergebung erhalten konnte. Fern der Heimat, fern von Gott tauchten Fragen auf. In den Augen der Babylonier hatte ihr Gott kläglich versagt. Wie sollten sie hier in der Fremde ihren Glauben leben können? Falsche Propheten versuchten, sie zu einem Aufstand gegen die Babylonier zu motivieren.

In dieser Situation erhielten sie einen Brief von Jeremia. Als Prophet hatte Jeremia die Aufgabe, dem Volk Israel Botschaften von Gott zu überbringen. Der Inhalt seines Briefes überrascht. Angesichts der Situation des Volkes würde man eine Botschaft wie die folgende erwarten: „Haltet noch ein wenig durch, bald dürft ihr in die Heimat zurückkehren". Oder: „Bleibt in sicherer Distanz zu diesem fremden Volk, das euch verschleppt hat und Gott nicht anerkennt." Doch Jeremia hat eine ganz andere Botschaft für das Volk, wie in Jeremia 29,4-7 zu lesen ist: »*So spricht der Herr, der allmächtige Gott Israels, zu allen Verbannten, die er von Jerusalem nach Babylonien wegführen ließ: Baut euch Häuser und wohnt darin! **Legt Gärten an** und erntet ihre Früchte! Heiratet und zeugt Kinder! Wählt für eure Söhne Frauen aus, und lasst eure Töchter heiraten, damit auch sie Kinder zur Welt bringen. Euer Volk soll wachsen und nicht kleiner werden. Bemüht euch um das Wohl der Stadt, in die ich euch wegführen ließ, und betet für sie. Wenn es ihr gut geht, wird es auch euch gut gehen.*«

„Legt Gärten an!" Was für eine spezielle Aussage. Im Exil soll blühendes Leben entstehen. Nach der Entwurzelung, die die Israeliten erlebt haben, sollen sie neue Wurzeln schlagen. Es ist eine herausfordernde Botschaft von Jeremia, beziehungsweise von Gott selbst, an diese Gruppe von Verbannten. Etwas salopp ausgedrückt lautet die Botschaft zwischen den Zeilen auch: „Hört auf, tatenlos herumzusitzen und euch selbst zu bemitleiden. Stellt euch darauf ein, dass ihr noch lange in Babylon bleiben werdet (nämlich 70 Jahre[7] – und nach diesen 70 Jahren gingen gar nicht mehr alle zurück, weil einige von ihnen in der Zwischenzeit so tiefe Wurzeln in der Fremde geschlagen hatten). Macht das Beste daraus. Tragt euer Bestes zum Wohl eurer Umgebung bei. Der einzige Platz, an dem dies von euch gefordert ist, ist genau dort, wo ihr jetzt seid."

NEUE WURZELN – ZUKUNFT UND HOFFNUNG

Jeremia hatte von Gott den Auftrag erhalten, die Israeliten wissen zu lassen, dass Gott auch im Exil bei ihnen war; dass man auch in der Fremde nach Gottes Willen leben kann. Jeremias Worte rüttelten auf und viele Verbannte setzten seine Botschaft in die Tat um. Sie ließen sich nieder, um herauszufinden, wie es war, als Gottes Volk

---

7 vgl. Jeremia 25,11.

an einem Ort zu sein, an dem sie eigentlich gar nicht sein wollten. Das Resultat war eine der fruchtbarsten und kreativsten Perioden in der Geschichte Israels. Die Israeliten verloren ihre Identität in der Verbannung nicht, sondern sie entdeckten sie ganz neu. Sie begannen die alten Schriften zu studieren und umzusetzen. Sie wurden ein Volk des Glaubens ohne Tempel. Sie entwickelten das Synagogen-System, das bis zum heutigen Tag existiert. Fern der Heimat, unter schwierigen Umständen, schlugen sie tiefe Wurzeln, ohne sich der gottlosen Umgebung anzupassen. So wurde ihnen das Exil zum Segen, mitten in der Not. Sie fanden Erfüllung und tiefen Frieden, mitten in den Herausforderungen ihrer Situation. Im Brief erinnert Jeremia die Verbannten daran,

Erfüllung und tiefen Frieden inmitten von Herausforderungen zu finden, ist möglich.

dass Gott ihr Wohlergehen im Blick hat, auch in der Fremde: *Denn ich allein weiß, was ich mit euch vorhabe: Ich, der Herr, habe Frieden für euch im Sinn und will euch aus dem Leid befreien. Ich gebe euch wieder Zukunft und Hoffnung. Mein Wort gilt!* (Jeremia 29,11).

Leider geschehen im Leben Dinge, die wir nicht einordnen können, und es bleiben Fragen offen, auf die wir keine Antworten finden. Manchmal sind die Stürme beziehungsweise Dinge, die uns widerfahren, so schlimm, dass sie unser ganzes Lebensfundament erschüttern und uns im schlimmsten Fall entwurzeln. Dabei verlieren wir unseren Halt, unsere Lebenskraft, unseren Lebensmut. Die Geschichte in Jeremia 29 will Mut machen. Sie zeigt, dass selbst im Fall einer Entwurzelung neues Eingepflanzt-werden möglich ist. Dazu braucht es den Beistand des göttlichen Meistergärtners, der uns ganz behutsam neu einpflanzt und unsere verletzlichen Wurzeln schützt. Es braucht Zeit, bis die Wurzeln wieder Halt finden und erstarken. Es braucht Heilung und Geduld.

Doch gerade in Momenten der Entwurzelung dürfen Sie sich daran klammern, dass das Versprechen in Jeremia 29,11 auch Ihnen gilt. Selbst wenn es zu den schwierigsten Lektionen des Lebens gehört, in dunklen Zeiten darauf zu vertrauen, dass es Gott gut mit Ihnen meint, trotz allem. Ja, trotz allem stehen seine göttlichen Pläne über Ihrem Leben und er will Ihnen wieder Zukunft und Hoffnung schenken!

Menschliche Lebenswurzeln

Wie bereits aufgezeigt wurde, *hat* und *braucht* jeder Mensch Wurzeln, auch wenn es in gewissen Momenten des Lebens vielleicht nicht danach aussehen mag. Und wenn wir ein gelingendes Leben führen wollen, ist es überaus wichtig, dass wir uns unserer Wurzeln bewusst werden. So ist zum Beispiel keiner von uns einfach vom Himmel gefallen, sondern wir wurden alle von einer Frau geboren. Jeder trägt Stammzellen vorheriger Generationen und ein kulturelles Erbe in sich. Schlimme Erfahrungen können dazu führen, dass man sich selbst von seinen Wurzeln trennt, dass man aus bestimmten Gründen seine Wurzeln verleugnet oder dass man sich in einer bestimmten Lebenssituation entwurzelt fühlt. Doch auch dies ändert nichts an der Tatsache, dass uns gewisse Wurzeln an den Punkt geführt haben, an dem wir heute stehen.

Wer seine eigenen Wurzeln entdeckt, kommt in Berührung mit seiner eigenen Identität und findet zu sich selbst. Wer sich seiner eigenen Identität bewusst wird und sie als Teil seiner Geschichte akzeptiert, findet Halt und einen festen Stand, sodass er durch die Stürme des Lebens nicht so schnell Schaden nimmt.

HEILSAMER UMGANG MIT MEINEN LEBENSWURZELN

Doch all dies geschieht nicht automatisch. Wurzeln müssen gepflegt werden. Ein heilsamer Umgang mit Ihren eigenen Wurzeln ist wesentlich für die Entwicklung Ihres Lebens. Ganz grundsätzlich setzt ein heilsamer Umgang mit Ihren Wurzeln voraus, dass

Sie sich mit ihnen auseinandersetzen und sie nicht verdrängen. Es ist wichtig, dass wir uns die Verletzungen und Kränkungen in unserer Lebensgeschichte anschauen und uns mit ihnen aussöhnen. Wenn wir das überspringen, holen sie uns immer wieder ein. Eine heilsame Auseinandersetzung mit den eigenen Lebenswurzeln führt dagegen aus dem Strudel des Selbstmitleids und der Opferrolle heraus zu einem verantwortlichen Umgang mit der Vergangenheit, Gegenwart und Zukunft.

Manchmal brauchen wir vielleicht auch Distanz von unseren Wurzeln – zum Beispiel vom Vater oder der Mutter –, um unsere eigene Identität zu finden. Ich bin ich selbst und kann die Eltern so lassen, wie sie sind. Ich kämpfe weder mit ihnen noch gegen sie. Zeiten des Abstands können nötig und heilsam sein. Aber achten Sie darauf, dass Sie sich nie ganz von den Wurzeln der Eltern abschneiden, denn damit schaden Sie auch sich selbst. Trotz aller Fehler, die in der Vergangenheit geschehen sein mögen, möchte ich meine Eltern ehren für das, was sie mir gegeben haben. Denn nur wenn ich sie ehre, achte ich auch mich selbst. „Denn wer seine Herkunft verachtet, verachtet letztlich sich selbst."[8] Das Aussöhnen mit meiner eigenen Herkunft ist entscheidend für die Gesundung und Stärkung meiner Lebenswurzeln.

> Es ist wichtig, die eigenen Wurzeln nicht zu verdrängen, sondern sich mit ihnen auseinanderzusetzen.

Zu einem heilsamen Umgang mit den eigenen Lebenswurzeln gehört auch, Defizite, die man erlebt hat, zu betrauern. Zum Beispiel, weil ich mich in meiner Kindheit nicht angenommen oder geliebt fühlte. Vielleicht wurde ich sogar zur Adoption freigegeben oder die Beziehung meiner Eltern ging in die Brüche und ich habe als Kind stets darunter gelitten, in einer zerbrochenen Familie aufzuwachsen. Anselm Grün schreibt in diesem Zusammenhang: „Wer betrauert, kommt mit dem Potenzial seiner eigenen Seele in

---

8 Grün, Anselm 2017. *Wurzeln: Festen Halt im Leben finden.* 3. Aufl. Münsterschwarzach: Vier-Türme. S. 85.

Berührung. Und dort entdeckt er auch Wurzeln, aus denen er leben kann. Wer nicht trauert, der bleibt im Selbstmitleid stecken und kommt nicht weiter. Oder aber er flüchtet sich in die Anklage gegen seinen Vater oder seine Mutter. Die Anklage macht ihn hart und bitter und schneidet ihn von seinem eigenen Herzen ab und von den Wurzeln, die er so nötig hätte, um leben zu können."[9]

Heilsame Prozesse werden angestoßen, wenn ich mich mit meinen Verletzungen versöhne. Vielleicht müssen hierfür auch vergiftete Wurzeln entgiftet werden. Zum Beispiel in der Aufarbeitung von traumatischen Kindheitserfahrungen (was in der Regel professionelle Begleitung erfordert). Durch allen Schmerz und alle Verletzung hindurch kann ein Weg zu neuer Stärke entstehen. Die ehrliche Auseinandersetzung mit meinen Wunden lässt mich mit meinem innersten Kern in Berührung kommen. Sie hält mich lebendig und hilft mir, weiter nach meinem wahren Selbst zu suchen.

Wenn ich anderen in meiner Verletzlichkeit begegne, macht mich dies auch nahbar. Ich öffne mein Herz und lasse andere bei mir eintreten. Indem ich anderen auf diese Weise begegne, kann in dieser Begegnung auch im Gegenüber etwas heil werden. In meiner Verletzlichkeit werde ich außerdem empfänglich für Gottes heilendes Wirken an mir. Ich wage es, ihm meine Verletzungen und Wunden hinzuhalten, und bitte ihn, dass er mir durch seinen Geist Heilung schenkt und genügend Kraft, mich auf heilsame Weise mit Vergangenem auseinanderzusetzen und auszusöhnen.

MÄUSE ENTLARVEN

Im Märchen *Der Teufel mit den drei goldenen Haaren* von den Brüdern Grimm muss ein Knabe herausfinden, warum ein Baum, der sonst goldene Äpfel trug, plötzlich nicht einmal mehr Blätter treibt. Der Teufel kennt die Antwort: „An der Wurzel nagt eine

---

9 Grün 2017:67.

Maus, wenn sie die töten, so wird er schon wieder goldene Äpfel tragen, nagt sie aber noch länger, so verdorrt der Baum gänzlich."[10] Märchen wurden über Jahrhunderte erzählt, um in Bildern und Geschichten wichtiges intuitives Wissen über den Menschen an die nächste Generation weiterzugeben. In diesem Märchen kommt zum Ausdruck, dass eine Pflanze lebensbedrohlichen Schaden erleiden kann, wenn ihre Wurzeln angenagt werden und somit gefährdet sind. In diesem Fall durch eine Maus.

In der klassischen Traumdeutung, so wurde mir gesagt, steht die Maus meistens für Sorgen oder Zweifel, die an uns nagen. Ein heilsamer Umgang mit unseren Lebenswurzeln bedeutet, dass wir – im Bild des Märchens gesprochen – die Mäuse, die unsere Lebenswurzeln bedrohen, entlarven! Einige Menschen zweifeln daran, dass ihre Wurzeln sie überhaupt tragen können. Sie verbinden zu viel Negatives mit ihren Wurzeln – zum Beispiel negative Erfahrungen aus ihrer Kindheit. Sie denken, es ginge ihnen besser, wenn sie sich von ihren Wurzeln trennen oder lossagen. Neulich unterhielt ich mich mit einem Psychologen, der mir sagte, dass Depressionen oft die Folge von Wurzellosigkeit seien. Wenn Menschen versuchen, nur in der Gegenwart zu leben, ohne ihre Wurzeln zu reflektieren, dann belügen sie sich selbst. Sich unreflektiert von seiner Vergangenheit abzuschneiden, ist ungesund und alles andere als heilsam; wer seine Wurzeln verleugnet, schneidet sich selbst vom Leben ab.

SEHNSUCHT NACH WURZELN

Wie bereits zu Beginn dieses Kapitels erwähnt, ist die Sehnsucht nach Heimat und Wurzeln etwas zutiefst Menschliches. Nun könnte man, wenn man sich unsere aktuellen gesellschaftlichen Entwicklungen anschaut, annehmen, dass dies zwar auf die älteren Generationen zutrifft, die jüngeren aber ganz sicher nicht.

---

10 vgl. http://gutenberg.spiegel.de/buch/-6248/171 [14.02.2018].

Doch dies wäre ein Trugschluss. Gerade in einer Zeit immer größer werdender Mobilität und Freiheit wächst die Sehnsucht nach Wurzeln, die uns tragen und die uns Halt und Festigkeit geben.

In meiner Funktion als Leiterin eines Fernstudiums beschäftige ich mich immer wieder mit Themen aus dem Bereich virtuelle Realität, Netzwerkgesellschaft, Globalisierung, Generation Web 2.0 und so weiter. Besonders bewegt hat mich in diesem Zusammenhang ein Buch, in dem Philipp Riederle – selber ein *Digital Native*[11] – das Lebensgefühl, die Sorgen und Träume seiner Generation beschreibt. In seinem Buch räumt Philipp Riederle freimütig ein, dass Globalisierung, Vernetzung und veränderte Realität auch ihre Schattenseiten haben: „(...) in Wirklichkeit fühlen wir uns in dieser virtuellen Realität nicht nur heimisch, sondern zugleich auch ausgesetzt."[12] Der Druck steige. Keiner wisse, wohin es gehe, aber man müsse in der vernetzten Welt Anschluss halten. „Unsere Welt ist grenzenlos", stellt Riederle fest: „Mit dem Internet fallen die Grenzen der Kommunikation. In Europa sind die Grenzen zu unseren Nachbarn gefallen und mit der Globalisierung fallen die Grenzen der Überzeugung, wir wären alleine auf der Welt." Die Erfahrung einer grenzenlosen Welt erklärt das existenzielle Bedürfnis der Digital Natives nach Geborgenheit, Ruhe und einem Zuhause. „(...) denn was fehlt uns mobilen Menschen in einer komplexen Welt?", fragt Riederle und antwortet gleich selbst: „Wahrscheinlich etwas wie ein fester Halt, eine verlässliche Konstante. Eine Heimat."[13]

Mitten in einer entgrenzten Welt der unbegrenzten Möglichkeiten ist die Generation Web 2.0 auf der Suche nach Sinnhaf-

Jeder sehnt sich nach Wurzeln, die tragen und Halt geben.

---

11 Person, die mit digitalen Technologien aufgewachsen ist und in ihrer Benutzung geübt ist.

12 Riederle, Philipp 2013. *Wer wir sind und was wir wollen: Ein Digital Native erklärt seine Generation.* München: Knaur. S. 199.

13 Riederle 2013:198.

tigkeit und Zugehörigkeit: „Wir haben viele Möglichkeiten, aber wenig Zeit. Wir suchen nach Sinn und Vertrautem und wir wollen dazugehören."[14] Die Suche nach Geborgenheit, Vertrautem und Verwurzelung beginnt in der eigenen Familie. Gemäß der 16. Shell Jugendstudie aus dem Jahr 2010 geben 76 % Prozent der Jugendlichen an, dass man für ein glückliches Leben eine Familie braucht, mehr als je zuvor.[15] Ein Indiz für die Sehnsucht nach Vertrautem ist für Riederle auch der Retro-Trend. Die Bedeutung von Heimat erklärt der Jungautor mit den Worten: „Wir wollen ein Hauptquartier, eine Basis, von der aus wir jederzeit in die Welt hinaus können."[16] Zugehörigkeit hat aber auch zum Ziel, sich selbst und seinen Platz in der Welt zu finden. Dabei geht es um Identitätsfindung, Sinnhaftigkeit und Echtheit. Die Sehnsucht nach einem Halt und festen Wurzeln ist demnach auch in der heutigen Zeit und selbst für junge Menschen von höchster Aktualität.

SCHÖPFUNGSWURZELN

Ich bin davon überzeugt, dass die Sehnsucht nach Zugehörigkeit seit der Schöpfung in unser menschliches Herz gepflanzt ist. Und selbst wenn ich nur einen kleinen Teil meines Stammbaums kenne, so weiß ich doch etwas ganz Entscheidendes: nämlich, dass Gott am Anfang meines Stammbaums steht!

Neulich habe ich lange über zwei Sätze in der Bibel nachgedacht, die mich auf seltsame Weise berührt haben. In 1. Mose 5,1+3 (ELB) ist zu lesen: *Dies ist das Buch der Generationenfolge Adams. An dem Tag, als Gott Adam schuf, machte er ihn **Gott ähnlich**. (...) Und Adam lebte 130 Jahre und zeugte einen Sohn **ihm ähnlich**, nach seinem Bild, und gab ihm den Namen Set.* Gott schuf den ersten Men-

---

14 Riederle 2013:199.

15 vgl. https://tinyurl.com/y9pfabhw [02.03.2018], S. 3.

16 Riederle 2013:205.

schen *ihm ähnlich*. So nahm die Geschichte ihren Anfang und so ging sie weiter. Die nächste Generation zeugte Kinder, ihnen ähnlich. Die Nächste ihnen ähnlich ... und dies über Jahrtausende und Jahrhunderte. Bis zu Ihnen und bis zu mir. Auch Sie und ich sind ein Teil von Adams Generationenfolge. Sie sind nicht nur Ihren direkten Vorfahren ähnlich, sondern auch Gott selbst. Auch Sie sind nach Gottes Bild geschaffen! Am Anfang Ihres Stammbaums steht der Schöpfergott, der höchstpersönlich den Grundstein für alle Generationenfolgen gelegt hat. Der Lebensatem, den Gott Adam eingehaucht hat, strömt auch durch Sie! Er ist jeder Generation als Geschenk des Schöpfers weitergegeben worden.

> Die Sehnsucht nach Zugehörigkeit ist seit der Schöpfung in unser menschliches Herz gepflanzt.

DER STAMMBAUM JESU

Auch Jesus Christus, der Retter dieser Welt, ist Teil dieses Stammbaums! Wenn man die Evangelien liest, fällt auf, dass die beiden Evangelisten Matthäus und Lukas ganz besonderes Interesse am Stammbaum von Jesus hatten. Und indem sie – beide auf ihre Weise – über den Stammbaum von Jesus schreiben, beschreiben sie zugleich den Stammbaum, in den jeder von uns eingebettet ist. Sowohl für Matthäus als auch für Lukas scheint allein schon die Tatsache bedeutsam, *dass* Jesus überhaupt einen Stammbaum hat! Denn auch der Sohn Gottes ist nicht einfach vom Himmel gefallen. Er ist in einen menschlichen Stammbaum hineingeboren. Er hat eine menschliche Vorgeschichte.

Der Jude Matthäus, der sich vor allem an eine jüdische Leserschaft richtet, führt den Stammbaum von Jesus bis auf Abraham zurück. Dabei wird deutlich: Der Stammbaum von Jesus war keine Erfolgsgeschichte: In seinem Stammbaum gibt es sogar Mörder und Ehebrecher. Zudem werden neben Maria, der Mutter von Jesus, vier weitere Frauen erwähnt: Tamar, Rahab, Ruth und

Batseba. Alle Frauen verbindet, dass sie eine bewegte und höchst ungewöhnliche Lebensgeschichte hatten. Abgesehen davon, dass es sich bei der Mehrheit der genannten Frauen um Nicht-Israelitinnen handelt, kommen die Frauen auf sehr ungewöhnlichem Weg zu ihrem Kind. Da ist zum Beispiel Tamar, die – als Prostituierte verkleidet – von ihrem Schwiegervater ein ihr zustehendes Recht einfordert und von ihm schwanger wird. Die Frauen im Stammbaum von Jesus (und mit ihnen die Männer) zeugen davon, dass nicht alles im Leben glatt und vorbildlich verläuft. Es gibt Brüche und Bruchstückhaftes. Schuld und Versagen. Und mitten in diese menschliche Unvollkommenheit wird der Retter der Welt geboren. Wie entlastend ist das doch für uns! Denn auch in unseren Stammbäumen verbirgt sich so manches Schicksal, so manche unrühmliche Tat.

Brüche und Bruchstückhaftes gehören zum Leben dazu.

Der Evangelist Lukas führt den Stammbaum von Jesus nicht wie Matthäus nur auf Abraham, sondern noch viel weiter zurück: nämlich bis auf Adam. Lukas war selbst Grieche und interessierte sich daher weniger für die jüdische Heilsgeschichte als vielmehr für die Geschichte, die Gott mit der ganzen Menschheit schreibt. Die Auflistung des Stammbaums folgt bei Lukas direkt auf die Erwähnung der Taufe von Jesus. Dort kam der Heilige Geist in sichtbarer Gestalt wie eine Taube auf Jesus herab und vom Himmel hörte man eine Stimme sagen: *»Du bist mein geliebter Sohn, an dir habe ich Freude.«* (Lukas 3,22b) Jesus wurde vom Heiligen Geist gezeugt und ist Gottes Sohn. Aber er hat auch eine menschliche Geschichte, die bis auf Adam, den ersten Menschen, zurückgeht. Der Sohn Gottes, der wie wir in einem Mutterleib entstand, machte gleichsam die ganze Entwicklungsgeschichte des Menschen durch.

Ob aus diesen Schöpfungswurzeln, die alle Menschen gemeinsam haben, auch Glaubenswurzeln entstehen, die unser Leben tief in Gottes Liebe verankern, bleibt unsere Entscheidung.

Wie solche Glaubenswurzeln aussehen können, beschreibe ich im nächsten Unterkapitel *(Verwurzelt in Jesus)*.

DIE FRAGE NACH DER HERKUNFT

Wo komme ich her? Mit dieser Frage befassen sich fast alle Menschen irgendwann einmal im Laufe ihres Lebens. Die Frage nach der Herkunft und der Wunsch nach Zugehörigkeit äußern sich unter anderem in der Sehnsucht vieler Menschen, ihre familiären Wurzeln zu entdecken, indem sie ihren Familienstammbaum erforschen. Viele suchen in den Taufregistern von Dörfern und Städten nach ihren Vorfahren, um zu erfahren, wer sie waren und wie sie gelebt haben. Auch das Geschäft mit Herkunftsanalysen boomt. Ein DNA-Test ermöglicht die Erforschung der Herkunft von Vorfahren und gibt neue Anhaltspunkte zu Verwandten, von denen man bisher nichts wusste. Dies ist gerade auch für Menschen, die adoptiert wurden und nichts über ihre Herkunft wissen, von großem Interesse.

In uns allen steckt nämlich viel mehr Welt, als wir denken! Interessant ist, dass die DNA aller Menschen zu 99,9 (!) Prozent identisch ist. Die restlichen 0,1 Prozent sind die Ursache für individuelle Unterschiede (z. B. Augenfarbe, Erkrankungsrisiken und so weiter). Der Vergleich von bestimmten DNA-Abschnitten in vielen verschiedenen Bevölkerungsgemeinschaften ermöglicht es, Verwandtschaftsverbindungen nachzuverfolgen. So macht eine Erbgut-Analyse sogar einen Blick in längst vergangene Jahrtausende möglich. Sogar das Urvolk und die Ursprungsregion können ermittelt werden. Und plötzlich verstehen wir, dass eben nicht nur die Schweiz oder Deutschland oder England in uns steckt.

Aber abgesehen von dem globalen Erbgut, das wir in uns tragen: Die Kultur, in der wir aufwachsen, prägt uns auf ganz besondere Weise. Ich bin beispielsweise geprägt von einem schweizerischen, mehrheitlich ländlichen Kontext. Auch die meisten meiner Verwandten leben in ländlichen Gebieten der Schweiz. Zu meinen schönsten Kindheitserinnerungen gehören unsere alljährlichen Sommerferien am Brienzersee, mit Schifffahrten, Bergwanderungen und einer traditionellen 1.-August-Feier (der 1. August ist der Bundesfeiertag der Schweiz): Jodlerchor, Alphornbläser, Fahnenschwinger, Feuerwerk auf dem See und eine mehrere Meter lange Cremeschnitte. Ländliche Ruhe – insbesondere an einem See mit Bergkulisse – wirkt sich noch heute äußerst beruhigend auf mich aus. Es ist wie ein Nach-Hause-Kommen. Ich bin stark verwurzelt in der Schweizer Kultur und stolz darauf, Schweizerin zu sein.

Die Kultur, in der wir aufwachsen, prägt uns auf ganz besondere Weise.

Auch meine Vorfahren waren Schweizer. Offen gestanden vertiefe ich mich leidenschaftlich gerne in die Geschichte meiner eigenen Vorfahren. In meinem Fall ist dies auch gut möglich, da ich über das große Privileg verfüge, dass sowohl väterlicher- als auch mütterlicherseits Ahnenforschung betrieben wurde und ich auf bereits bestehende Nachforschungen zurückgreifen kann. Nachfolgend ein winzig kleiner Einblick in meine spannende Familiengeschichte.

Meine Wurzeln mütterlicherseits

Mütterlicherseits reichen die Spuren des Zürcher Bürgergeschlechtes Deck bis in die Zeit der Gründung der Alten Eidgenossenschaft (1291) zurück. Beeindruckende 13 Generationen vor mir sind lückenlos überliefert. Auf dem handgeschriebenen Stammbaum, der mir vorliegt, wurden jeweils auch die Berufe notiert, was eine interessante Erkenntnis zutage bringt: Der Stammbaum der Decks wird von zwei Berufen dominiert: Pfarrer und Fleischer. Felix Tek, der erste Pfarrer, der in der mütterlichen Linie erwähnt wird, war ein Zeitgenosse des Zürcher Reformators Huldrych Zwingli und unterstützte die Umwälzungen des religiösen Lebens, die Zwinglis neue Lehre mit sich brachte. Dass Felix Tek seit 1528 Kaplan zu

Kappel war, bedeutet auch, dass er während der Schlacht bei Kappel (11. Oktober 1531)[17] dort tätig war. So hat er wohl die Niederlage der Zürcher und Zwinglis Tod am 11. Oktober 1531 in seiner eigenen Pfarrei miterlebt.

Ein Enkel von Felix Tek wurde im Jahr 1595 von Beruf Fleischer im *Gasthaus zum Widder*. Im Jahr 1628 wurde ihm zudem das ehrenvolle Amt des Landvogts zu Knonau übertragen. Bemerkenswert ist, dass sich beginnend mit diesem Felix, dem späteren Landvogt, die männlichen Nachkommen während vollen drei Jahrhunderten sozusagen ausschließlich dem Fleischerberuf zuwandten. Meine direkte Vorfahrenlinie mütterlicherseits setzt sich also in ganzen sechs Generationen ununterbrochen aus Fleischern im selben Gasthaus fort. Nur ausnahmsweise wurde einmal einer Kübler, Sattler oder Schlosser. Erst um 1800 setzte sich *Johannes Deck* (1789–1854) nach 300 Jahren dauernder Metzgerdynastie über die Tradition hinweg und wandte sich wie seine Ahnherren zu Zwinglis Zeiten wieder dem Pfarrberuf zu.

Meine Wurzeln väterlicherseits

Im Hinblick auf meine direkte Vorfahrenlinie väterlicherseits sind sieben Generationen vor mir mit großer Wahrscheinlichkeit genealogisch bestätigt. Am Anfang dieser Linie steht ein uneheliches Kind und damit eine große Familientragödie.

Ein gestürzter Anker im Familienwappen der *Mauerhofer* weist darauf hin, dass meine Vorfahren väterlicherseits viele Jahrhunderte lang Flößer waren. Neben Brenn- und Nutzholz haben sie auch Holz, Kohle, Schindeln, Butter, Käse und Tiere über die Aare

---

17 In der Schlacht bei Kappel (einem Religionskrieg) unterlag Zürich den katholischen Kantonen Luzern, Uri, Schwyz, Unterwalden und Zug. Hiermit war die Vorherrschaft der katholischen Orte bis zum Zweiten Villmergerkrieg 1712 besiegelt.

und den Rhein bis ins Elsass und nach Rotterdam transportiert. Später erlangte das altbernische Geschlecht große Bedeutung im Käseexporthandel. Der Mauerhofer-Käse stand weltweit für den besten Käse der Schweiz. Er galt als Rarität und Luxusprodukt. Die Familie Mauerhofer hat die besten Käsesorten selektioniert, in eigenen Natursteinkellern affiniert und nach Russland, New York, Chile und an viele weitere Orte der Welt exportiert. Ende September 2016 wurde die Mauerhofer Tradition übrigens neu aufgegriffen und der Käsehandel mit der Marke „Fromage Mauerhofer" erlebt am Ort der Gründer in Burgdorf im historischen Sandsteinkeller eine neue Blüte.[18] Wie ging die Geschichte meiner Vorfahren väterlicherseits weiter? Verkürzt ausgedrückt entwickelten sich nach dieser Zeit zwei Mauerhofer-Hauptlinien: eine reiche und eine arme Linie. „Leider (je nach Ansicht)", schrieb mir der Cousin meines Vaters, „gehören wir zur armen Linie". Das Mauerhoferhaus[19] in Trubschachen zeugt bis heute von den Spuren der reichen Mauerhofer-Linie.

Meine familiären Wurzeln

Eine unüberschaubare Menge an Menschen ist mir vorausgegangen – mütterlicherseits wie väterlicherseits. Und obwohl die allermeisten Unbekannte bleiben, macht ihr Leben doch einen wichtigen Teil meiner familiären Wurzeln aus. So ähnlich wie es in dem folgenden Zitat zum Ausdruck kommt: „Das Schöne an großen Stammbäumen (und jeder Stammbaum ist irgendwann groß) ist, dass man sie in zwei Richtungen lesen kann: Ein Mensch zeugte tausende Kinder und vererbte sich in tausend kleinen Por-

---

18 https://www.fromagemauerhofer.ch [16.12.2017].

19 http://www.trubschachen.ch/index.php?id=195 [16.12.2017]. Das Mauerhoferhaus wird heute als Haus der Begegnungen genutzt. Der Keller wurde in einen Kulturraum umgewandelt: http://www.wochen-zeitung.ch/Details/mauerhoferhaus-erhaelt-ein-ofenhaus-und-einen-kulturkeller [16.12.2017].

tionen. Tausende Menschen zeugten ein Kind und gaben ihm tausend Wurzeln."[20]

In mir fließt das Blut einer Käser-Dynastie väterlicherseits und einer Fleischer-Dynastie mütterlicherseits. In mir steckt ein Quantum Pfarrersblut, das Blut hart arbeitender Flößer und Knechte, Politikerblut, Missionarsblut, Akademikerblut und vieles mehr. Meine Familiengeschichte zeugt von großer Armut, von Skandalen, aber auch von Ehrerweisungen. Vom Menschsein in unterschiedlichster Ausprägung. Hinter jedem Namen steckt eine (oft verborgene) Biografie und damit ein Teil meiner Geschichte. Meine familiären Wurzeln sind mir kostbar.

Erinnerungen an die Großeltern

Von meinen Großeltern väterlicherseits habe ich – im Zusammenhang mit dem grünen Daumen – in der Einleitung bereits etwas erzählt. Bei meinen Großeltern mütterlicherseits blieben mir nicht so viele Jahre, um Erinnerungen zu sammeln. Meine Großmutter Emma Elisabeth Furrer (1895–1979) starb in der Nacht, bevor ich – als Vierjährige – wieder einmal zu ihr in den Urlaub gegangen wäre. Es fiel mir schwer zu verstehen, wieso ich mein Köfferchen wieder auspacken musste und es keinen Urlaub mehr bei Großmueti geben sollte. Obwohl ich noch klein war, als sie starb, habe ich wunderbare Erinnerungen an sie. Ich liebte es, wenn sie mir Geschichten erzählte oder wenn ich etwas aus ihrer Betthupferl-Dose naschen durfte. Doch besonders geprägt hat mich ihr Glaube. Auch wenn ich noch klein war, habe ich gespürt, wie tief ihre Verbundenheit mit Gott war. Meine Mutter erzählte mir, dass ein Lieblingsspruch meiner Großmutter war: „Im Leben und im Sterben bin ich sechs Nullen gleich. Jesus ist die Eins davor. Das macht mich stark und reich!"

---

20 Das Zitat stammt von Kimberly B. Kolbe und ist einem Spruch-Archiv im Internet entnommen (https://www.spruch-archiv.com/list/?query=wurzel+-kind&id=40395 [15.12.2017]).

Die Kindheitserinnerungen an meinen Großvater mütterlicherseits sind vor allem davon bestimmt, dass er in seinen letzten Lebensjahren an Alzheimer litt und mich und meine Schwester bei Besuchen kaum erkannte. Ich hatte immer ein bisschen Angst vor ihm. Außer wenn er betete! Wenn er betete, konnte ich ihn nur noch verblüfft anstarren. Dann war er ein anderer Mann. Plötzlich waren seine Gedanken klar und er konnte sogar ganze Bibelverse und Liedstrophen im Gebet fehlerfrei auswendig aufsagen. Ich konnte es jeweils kaum fassen. Ich spürte, dass hier etwas ganz Besonderes vor sich ging. Die Gottesbeziehung war ganz offensichtlich stärker als die Verwirrtheit des Geistes.

Das tiefe und lebendige Gottvertrauen hat mich bei den Großeltern beiderseits wohl am allermeisten geprägt. Die Bibel, das Gebet und das gemeinsame Musizieren nahmen auf beiden Seiten der Verwandtschaft viel Raum ein. Beide Großeltern-Paare, die ich hatte, könnte man als einfache, gottesfürchtige, hart arbeitende, fleißige und geschäftstüchtige Menschen beschreiben. Finanziell gesehen waren sie nicht vermögend (um nicht zu sagen arm) und doch erschienen sie mir stets überaus reich.

FAMILIÄRES ERBE

Von den Generationen vor mir habe ich ein familiäres Erbe empfangen. Ich kann von ihrer Lebensweisheit lernen. Welches Erbe wurde Ihnen von Ihren Vorfahren übergeben? Was können Sie von ihnen lernen? (Man kann übrigens auch aus Fehlern und Fehlverhalten lernen!) Wie haben Ihre Vorfahren ihr Leben bewältigt? Wie haben sie Krisen und Konflikte überstanden? Was hat sie in Zeiten von Armut, von Krieg oder Flucht durchgetragen?

Wenn ich bei meinen Vorfahren zum Beispiel Ausdauer, Fleiß und Mut entdecke, weiß ich zugleich, dass etwas von dieser Kraft auch in mir ist. Ich habe Teil an den Wurzeln meiner Vorfahren. Am allernächsten sind mir jedoch die Wurzeln meiner Eltern.

Heute bin ich von Herzen dankbar für so viel Gutes, das mir

meine Eltern mit auf meinen Lebensweg gegeben haben. Vieles hat mich tief geprägt.

Ein hoher Wert in unserer Familie war das Streben nach Erkenntnis und Wissen. Zu dem wertvollsten Besitz in unserem Haus gehörten Bücher. Wir hatten Unmengen davon (kein Wunder bei einem Vater, der Pastor und Professor der Theologie war).

Einen Fernseher hatten wir nicht. So füllte ich meine Zeit als Kind und Jugendliche mit Lesen, Lernen, Schreiben und Musizieren.

Unser familiäres Erbe prägt uns zutiefst.

Meine Eltern waren immer fleißig und hart am Arbeiten. Als Pastorenehepaar waren sie beide sehr gefordert. Ich kann mich daran erinnern, wie umkämpft ihr Dienst war. Sie erhielten sogar Morddrohungen. Aber sie blieben standhaft und vertrauten in allem auf Gott. Besonders dieses Gottvertrauen hat mich zutiefst geprägt und hat sich als starke Wurzel auch in mein Leben verpflanzt. Meine Eltern erlebten auch in finanzieller Hinsicht oft herausfordernde Situationen. Und immer wieder habe ich miterlebt, wie Gott Wunder tat. Plötzlich lag da zum Beispiel ein anonymer Umschlag in unserem Briefkasten mit genau dem Betrag (bis auf den letzten Rappen), für den meine Eltern gebetet hatten. Ich habe so viele Wunder miterlebt, dass für mich seit meiner Kindheit außer Frage stand, dass es Gott tatsächlich gibt. Und diese Wurzel des Gottvertrauens hat mir auch in meinem Leben als Erwachsene schon oft geholfen. Ich weiß, dass Gott Möglichkeiten hat, die meine menschlichen Vorstellungen übertreffen, und ich vertraue darauf, dass er für uns sorgt. Es berührt mich auch zu sehen, wie dieses Gottvertrauen das Leben meiner Eltern bis heute prägt, wo sie älter geworden sind. Meine Mutter, die in den vergangenen Monaten so viele gesundheitliche Herausforderungen meistern musste und allen Grund hätte, sich darüber zu beschweren und zu klagen, zitiert immer wieder mal das Lied: „Alles aus Gottes Hand nehmen. Alles in Gottes Hand legen. Alles in Gottes Hand lassen, dann kannst getrost Du sein." Oder sie spricht sich selbst den Spruch zu: „Gott hilft spätestens rechtzeitig."

Von meinen Eltern habe ich auch gelernt, was es bedeutet, respektvoll über andere Menschen zu sprechen. Am Familientisch gab es keinen Raum für Klatsch und Tratsch. Selbst wenn sich Mitglieder unserer christlichen Gemeinde meiner Meinung nach unmöglich aufführten oder meine Eltern sogar beleidigten, blieben sie stets respektvoll. Da mein Bett direkt an der Wand zu ihrem Schlafzimmer stand, konnte ich nachts vor dem Einschlafen jeweils hören, wie sie die Gespräche vom Familientisch unter vier Augen (und zwei kleinen Ohren hinter der Schlafzimmerwand) weiterführten. Selbst dann blieben ihre Aussagen über andere Menschen respektvoll. Bis heute rechne ich es ihnen hoch an, dass sie vor uns Kindern nicht schlecht über andere Menschen in unserer Gemeinde gesprochen haben. Sie versuchten immer das Gute an einer Situation zu erkennen und waren stets willig, anderen zu vergeben. Besonders berührt hat mich auch, wenn ich mitanhörte, wie meine Eltern vor dem Einschlafen gemeinsam beteten (manchmal so lange, dass beide irgendwann dabei einschliefen).

Sie beteten für uns Kinder, für Verwandte, Freunde, Bekannte, Nachbarn, Notleidende, die Gemeinde, die Politik, Nöte in der Welt und vieles mehr. Dasselbe wiederholte sich am Morgen nach dem Erwachen. Bloß hörte ich es dann nicht so genau wie spätabends, weil ich morgens immer so schrecklich müde war.

Manchmal sind es kleine Dinge, die sich einprägen und einen Teil unseres Wurzelwerkes ausmachen.

Auch die Freundlichkeit meiner Eltern und ihre wertschätzende Art, ihr Gegenüber wahrzunehmen, haben sich tief in mir eingeprägt. So werde ich zum Beispiel nie vergessen, wie mein Vater jeweils bei der letzten Müllabfuhr vor Weihnachten auf die Männer der Müllabfuhr wartete, um jedem Einzelnen persönlich einen Geldbetrag und ein kleines Geschenk zu überreichen, als Zeichen der Wertschätzung und Dank für ihre Arbeit.

Manchmal sind es kleine Dinge, die sich einprägen und einen Teil unseres Wurzelwerkes ausmachen. Bei mir zum Beispiel die Tradition meiner Herkunftsfamilie, dass die Person am Steuer vor jeder Autofahrt – und sei sie noch so kurz – betete: „Bewahre uns Gott, denn wir trauen auf dich. Amen." Oder die Geburtstage, bei denen das Geburtstagskind bereits am Morgen früh mit Kerzen und einem liebevollen „Happy Birthday" geweckt wurde und den ganzen Tag über im Mittelpunkt der Aufmerksamkeit stand. Egal, ob es sich dabei um einen ganz gewöhnlichen oder einen runden Geburtstag handelte. Besonders wichtig war die Tradition, dass man sich im Laufe der Feier zusammensetzte und jeder aus der Familie aus einem geschnitzten Holzkästchen ein Bibelwort für das Geburtstagskind zog.

NEUE WURZELN ENTWICKELN

Der Geburtstag ist ein gutes Stichwort, um zu erwähnen, wie herausfordernd es ist, wenn man erwachsen wird und plötzlich selbst dafür verantwortlich ist, Traditionen und Rituale als Teil des Ehe- und Familienlebens einzuführen und auf diese Weise neue Wurzeln zu schaffen. Zu unserem ersten großen Streit als frisch verheiratetes Ehepaar kam es während unserer Flitterwochen im Tessin, am Tag meines Geburtstags. Der Grund dafür war, dass ich mich von meinem Ehemann nicht genügend wahrgenommen fühlte an meinem großen Tag. Während Geburtstage in meiner Herkunftsfamilie immer auf so intensive und besondere Weise gefeiert wurden, waren diese in der Familie meines Ehemannes eher etwas Nebensächliches. Meistens blieb es bei der Übergabe eines Geschenkes und das war's. Bei uns begann alles früh am Morgen – mit dem Erwachen. Und irgendwie ging ich einfach davon aus, dass dies alles auch für meinen Ehemann selbstverständlich wäre. Aber das war es keineswegs. An jenem Tag hatte ich ganz schreckliches Heimweh.

Das Geheimnis von gemeinsamen neuen Wurzeln lautet: offene Kommunikation und das Eingehen von Kompromissen. Oft sind die Hintergründe und Wurzeln, die man in eine Beziehung mitbringt, so unterschiedlich, dass sich die Erfahrungen in keiner Art und Weise decken. Es gilt herauszufinden, was wem wichtig ist und wieso. Und zu entscheiden: Wie möchten wir es ab jetzt gemeinsam handhaben?

Selbstverständlich kennen auch Singles diese Herausforderung. Auch sie müssen für sich selbst neue Wurzeln definieren und leben.

FAMILIENRITUALE

Rituale sind eine gute Möglichkeit, das Leben zu gestalten und eine Identität als Einzelperson, eine gemeinsame Identität als Ehepaar oder eine Familienidentität zu schaffen. Vielen Familien ist es zum Beispiel ein großes Bedürfnis, Weihnachten genau so zu feiern, wie es schon die Großeltern getan haben. Auf diese Weise fühlt man sich ihnen irgendwie verbunden. Selbst symbolische Gegenstände wie ein Adventskranz, ein Christbaum und so weiter können Teil von bedeutenden Ritualen sein.

In der Herkunftsfamilie meines Mannes wurde das Thema Religion besser vermieden, weil mein Schwiegervater nicht gut darauf zu sprechen war. Doch an Weihnachten wurden Lieder gesungen. Fantastische Lieder mit tief frommem Inhalt, die ich zum Teil noch nie vorher gehört hatte. Da es eine überaus musikalische Familie war, klangen

Rituale sind eine gute Möglichkeit, Identität zu schaffen.

die Lieder wunderbar. Das Liedersingen war denn auch das eigentliche Fest. Anschließend folgte das Festessen. Wenn wir heute jeweils mit meiner Schwiegermutter und meiner Schwägerin Weihnachten feiern, werden genau dieselben Lieder Jahr für Jahr alle gesungen und es klingt wunderbar. Vor allem, da mittlerweile auch unsere beiden Kinder kräftig und wunderschön mitsingen.

Diese Lieder wurden innerhalb der Sommer-Familie über viele Generationen weitergereicht, und wenn man sie singt, fühlt man sich verbunden mit so vielen, die diese Erde schon verlassen haben. Im vergangenen Jahr gingen wir an Heiligabend in das Spital, in dem meine Schwägerin arbeitet. Auf ihrer Station gingen wir in mehrere Zimmer, um einige Weihnachtslieder vorzutragen. Die Wirkung war unglaublich. Manchmal mussten wir nur die ersten paar Töne eines Liedes singen und unseren Zuhörern liefen bereits die Tränen über die Wangen. Es war mit Händen zu greifen: Diese Tränen sind nicht das Resultat des gegenwärtigen Momentes. In diesen Tränen fließen Vergangenes und eine tiefe Sehnsucht und oft auch Traurigkeit mit.

Zu unseren Familienritualen gehört beispielsweise auch ein allabendlicher Segen, den ich selbst geschrieben habe und über unseren Kindern ausspreche. Außerdem füllen wir im Laufe des Jahres gemeinsam eine Schatzkiste. In dieser Schatzkiste legen wir ab, was wir erleben und woran wir uns erinnern möchten. Das kann ein Konzertprogramm sein, ein Kinoticket, ein tolles Prüfungsergebnis, ein Zeitungsausschnitt, eine ermutigende Notiz, ein berührender Brief und so weiter. Um die Jahreswende öffnen wir die Schatzkiste, schauen uns das Erlebte nochmals gemeinsam an, danken Gott für die Schätze des vergangenen Jahres und bitten um seinen Segen für neue Schätze im kommenden Jahr.

STARKES WURZELWERK

Mihály Csíkszentmihályi, Psychologieprofessor und Entdecker des Flow-Prinzips, sagte einst: „Egal wie du aufgewachsen bist, ob du schlechte oder eher gute Bedingungen in deinem Lebenshaus vorgefunden hast – du kannst dein Leben zu einem Kunstwerk machen."[21] Csíkszentmihályi hat überdies auch viel über Kreati-

---

21 Csíkszentmihályi, Mihály 2010. *Flow – der Weg zum Glück: Der Entdecker des Flow-Prinzips erklärt seine Lebensphilosphie.* Hg. von Ingeborg Szöllösi. Freiburg im Breisgau. S. 107.

vität geforscht. Dabei kam er zur überraschenden Erkenntnis, dass viele kreative Menschen „oft aus verheerenden Familienkonstellationen kamen, wo die Eltern, beide oder nur ein Elternteil, Alkoholiker, tot oder sterbenskrank waren und wo sie in äußerst armen Verhältnissen aufwuchsen, ihnen nichts geboten werden konnte".[22]

Irgendwann kommt der Punkt, an dem wir Verantwortung für unser eigenes Leben übernehmen sollen, indem wir sagen: Das ist meine Geschichte. Auch wenn meine Eltern begrenzt waren und vielleicht sogar schwerwiegende Fehler gemacht haben, haben sie mich gerade durch ihre Grenzen zu dem Menschen gemacht, der ich heute bin. Selbst schwierige Verhältnisse können zu einer Wurzel für mich werden. Denn sie können mich anregen, „meine Wurzel tiefer zu graben, in den Wurzelgrund meiner eigenen Seele oder in den göttlichen Wurzelgrund zu gelangen, sodass ich mich schon früh Gott öffne und die Fähigkeiten entwickle, die mir Gott geschenkt hat".[23]

Die stärksten Pflanzen sind sowohl Tiefwurzler als auch Flachwurzler. Sie sind nicht so schnell zu erschüttern oder zu entwurzeln. Standfeste Menschen graben ihre Wurzeln tief in den Wurzelgrund Gottes und bemühen sich gleichzeitig auch um gesunde „Flachwurzeln": Dabei kann es sich um gesunde familiäre Beziehungen, die Gemeinschaft mit Freunden, hilfreiche Rituale, Hobbys oder Weiteres handeln, das dem Leben Halt und Standfestigkeit verleiht.

> Standfeste Menschen graben ihre Wurzeln tief in den Wurzelgrund Gottes und bemühen sich gleichzeitig um gesunde „Flachwurzeln".

---

22 Csíkszentmihályi 2010, S. 108.
23 Grün 2017, S. 65.

Verwurzelt in Jesus

Beim Nachdenken über dieses Unterkapitel kam mir immer wieder eine Szene in den Sinn, die ich schon bei verschiedenen Veranstaltungen als praktische Übung mit Freiwilligen aus dem Publikum durchgeführt habe.

IM SPANNUNGSFELD DES LEBENS

Bei der erwähnten Übung geht es darum, das Thema „Im Spannungsfeld von Lebensrollen" zu veranschaulichen. Für die Demonstration muss sich zunächst eine Person auf einen umgedrehten Eimer stellen. Stellen Sie sich bitte vor, dass Sie diese Person auf dem Eimer sind. Nun stellen sich weitere Freiwillige kreisförmig um Sie herum auf. Um Ihre Taille tragen Sie einen Gürtel, an dem mehrere Seile befestigt sind. Jede umstehende Person nimmt nun eines dieser Seile und hält es locker in der Hand. Nachdem ich jeder der umstehenden Personen eine Rolle zugeteilt habe (jemand spielt die Mutter, jemand den Sohn, wiederum jemand die Schwester, jemand anderes die Nachbarin und so weiter), beginne ich eine Situation zu erzählen, wie sie sich im Alltag zutragen könnte. Die Geschichte handelt im Kern davon, dass verschiedene Menschen mit ihren Problemen, Anliegen und Erwartungen zu Ihnen kommen und Sie allen helfen sollen. Sobald ich in meiner kleinen Geschichte eine bestimmte Person erwähne, muss die entsprechene Person ihr Seil anspannen. So nimmt die Spannung auf Sie im Laufe der Geschichte kontinuierlich zu. Je nachdem, wie die Spannung verteilt ist, müssen Sie sogar aufpassen, dass Sie nicht das Gleichgewicht verlieren. Versuchen Sie nun für einen Moment, die Spannung zu fühlen, unter der Sie in jenem Moment stehen. So viele Menschen bedrängen Sie mit Ihren Anliegen und gehen davon aus, dass Sie alles stehen und liegen lassen, um ihnen zu helfen. Erinnern Sie sich an eine Situation, in der Ihnen kürzlich etwas Ähnliches widerfahren ist? Wie haben Sie sich dabei gefühlt?

An dieser Stelle der Demonstration – wenn alle Seile angespannt sind – frage ich jeweils ins Publikum: Was würde helfen, dass sich die Person in der Mitte besser fühlt? Einige antworten ganz zu Recht: Es würde ihr besser gehen, wenn man die Seile durchtrennt! Das Problem hierbei ist, dass sich einige Seile nicht einfach so durchtrennen lassen. Denn gewisse Menschen gehören untrennbar zum eigenen Leben dazu (zum Beispiel die Eltern, der Ehepartner, die Kinder und so weiter). Angenommen, es ließe sich zum jetzigen Zeitpunkt (aus welchen Gründen auch immer) kein einziges Seil durchtrennen – gäbe es trotzdem eine Möglichkeit, dass es Ihnen in der Mitte besser gehen würde? Ja! Die gibt es! Die Antwort lautet: Sie brauchen festeren Stand unter Ihren Füßen! Wieso um alles in der Welt stehen Sie überhaupt auf diesem umgedrehten Eimer? Das macht Ihre Lage nur misslicher. Entscheidend für Ihr Wohlergehen, mitten in diesen Spannungsfeldern, ist einerseits der *Boden*, auf dem Sie stehen, und andererseits, *wie* Sie dort stehen.

Wenn wir Sie auf dem Eimer in Gedanken durch einen Baum oder eine Blume ersetzen und die Spannung der Seile durch Sturmwinde, Kälte, Hagel, Regen, Hitze oder andere bedrohliche Umwelteinflüsse, dann könnten wir auch hier fragen: Was würde helfen, dass es der Pflanze in dieser Situation besser geht? Auch hier lautet die Antwort: Entscheidend für das Wohlergehen der Pflanze ist einerseits der *Boden*, auf dem sie steht, und andererseits, *wie* sie dort steht. Sie braucht also auf der einen Seite einen Grund, der Wachstum möglich macht, und auf der anderen Seite einen festen Stand. Oder anders formuliert: Sie braucht Wurzeln, die in die Breite und ganz besonders in die Tiefe wachsen.

„TIEFWURZLER" GESUCHT

Zu den ganz besonderen Überlebenskünstlern in der Natur gehören die Wettertannen[24]. Wettertannen sind meist von Wind und Wetter zerzaust, was ihnen ein unverkennbares Aussehen verleiht. Zu den Wettertannen gehört auch die Weißtanne. Jene verfügt über tief reichende Wurzeln. Sie gehört also zu den „Tiefwurzlern", die uns bereits begegnet sind. Das macht sie besonders sturmfest. Dank ihrer tiefen Wurzeln kann sie selbst in exponierter Lage als Einzelbaum stattliche Ausmaße und ein hohes Alter erreichen. Tiefwurzler besitzen die Fähigkeit, trotz widrigster Umstände und unabhängig von der Beschaffenheit des Erdbodens, auf dem sie stehen, zu gedeihen. Das Geheimnis liegt darin, dass ihre tiefen Wurzeln bis zum Grundwasser vordringen können und sie dadurch Zugang zu einer verborgenen Kraftquelle haben, die nicht versiegt. Der Zugang zum Grundwasser kann in der Wüste, auf steinigem Grund, in Zeiten der Trockenheit oder bei stechender Hitze über Leben und Tod einer Pflanze entscheiden.

Dies weckt in mir den Wunsch, auch ein solcher Tiefwurzler, eine solche Tiefwurzlerin zu werden! Wie schön wäre es, wenn auch ich so tiefe innere Wurzeln hätte, dass ich – egal wie steinig oder trocken der Lebensboden ist, auf dem ich gerade stehe – stets von einer unversiegbaren Energiequelle gestärkt würde. Sodass ich die nötige Kraft erhielte, den vielfältigen Herausforderungen des Lebens weise und reif zu begegnen.

VERWURZELT IN DER LIEBE

Die ermutigende Nachricht ist: All dies braucht kein frommer Wunsch zu bleiben! Gott selbst hat alles in die Wege geleitet, damit dieser Wunsch Realität werden kann. Paulus schreibt innerlich

---

24 Dabei handelt es sich um Nadelbäume; meist um Fichten oder Weißtannen.

bewegt an die Christen in Ephesus: *Wenn ich mir das alles vor Augen halte, kann ich nicht anders, als anbetend vor dem Vater niederzuknien. Er, dem jede Familie im Himmel und auf der Erde ihr Dasein verdankt und der unerschöpflich reich ist an Macht und Herrlichkeit, gebe euch durch seinen Geist innere Kraft und Stärke. Es ist mein Gebet, dass Christus aufgrund des Glaubens in euren Herzen wohnt und **dass euer Leben in der Liebe verwurzelt** und auf das Fundament der Liebe ge-gründet ist* (Epheser 3,14-17).

Paulus betet für einen starken Glauben der Christen in Ephe-sus und dafür, dass ihr Leben „in der Liebe" verwurzelt ist. Mit „Liebe" ist hier nichts Abstraktes gemeint, auch kein Gefühl, sondern vielmehr eine Person: Jesus Chris-tus. In Jesus ist Gottes Liebe im wahrsten Sinne des Wortes „begreifbar" und sichtbar geworden. Jesus Christus ist Gottes Lie-be in Person (vgl. 1. Johannes 4,14-16). Dass Jesus aus Liebe zu uns Menschen starb, war der größte Liebesbeweis, den Gott uns Menschen gegenüber überhaupt erbringen konnte. Der Tod von Jesus macht es möglich, dass wir Menschen mit

Wenn unsere Wurzeln fest in Gottes Liebe verwurzelt sind, können wir überall auf der Welt Heimat finden.

dem lebendigen Gott in eine Beziehung treten dürfen. Es ist ein unbeschreibliches Geschenk, das alles verändert hat. Gottes Geschenk (sofern wir es denn auch annehmen) beinhaltet die Vergebung all unserer Schuld und ein Leben in seiner Gegenwart, das bis in die Ewigkeit reicht.

Wenn nun Paulus im Gebet den Wunsch äußert, dass die Christen in Ephesus ihr Leben in der Liebe verwurzeln, bringt er damit seine Sehnsucht zum Ausdruck, dass die Epheser glauben und existenziell erfahren, dass Gottes Liebe jedem Einzelnen von ihnen ganz persönlich gilt. Und damit verbunden, dass sie beginnen, ihr Leben dieser neuen Realität entsprechend zu gestalten. Wenn ich zu Jesus gehöre, werde ich ein Mitglied von Gottes Familie. Ich darf die Liebe und Nähe meines himmlischen Vaters erleben. Egal, wo ich bin, er ist immer bei mir. Ich gehöre zu ihm. Und er gehört zu mir. Egal, was im Leben geschieht, er ist immer da.

Wenn meine Wurzeln also ganz fest in Gottes Liebe verwurzelt sind, kann ich überall auf der Welt Heimat finden. In seiner Nähe fühle ich mich zu Hause. Und nichts und niemand kann mich von dieser Heimat trennen. Nicht einmal der Tod. Selbst im Himmel wartet schon eine ewige Heimat auf mich (vgl. Hebräer 11,16).

Sich im Tiefsten und ohne Vorbehalte geliebt und geborgen zu wissen, schafft eine ganz neue Lebensgrundlage, gibt festen Boden unter den Füßen und sicheren Halt. Wenn ich mein Leben ganz tief in Gottes Liebe verwurzle, dann bedeutet dies, dass ich gefestigt leben kann. Dass ich mich getragen fühle, auch in schwierigen Lebenssituationen. Aber auch, dass mich nicht jeder Sturmwind (zum Beispiel Verletzungen, Kritik, eine schlimme Erfahrung, Herausforderungen, die Ablehnung oder Erwartungen von anderen Menschen etc.) umwirft oder gar entwurzelt.

MEIN BEITRAG ZUR VERWURZELUNG

Bei meinen letzten Sätzen ging Ihnen vielleicht durch den Kopf: Das klingt ja schön und gut, entspricht aber leider nicht der Realität, zumindest nicht *meiner* Realität. An dieser Stelle möchte ich auf etwas hinweisen, was in diesem Buch noch mehrmals und in großer Deutlichkeit zum Ausdruck kommen wird: Wir sind in hohem Maße mitverantwortlich dafür, wie sich unsere Lebenspflanze entwickelt! Und unser Beitrag beginnt genau hier – bei den Wurzeln. Die Verwurzelung in Gottes Liebe, von der eben die Rede war, geschieht nämlich nicht einfach automatisch. Zunächst gilt es, das Geschenk von Gottes Liebe zu erkennen und bewusst anzunehmen – dies kann in einem schlichten Gebet geschehen – und der Beziehung mit Jesus höchste Priorität einzuräumen.

> Wir sind in hohem Maße mitverantwortlich dafür, wie sich unsere Lebenspflanze entwickelt.

An anderer Stelle wiederholt Paulus das Bild von dem Verwurzeltsein in Jesus: *Ihr habt der Botschaft, die euch verkündet wurde, Glauben geschenkt und habt euch Jesus Christus als dem Herrn unterstellt. Darum richtet nun euer ganzes Verhalten an ihm aus!* ***Seid in ihm verwurzelt, baut euer Leben auf ihm auf.*** *Bleibt im Glauben fest und lasst euch nicht von dem abbringen, was euch gelehrt worden ist. Für das, was Gott euch geschenkt hat, könnt ihr ihm nicht genug danken!* (Kolosser 2,6-7). *Seid in ihm verwurzelt, baut euer Leben auf ihm auf* ist eine Aufforderung! Es liegt also an mir, dass diese Verwurzelung in meinem Leben Realität wird. Die Verwurzelung geschieht, indem ich mein Verhalten an Jesus ausrichte. Dies bedeutet, dass ich mich mit Gottes Wort auseinandersetze, in dem er seinen Willen offenbart hat. Aber auch, dass ich eine intensive Beziehung mit ihm pflege, im Gespräch mit ihm bleibe über das, was mich beschäftigt, und danach frage, was er von mir möchte.

... WIE EIN BAUM AM WASSER GEPFLANZT

Sowohl in Psalm 1,3 als auch in Jeremia 17,8 wird ein Mensch, der seine ganze Hoffnung und sein ganzes Vertrauen auf Gott setzt und sich an seinem Wort orientiert, mit einem Baum verglichen, der nahe am Wasser gepflanzt ist:

- *Glücklich zu preisen ist, wer Verlangen hat nach dem Gesetz des Herrn und darüber nachdenkt Tag und Nacht. Er gleicht einem Baum, der zwischen Wasserläufen gepflanzt wurde: zur Erntezeit trägt er Früchte, und seine Blätter verwelken nicht. Was ein solcher Mensch unternimmt, das gelingt* (Psalm 1,2-3).
- *(...) ich segne jeden, der seine Hoffnung auf mich, den Herrn, setzt und mir ganz vertraut. Er ist wie ein Baum, der nah am Bach gepflanzt ist und seine Wurzeln zum Wasser streckt: Die Hitze fürchtet er nicht, denn seine Blätter bleiben grün. Auch wenn ein trockenes Jahr kommt, sorgt er sich nicht, sondern trägt Jahr für Jahr Frucht* (Jeremia 17,7-8).

In der Beziehung mit Jesus ist echtes Glück und wahrer Halt zu finden. Wer sich auf ein Leben mit ihm einlässt und nach seinem Willen fragt, ist wie ein Baum in der Wüste, der einen Platz am Wasser gefunden hat. Wenn der Psalmist von einem Baum am Wasser spricht, hat er bestimmt das heiße, zum Teil öde Land im Hinterkopf, das ihm vertraut ist. Für Pflanzen ist die Wasserversorgung in der Trockenzeit eine Frage des Überlebens. Wenn die Blätter fallen, hat dies in heißen Regionen oft mit Wassermangel zu tun. Nahe am Wasser zu stehen, ist für einen Baum das Beste, was ihm passieren kann. Sonne und Hitze machen ihm dann nichts aus, weil die Versorgung durch das Wasser gewährleistet ist. Und genauso hat auch ein Mensch, der sich immer wieder neu an Gottes Wort orientiert und sein ganzes Vertrauen auf Jesus setzt, in allen Lebensumständen Zugang zu dem Leben spendenden Wasser von Gott, das seine Lebenskraft ist und damit sein Fundament bildet.

In der Beziehung mit Jesus ist echtes Glück und wahrer Halt zu finden.

Auch in Ihrem Leben wird es immer wieder Phasen geben, die von Trockenheit oder Stürmen geprägt sind und die Ihre Lebenspflanze auf eine harte Probe stellen. Sorgen in der Erziehung der Kinder, zerbrochene Beziehungen, gesundheitliche Nöte und vieles mehr. All dies kann großen Kummer bereiten. Aber es liegt in Ihrer Verantwortung, dass Zeiten der Dürre das Vertrauen in Jesus nicht schwinden lassen. Im Gegenteil: Ringen Sie darum, genau in solchen Zeiten noch tiefere Wurzeln in Gottes Liebe zu schlagen. Die Verbindung mit Jesus lässt Ihre Lebenspflanze auch Dürrezeiten überstehen.

UMDENKEN ERFORDERLICH

In unserer von Leistung getriebenen Zeit legen wir die Aufmerksamkeit vor allem auf Ergebnisse – aufs Blühen und aufs Früchtebringen, auf Effizienz und schnelle, sichtbare Erfolge. Erst wenn wir ausgelaugt sind, keine Energie mehr haben oder uns sogar eine Krankheit zum Stillstand zwingt, wird uns wieder neu bewusst, dass wir nicht auf Dauer leben können, ohne uns um unsere Wurzeln zu kümmern. Weil wir die Wurzeln nicht sehen, schenken wir ihnen oft auch viel zu wenig Aufmerksamkeit. Es braucht ein Umdenken, dass wir die Bedeutung unserer verborgenen Wurzeln erkennen. Es ist nicht immer Zeit des Blühens, Zeit der Früchte, Zeit der Ernte – alles hat seine eigene Zeit und alles braucht seine eigene Zeit. Zeiten der Stille, der Ruhe, des langsamen Wachsens, der Reife gehören zum Leben dazu und sind von höchster Wichtigkeit. Denn unsere Wurzeln müssen die Chance bekommen, stark zu werden.

„Bäume, die wir in den Himmel wachsen sehen, zeigen nur einen Teil ihrer Wirklichkeit", schreibt Axel Kühner.[25] Und er fährt fort: „Aus unsichtbaren Wurzeln steigt der Baum in seiner sichtbaren Form dem Licht entgegen." So wächst jede lebendige Pflanze in zwei Richtungen:

„hinab in die Tiefe und hinauf in die Höhe. In dieser Spannung von sichtbarer und unsichtbarer Wirklichkeit, von Tiefe und Größe, von Dunkel und Licht ereignet sich sein Leben. Die unsichtbaren Wurzeln ermöglichen den sichtbaren Stamm. Die Krone aus Ästen und Zweigen, Blättern und Früchten entspringt und entspricht dem verborgenen Geäst der Wurzeln tief in der Erde.
Jeder Mensch, der wachsen und groß werden, sich entfalten und bestehen, wirken und Frucht bringen will, braucht die ver-

---

25 vgl. Kühner, Axel 1997 (8. Aufl.). Überlebensgeschichten für jeden Tag. Neukirchen-Vluyn: Aussaat Verlag, S. 224.

borgenen Wurzeln, das tiefe Wohnen in Gott, dem Ursprung des Lebens. Groß zu werden, ohne tief zu werden, ist lebensgefährlich. Darum ist der verborgene Umgang eines Menschen mit Gott im Gebet, das Zurückgezogensein in die Wirklichkeit des unsichtbaren Geistes Gottes, das tiefe Hineinwachsen in die Liebe Jesu notwendig zum Leben."

Auch in diesen Zeilen von Axel Kühner kommt zum Ausdruck, dass ein Umdenken erforderlich ist: Es gilt, ganz neu den Blick dafür zu

Blühendes Leben beginnt mit gesunden Wurzeln.

schärfen, dass das Unsichtbare von größter Bedeutung ist. Ich ertappe mich manchmal selbst dabei, wie auch in meiner Wahrnehmung das Sichtbare viel wichtiger zu sein scheint als das Unsichtbare. Eine gute Tat, eine Dienstleistung an anderen oder einfach das Abarbeiten von E-Mails oder Hausarbeiten, erscheinen oft so viel dringlicher als der Rückzug in die Stille, um mich mit meinen Wurzeln zu beschäftigen. Zum Beispiel, indem ich mich mit Gottes Wort auseinandersetze oder im Gebet vor Gott still werde. Auch Musik, Tagebuchschreiben, die Lektüre eines guten Buches, Kunst oder was auch immer können Teil der Wurzel-Pflege sein, die dazu beiträgt, dass sich meine Lebenspflanze gesund entwickelt. Der Kirchenvater Augustinus von Hippo sagte einst: „Gott fragt nach der Wurzel, nicht nach der Blume." Blühendes Leben beginnt mit gesunden Wurzeln.

VERBORGENES WIRD SICHTBAR

Blühe dort, wo du gepflanzt bist ist Ausdruck davon, dass Dinge, die im Verborgenen gewachsen sind, sichtbar werden. Dass diese Reihenfolge unumstößlich ist, kommt auch in der folgenden Strophe des Liedes „Geh aus, mein Herz, und suche Freud" von Paul Gerhardt zum Ausdruck:

„Mach in mir deinem Geiste Raum,
dass ich dir werd ein guter Baum,
und lass mich Wurzel treiben.[26]
Verleihe, dass zu deinem Ruhm
ich deines Gartens schöne Blum
und Pflanze möge bleiben."

Mein Wunsch für Ihr und mein Leben ist, dass uns die Bedeutung unserer verborgenen Wurzeln ganz neu wichtig wird und wir entsprechend sorgfältig mit diesem kostbaren Gut umgehen. Denn dann dürfen wir erleben, dass das Unsichtbare – zu seiner Zeit – in Gestalt von Blüten und Früchten sichtbar wird. Blühen ist weder eine Frage der Intelligenz noch des Alters oder des Vermögensstandes. Blühen oder Nicht-Blühen entscheidet sich alleine daran, wo und wie unser Herz verwurzelt ist.

---

26 Im Original steht anstelle von „und lass mich Wurzel treiben": „und laß mich wol bekleiben". „Bekleiben" stand als altes deutsches Wort für das Anwurzeln von Pflanzen und Gewächsen. Eine Pflanze, die oft versetzt wurde, konnte nicht „bekleiben".

Mein Lebensgarten 1

Zum Abschluss dieses ersten Kapitels lade ich Sie auf einen Ausflug in Ihren Lebensgarten ein. Meine Vertiefungsfragen greifen Gedankenimpulse aus diesem Kapitel auf und bieten Ihnen die Möglichkeit einer ehrlichen Reflexion. Suchen Sie sich einen Ort, an dem Sie ungestört über die folgenden Wurzel-Fragen nachdenken können – je nach Typ kann es auch hilfreich sein, wenn Sie die Antworten schriftlich festhalten:

- Wie würden Sie Ihren gegenwärtigen Lebensgarten beschreiben?
- Welche Wurzeln prägen Ihr Leben ganz grundsätzlich? Menschliche Wurzeln müssen im ersten Moment gar nichts mit dem christlichen Glauben oder der Kirche zu tun haben. Ihre Wurzeln stehen beispielsweise auch mit dem Land, aus dem Sie kommen (oder in dem Sie leben), im Zusammenhang. Des Weiteren mit Ihrem Zuhause, Ihrem Dorf, Ihrer Stadt, Ihrer Familie ... Mit Dingen, die Ihre Kindheit und Jugend geprägt haben, mit Erlebnissen, Einstellungen, Werten, die Sie übernommen haben, und vielem mehr. Nehmen Sie sich doch einen Moment Zeit aufzuschreiben oder aufzuzeichnen, was Ihre eigenen Wurzeln ausmacht. Und versuchen Sie, sich selbst gegenüber ehrlich zu sein. Auch im Hinblick auf Ihre Gefühle – denn jene zeigen uns oft sehr genau, wie tief manche Wurzeln sind, und wir spüren etwas von einer Sehnsucht nach Tiefe.

- Welche Wurzeln prägen Sie positiv, welche negativ?
- Welche Wurzeln möchten Sie nie verlieren?
- Gibt es Gegenstände in Ihrem Haus, die Sie an wichtige Lebenswurzeln erinnern?
- Woraus ziehen Sie Ihre Lebenskraft? Hier geht es nicht bloß um Stichwörter wie Familie, PartnerIn, Glauben, Hobbys, Arbeit und Ähnliches, sondern vielmehr um die Frage: Welche Werte stecken hinter diesen Stichwörtern? Ist es zum Beispiel die Gemeinschaft, sind es Traditionen? Ist es vielleicht Musik? Sind es Worte, Kunst, Bilder, die Natur, Begegnungen und so weiter? Es ist eine große Hilfe, wenn man das weiß! (In Kapitel 4 beschäftigen wir uns mit der Frage, was unser Blühen fördert, und dort werden wir uns noch weiter in diese Thematik vertiefen.)
- Was genau macht für mich die Verwurzelung im Glauben aus? Was stärkt meine geistlichen Wurzeln auf besondere Weise? Begegnungen? Lieder? Biblische Texte? Stilleerfahrungen? Wer bin ich – wer darf und kann ich sein?
- Was wissen Sie über Ihre familiären Wurzeln? Gibt es Verwandte oder nahe Freunde der Familie, die Ihnen mehr dazu sagen können? Welche Gefühle löst die Suche nach den familiären Wurzeln bei Ihnen aus? Interesse oder vielleicht auch Trauer, weil die Geschichte Ihrer familiären Wurzeln schmerzvoll ist? Was löst der Gedanke bei Ihnen aus, dass Jesus Christus, der Sohn Gottes, Teil Ihres menschlichen Stammbaums ist?
- Welches familiäre Erbe wurde an Sie weitergegeben? Welche Einstellungen oder Leitsätze Ihrer Vorfahren prägen Sie bis heute? Gibt es Rituale oder Bräuche, die Sie von Ihren Vorfahren übernommen haben?
- Welches familiäre Erbe würden Sie gerne an Ihre Kinder (oder Nichten, Neffen, Patenkinder etc.) weitergeben?
- Was löst der Gedanke in Ihnen aus, dass Sie eine Blume oder ein Baum sind, die bzw. der liebevoll von Gott gepflanzt wurde und umsorgt wird?

....

auf meine Weise
still und leise
will ich es wagen
überwinden mein Zagen
und Schicht um Schicht
enthüllen im Licht

durch Sturm und Regen
der Hoffnung entgegen
will vor Leben ich strotzen
der Entmutigung trotzen
bis meine Schönheit erwacht
aus dem Dunkel der Nacht

in allen Gefahren
wirst Du mich bewahren
und sorgsam behüten
meine goldenen Blüten
auf dass geschehe
dass man Dich in mir sehe

Debora Sommer (1.12.2017)

....

2. BLÜHE!

....

„Wie die zarten Blumen willig sich entfalten
und der Sonne stille halten,
lass mich so, still und froh, deine Strahlen fassen
und dich wirken lassen."[27]
GERHARD TERSTEEGEN

Es war Ende Januar 2016, als mir nach einem Frauenfrühstück zum
Thema *Blühe dort, wo du gepflanzt bist* feierlich ein liebevoll dekorier-
tes Glas überreicht wurde. In der Erde, die in das Glas gefüllt war,
konnte man die Umrisse einer unförmigen Amarylliszwiebel erkennen. Die sympathische Frau, die mir das Glas überreichte, meinte ent-
schuldigend: „Es war offen gestanden eine ziemlich hässliche Knolle.
Ich habe sie jetzt einfach mal eingepflanzt. Hoffentlich wächst überhaupt etwas daraus."

Und *wie* es wuchs! Der erste Stiel schoss schon nach kurzer Zeit
im Eilzugtempo nach oben und entfaltete schließlich zwei wunderbare Blüten. Unten wuchs bereits der nächste Stiel nach. Unglaublich, welch kraftvolle und herrliche Blüten dieser hässlichen Zwiebel
entsprangen! Ich war begeistert. Man konnte der Amaryllis richtigge-

---

27 Aus dem Lied *Gott ist gegenwärtig* von Gerhard Tersteegen.

hend beim Wachsen zusehen. Jeden Morgen sprang ich als Erstes zur Pflanze, um die Wachstumsfortschritte mit dem Handy festzuhalten. Meine Teenagertochter schüttelte verständnislos den Kopf über ihre Mutter, die über das Wachstum einer Pflanze dermaßen aus dem Häuschen war. Doch angesichts der Tatsache, dass ich keinen grünen Daumen habe und dass anfänglich nichts, aber auch gar nichts an dieser hässlichen Knolle auf blühendes Leben hingewiesen hatte, war es für mich so, als fände direkt vor meinen Augen ein Wunder statt. Und ich konnte mich kaum daran sattsehen. In dieser unansehnlichen Knolle, die sämtliche Nährstoffe enthielt, steckte eine ungeahnte Kraft. Als die Blüten am alten Stiel verdorrt waren, entwickelten sich bereits Blütenknollen am neuen Stiel. Und schließlich durfte ich das Blütenwunder sogar noch ein drittes Mal – diesmal mit drei Blüten – erleben!

Die blühende Amaryllis hat mich berührt, weil sie mich an das menschliche Leben erinnerte. Auch menschliches Leben wirkt manchmal wie eine unansehnliche Knolle, scheinbar unfähig zu blühen und sich dadurch zu entfalten. Und doch sind sämtliche Anlagen, die zum Blühen notwendig sind, bereits im Verborgenen vorhanden.

Doch was bedeutet Blühen eigentlich? Und wie kann ich als Mensch „blühen"? Diesen und weiteren Fragen wollen wir in diesem Kapitel auf den Grund gehen.

Die Blume als Symbol

Dass mich jene Amaryllis auf besondere Weise berührt und an das menschliche Leben erinnert hat, verwundert wenig, wenn man bedenkt, dass Blumen auch in der Bibel verschiedentlich als Sinnbilder verwendet werden, die uns Menschen bestimmte Botschaften näherbringen sollen. Blumen stehen dort zum Beispiel symbolisch für ganz unterschiedliche Dinge wie Schönheit, Sorglosigkeit, Vergänglichkeit, Neuanfang und Hoffnung. Im Folgenden möchte ich Ihnen gerne einige blumige Symbole aus der Bibel vorstellen.

DIE LILIE ALS SYMBOL FÜR SCHÖNHEIT

Ein aufmerksamer Blick in die Natur genügt, damit sich dieses Sinnbild erschließt. Die Schönheit von Blumen berührt. Sei es in gepflegten Gärten, Parks oder auch an verwilderten Orten, die trostlos erscheinen. Wenn eine Blume inmitten von Geröll und Steinen oder auf kargem Sandboden trotzig und kraftvoll ihre leuchtenden Blüten entfaltet, dann lässt das die meisten Menschen nicht unberührt. „Wie eine tröstliche Decke", schreibt Gisela Andresen, eine evangelische Pastorin und Religionspädagogin, zögen sich die Farben der Blumen „über Schuttberge, stillgelegte Gleise und trostlose Wege."[28] Andresen wirft die spannende Frage auf, ob Blumen vielleicht deshalb so anziehend auf uns wirken, weil sie sich den Mechanismen von Leistung und Zweckbestimmung entziehen: „Anders als bei Nutzpflanzen erwarten wir von ihnen nicht, dass sie reiche Frucht bringen und unsere tägliche Nahrung sichern. Wenn sie blühen, liegt das in ihrer Natur und geschieht zweckfrei. Dankbar nehmen wir das Geschenk ihrer Schönheit entgegen. Wir lieben sie um ihrer selbst willen."[29]

Es ist der Schöpfer selbst, der Blumen mit Schönheit kleidet und der sich darum kümmert, dass sich ihre Schönheit entfalten kann. So, wie sich ein liebevoller Gärtner oder eine liebevolle Gärtnerin um ihre Pflanzen kümmert. Rund vier Jahre lang konnte ich während der Küchenarbeit durch unser Küchenfenster beobachten, wie meine Nachbarin, eine Bäuerin, ihren traumhaften Blumengarten pflegte. Kein Tag verging, ohne dass sie durch ihren Garten ging, da und dort etwas Unkraut entfernte oder einen Trieb zurechtrückte, und entsprechend sah das Resultat aus. Immer wieder musste ich stehen bleiben, wenn ich an dem Garten vorbeiging, der nicht nur wunderschön war, sondern auch mit so viel Liebe und Leidenschaft gepflegt wurde.

---

28 Andresen, Gisela 2006. *Gartengeschichten der Bibel.* Stuttgart: Deutsche Bibelgesellschaft. S. 54.

29 Andresen 2006:54-55.

Der alttestamentliche Prophet Hosea beschreibt Gottes Verhalten wie das eines liebevollen Gärtners. Gott will sich so um die verkümmerten und durstigen Menschen seines Volkes kümmern, dass das Volk wieder blühen kann wie eine Lilie: *Dann wird der Herr sagen: »Ich will mein Volk von ihrer Untreue heilen! Von Herzen gern begegne ich ihnen wieder mit Liebe und bin nicht länger zornig auf sie. Ich gebe ihnen neues Leben, so wie der Tau die Blumen zum Blühen bringt. Ja,* **Israel wird blühen wie eine Lilie,** *und seine Wurzeln werden stark sein wie die Wurzeln der Bäume auf dem Libanon* (Hosea 14,5-6).

Gott ist wie ein liebevoller Gärtner.

Gottes Volk soll sein wie eine Lilie: Rein und schön, fruchtbar und reich. Unter Gottes Schutz soll Israel emporwachsen wie diese hochstängelige Blume mit ihren wunderschönen großen weißen Blüten, die besonders nachts einen starken Duft verströmen und leuchten. Die weiße Lilie, die bis heute auf dem Karmel (in Palästina) sowie in Galiläa blüht, galt seit der Antike als Symbol für Schönheit, Fruchtbarkeit und Reichtum. Unter christlichem Einfluss wurde sie zum Symbol für Reinheit, Heiligkeit und Auferstehung.[30]

Auch im Neuen Testament findet die Schönheit der Lilien Erwähnung. In der Bergpredigt fordert Jesus seine Nachfolger auf: *Seht euch die Lilien auf dem Feld an und lernt von ihnen! Sie wachsen, ohne sich abzumühen und ohne zu spinnen und zu weben. Und doch sage ich euch: Sogar Salomo in all seiner Pracht war nicht so schön gekleidet wie eine von ihnen. Wenn Gott die Feldblumen, die heute blühen und morgen ins Feuer geworfen werden, so herrlich kleidet, wird er sich dann nicht erst recht um euch kümmern, ihr Kleingläubigen?* (Matthäus 6,28b-30).

König Salomo war zu jener Zeit vermutlich *der* Inbegriff von überschwänglichem Luxus und Reichtum. Wenn jemand schöne und edle Gewänder tragen konnte, dann mit Sicher-

---

30 vgl. Andresen 2006:60.

heit König Salomo. Trotzdem schnitt seine Kleidung bei einem Schönheitsvergleich schlechter ab als die Lilien. Und dies, obwohl Letztere nur so kurz blühten und wenig später schon wieder welk waren. Doch Gott leistet sich diesen Luxus und lässt sein schöpferisches Wirken in der Natur auf verschwenderische Weise sichtbar werden. Nicht zuletzt in einer Fülle von wunderbaren und unterschiedlichsten Blumen. Wenn Gott sogar um die Schönheit einer einzelnen Blume besorgt ist, wie viel mehr kommt die Schönheit seines schöpferischen Wirkens dann in denjenigen zum Ausdruck, die nach seinem Bild geschaffen sind!

FELDBLUMEN ALS SYMBOL FÜR SORGLOSIGKEIT

Es ist eine schöne Vorstellung, dass jeder Mensch wie eine einzigartige Blume im Garten der Schöpfung wächst, von Gott, dem Gärtner, selbst gepflanzt, liebevoll umsorgt und bewahrt. Doch leider gelingt es häufig nicht, das alltägliche Leben in einer solchen vertrauensvollen Lebenshaltung zu gestalten. Es gibt so viele Dinge, über die man sich tagein, tagaus den Kopf zerbrechen könnte. So viele Sorgen, die sich belastend in unser Denken einschleichen: Wie soll ich bloß die vielen Rechnungen bezahlen? Wie kann ich die Beziehung zu meinen Kindern verbessern? Wieso verhält sich meine Freundin wohl so seltsam mir gegenüber? Was belastet meinen Ehemann? Wie kann ich ihm helfen? Woher soll ich die Kraft für die kommenden Aufgaben nehmen? Wie soll ich mich meinen schwierigen Vorgesetzten am Arbeitsplatz gegenüber bloß am besten verhalten? Wird es wieder besser werden mit meinen gesundheitlichen Problemen? ... Kommen Ihnen solche Gedanken bekannt vor?

So wie Unkraut um eine Blume schlingen sich auch Sorgen belastend um unser Herz und unser Denken und drohen uns innerlich zu ersticken. Immer mehr vergessen wir,

Wie Unkraut um eine Blume schlingen sich Sorgen belastend um unser Herz.

dass sich der Gärtner täglich um uns und unsere Nöte kümmert, wenn wir es zulassen. Stattdessen versuchen wir mühsam, die Aufgaben des Gärtners zu übernehmen und das bedrohliche Unkraut selbst auszumerzen. Ein aussichtsloses Unterfangen, da das Unkraut dadurch nicht beseitigt wird.

In der bereits zitierten Passage aus der Bergpredigt ermutigt Jesus seine Zuhörer wohl auch deshalb dazu, sich ein Beispiel an Vögeln und Feldblumen wie den Lilien zu nehmen, weil er weiß, wie sehr wir Menschen dazu tendieren, uns Sorgen zu machen. Doch wir sollen uns unser Leben nicht vom Unkraut der Sorge zerstören lassen, sondern weiter unbeschwert wie wunderschöne, duftende Blumen in Gottes Garten blühen: »*Deshalb sage ich euch: Macht euch keine Sorgen um das, was ihr an Essen und Trinken zum Leben und an Kleidung für euren Körper braucht. Ist das Leben nicht wichtiger als die Nahrung, und ist der Körper nicht wichtiger als die Kleidung? Seht euch die Vögel an! Sie säen nicht, sie ernten nicht, sie sammeln keine Vorräte, und euer Vater im Himmel ernährt sie doch. Seid ihr nicht viel mehr wert als sie? Wer von euch kann dadurch, dass er sich Sorgen macht, sein Leben auch nur um eine einzige Stunde verlängern? Und warum macht ihr euch Sorgen um eure Kleidung? Seht euch die Lilien auf dem Feld an und lernt von ihnen! Sie wachsen, ohne sich abzumühen und ohne zu spinnen und zu weben. (...) Macht euch keine Sorgen um den nächsten Tag! Der nächste Tag wird für sich selbst sorgen. Es genügt, dass jeder Tag seine eigene Last mit sich bringt*« (Matthäus 6,25-28.34).

Seit vielen Jahren gehört der Gospelsong *His Eye is on the Sparrow* (frei übersetzt: „*Sein Auge wacht über dem Spatzen*") zu meinen absoluten Lieblingsliedern. Keine Ahnung, wie oft ich mir dieses Lied schon selbst zugesungen habe – immer und immer wieder – und dabei bittere Tränen weinte am Klavier. In Momenten der Mutlosigkeit, der Traurigkeit, der Hoffnungslosigkeit. In Momenten, in denen ich mich zutiefst einsam und unverstanden fühlte. In Momenten, in denen Angst vor

Sorgen versperren uns den Blick auf denjenigen, der stärker ist als alle Sorgen.

dem, was geschehen könnte, mein Herz mit dunklen Schatten er-
füllte. In Momenten, in denen die Sorgen mich lähmen wollten,
weil sie mir den Blick auf denjenigen versperrten, der stärker ist
als die Sorgen aller Menschen zusammen: Jesus Christus.

Das Lied beginnt mit sanften, tiefen Klängen, die in einen
kraftvollen und dynamischen Refrain münden:

*Why should I feel discouraged (Warum sollte ich mich entmutigt
fühlen)*
*Why should the shadows come (Warum sollten mich Schatten be-
drohen)*
*Why should my heart be lonely (Warum sollte mein Herz einsam
sein)*
*and long for heav'n and home (und sich nach Himmel und Heimat
sehnen)*

When Jesus is my portion? (Wenn doch Jesus mein Anteil ist?)
My constant Friend is He (Er ist mein treuer Freund)
His eye is on the sparrow (Sein Auge wacht über dem Spatzen)
*and I know He watches me (und ich weiß, dass er auch über mich
wacht)*

Refrain:
I sing because I'm happy (Ich singe, weil ich fröhlich bin)
I sing because I'm free (Ich singe, weil ich frei bin)
*For His eye is on the sparrow (Ja, sein Auge wacht über dem Spat-
zen)*
*and I know He watches me (und ich weiß, dass er auch über mir
wacht)*[31]

Der Liedtext geht auf Civilla Durfee Martin (1866–1948) zurück,
eine kanadisch-amerikanische Songwriterin, die im späten 19.
und frühen 20. Jahrhundert viele religiöse Hymnen und Gos-

---

31 Frei aus dem Englischen übersetzt von der Autorin.

pelsongs getextet hat. Die Inspiration zu diesem Lied erhielt sie, als sie und ihr Ehemann bei dem Ehepaar Doolittle, langjährigen Freunden aus Elmira, New York, zu Besuch waren. Frau Doolittle war seit nahezu 20 Jahren bettlägerig und Herr Doolittle saß aufgrund einer unheilbaren körperlichen Behinderung in einem Rollstuhl, von wo aus er seinen Geschäften nachging. Trotz dieser Einschränkungen waren sie glücklich und dankbar und wurden zu einer Inspiration und Ermutigung für alle, die sie kannten. Bei jenem Besuch fragte Civilla Martins Ehemann, ein bekannter Prediger, nach dem Geheimnis ihrer Zufriedenheit und Hoffnung. Frau Doolittle antwortete: „His eye is on the sparrow, and I know He watches me" (*Sein Auge wacht über dem Spatzen und ich weiß, dass er auch über mich wacht*).[32] Dieses grenzenlose Vertrauen berührte Civilla Martin und ihren Ehemann zutiefst und bewegte die begabte Songwriterin dazu, den Text *His Eye is on the Sparrow* zu schreiben. Als Gedicht wurde der Text an Charles Gabriel, einen begnadeten Komponisten seiner Zeit, geschickt. Jener erweckte den Text mit passender Musik zum Leben und so entstand das Lied, das seither Tausende von Menschen ermutigt hat.

Den Bezug zu den Spatzen finden wir in Matthäus 10,29-31 (und der Parallelstelle Lukas 12,6-7). Die Stelle steht im Zusammenhang mit der Aussendung der Apostel. Jesus nimmt kein Blatt vor den Mund, als er seinen zwölf Aposteln vor Augen malt, was sie zu erwarten haben, wenn sie ihm kompromisslos nachfolgen: *Nehmt euch in Acht vor den Menschen! Sie werden euch in ihren Synagogen vor Gericht stellen und auspeitschen. Man wird euch um meinetwillen vor Machthaber und Könige führen, und ihr sollt vor ihnen und vor allen Völkern meine Zeugen sein. Wenn man euch vor Gericht stellt,* **dann macht euch keine Sorgen**, *wie ihr reden und was ihr sagen sollt. Denn wenn es so weit ist, wird euch eingegeben, was ihr sagen müsst. Nicht ihr seid es, die dann reden, sondern der Geist eures Vaters wird durch euch reden. (...) Um meines Namens willen*

---

32 Homan, Vincent D. 2013. *A Foot in Two Worlds: A Pastor's Journey From Grief to Hope. Bloomington:* WestBow Press. S. 112.

werdet ihr von allen Menschen gehasst werden. Wer aber bis ans Ende standhaft bleibt, wird gerettet (Matthäus 10,17-20.22). Jesus fordert die Apostel auf, dass sie sich in jeder Situation bewusst machen sollen, wer über die eigentliche Macht verfügt und wem die eigentliche Ehrfurcht gehört: *Fürchtet euch nicht vor denen, die den Leib töten können – die Seele können sie nicht töten. Fürchtet vielmehr den, der Leib und Seele dem Verderben in der Hölle preisgeben kann* (Matthäus 10,28). Und in diesem Zusammenhang erinnert Jesus die Apostel an die Spatzen: *Denkt doch einmal an die Spatzen! Zwei von ihnen kosten nicht mehr als einen Groschen, und doch fällt kein einziger Spatz auf die Erde, ohne dass euer Vater es zulässt. Und bei euch sind sogar die Haare auf dem Kopf alle gezählt. Seid darum ohne Furcht! Ihr seid mehr wert als eine noch so große Menge Spatzen* (Matthäus 10,29-31).

Feldblumen und Spatzen – Botschafter aus der Natur – sollen uns jeden Tag neu daran erinnern, dass Gott für uns sorgt!

FELDBLUMEN ALS SYMBOL FÜR VERGÄNGLICHKEIT

Feldblumen sollen uns aber nicht nur daran erinnern, dass Gott für uns sorgt, sondern uns auch bewusst machen, dass unsere Lebenszeit begrenzt ist. Denn Feldblumen sind äußerst kurz blühende Pflanzen. „Wer im Frühling durch die Täler, die Berge und Wüsten Israels wandert", so Gisela Andresen, „staunt über die Fülle wunderschöner Feldblumen in leuchtenden Farben: Rote Anemonen, vielfarbige Mohnblumen, Hahnenfuß, Margariten, gelbweiße Kamille und viele andere Arten überziehen das Land wie mit einem bunten Teppich. Nur kurze Zeit dauert die Pracht dieser schnell verblühenden Blumen. Der Klatschmohn, die häufigste Mohnart in Israel, blüht höchstens zwei bis drei Tage."[33]

Der Klatschmohn ist auch hier in der Schweiz – vor allem in ländlichen Gebieten – weit verbreitet. Schon als Kind begeisterte

---

33 Andresen 2006:57.

mich die knallrote Farbe dieser Blumen, die während einer kurzen Zeit die goldenen Kornfelder, grünen Wiesen, Straßen- und Feldränder mit ihrer bunten Schönheit belebten. Umso größer war die Enttäuschung, als ich realisierte, wie schlecht man die Schönheit der Mohnblüte zu Hause in einer Vase bewahren konnte. Die zarten Blütenblätter sanken bei der kleinsten Berührung zu Boden. So symbolisiert der Klatschmohn mit seiner Kurzlebigkeit auf besondere Weise die Vergänglichkeit des menschlichen Lebens.

Jedes Jahr am 11. November – dem „Remembrance Day" – legt die englische Königin am Kenotaph in London einen Kranz Mohnblumen nieder, um an die britischen Gefangenen des Ersten Weltkrieges und der Kriege seither zu gedenken. Ein Artikel, der im Frühling 2013 an diese und andere Gedenkfeiern erinnerte, trug den Titel: *Jedes Kind weiß, wofür rote Mohnblumen stehen.*[34] Das mag vielleicht auf die Kinder in Großbritannien und Belgien zutreffen, aber wohl eher nicht auf Kinder (und viele Erwachsene) in der Schweiz, Österreich oder Deutschland. Denn jeden Herbst stecken sich Tausende von Menschen in Großbritannien und Belgien eine rote Mohnblume ans Revers, im Gedenken an die Gefallenen. Das Symbol der roten Blume wurde nach einem Gedicht gewählt, das die blühenden Mohnblumen auf den verwüsteten Schlachtfeldern von Flandern beschreibt. Für eine Ansteckblume gibt man eine Spende an die Royal British Legion.

Gut möglich, dass die Verfasser der biblischen Bücher bei der Beschreibung von kurzlebigen Feldblumen an den roten Klatschmohn gedacht haben. Feldblumen werden in der Bibel häufig als Symbol für die Vergänglichkeit des Menschen verwendet: So schnell wie die Blütenblätter vom heißen Wind fortgeweht werden und die Pflanzen daraufhin vertrocknen, so vergänglich ist auch das menschliche Leben: *Wie vergänglich ist der Mensch! Wie kurz sind seine Jahre! Wie mühsam ist sein Leben! Er blüht auf wie eine Blume – und verwelkt; er verschwindet wie ein Schatten – und fort ist er!* (Hiob 14,1-2).

---

34 https://tinyurl.com/yaef684e [22.11.2017].

Ähnlich wird es in den folgenden beiden Bibelstellen beschrieben, wobei Gottes Güte und Gottes Wort in krassem Gegensatz zur Vergänglichkeit des Menschen stehen:

- *Der Mensch ist wie das Gras, er blüht wie eine Blume auf dem Feld. Wenn der heiße Wüstenwind darüberfegt, ist sie spurlos verschwunden, und niemand weiß, wo sie gestanden hat. Die Güte des Herrn aber bleibt für immer und ewig; sie gilt allen, die ihm mit Ehrfurcht begegnen. Auf seine Zusagen ist auch für die kommenden Generationen Verlass, wenn sie sich an seinen Bund halten und seine Gebote befolgen* (Psalm 103,15-18; Hfa).
- *»(...) Die Menschen sind wie das Gras, und ihre Schönheit gleicht den Blumen: Das Gras verdorrt, die Blumen verwelken, wenn der Herr seinen Atem darüber wehen lässt. Ja, nichts als Gras ist das Volk. Das Gras verdorrt, die Blumen verwelken, aber das Wort unseres Gottes bleibt gültig für immer und ewig«* (Jesaja 40,6b-8).

Wie Blumen in unsere hiesigen Gärten, so sind wir in diese Zeit, in dieses Land, in unseren individuellen Lebensgarten gepflanzt. Einschneidende Erlebnisse – welcher Art auch immer – führen uns schmerzhaft vor Augen, wie begrenzt unsere Lebenszeit ist. Unser Leben ist so unglaublich schnell vorbei. Gott hingegen ist ewig. Das war auch Mose bewusst, wie es im folgenden Gebet zum Ausdruck kommt:

Herr, solange es Menschen gibt, bist du unsere Zuflucht! Ja, bevor die Berge geboren wurden, noch bevor Erde und Weltall unter Wehen entstanden, warst du, o Gott, schon da. Du bist ohne Anfang und Ende. Du lässt den Menschen wieder zu Staub werden. »Kehr zurück!«, sprichst du zu ihm. (...) Du reißt die Menschen hinweg, sie verschwinden so schnell wie ein Traum nach dem Erwachen. Sie vergehen wie das Gras: Morgens sprießt es und blüht auf, doch schon am Abend welkt und verdorrt es im heißen Wüstenwind. (...) Unser Leben dauert siebzig, vielleicht sogar achtzig Jahre. Doch alles, worauf wir stolz sind, ist nur Mühe, viel Lärm um nichts! Wie

schnell eilen die Jahre vorüber! Wie rasch schwinden wir dahin! (...)
Mach uns bewusst, wie kurz das Leben ist, damit wir unsere Tage weise nutzen! (Auszüge aus Psalm 90,1-12; Hfa).

Der Gedanke daran, wie kurz unser Leben ist, mag zunächst deprimierend, niederschmetternd und sogar beängstigend wirken. Auch mein Herz wird schwer, wenn ich länger darüber nachdenke. Zum Beispiel dann, wenn ich Menschen vermisse, die diese Welt bereits verlassen haben. Oder wenn ich mir vorstelle, wie schrecklich es wäre, Menschen zu verlieren, die mir viel bedeuten. Es gibt Momente, in denen die Kürze des Lebens manchmal fast mit Händen zu greifen ist. Man sitzt da und kann nicht fassen, dass bereits wieder ein Jahr, zehn Jahre, zwanzig Jahre verstrichen sind. Gewisse Erinnerungen bleiben so lebendig, dass man den Eindruck hat, es sei vor wenigen Tagen gewesen, doch in Wirklichkeit liegen Jahre oder gar Jahrzehnte dazwischen. Gerade noch war ich ein Schulmädchen. Nun bin ich seit über zwanzig Jahren verheiratet und unser Ältester ist bereits erwachsen. Meine Eltern feiern in wenigen Wochen ihren 50. Hochzeitstag. Wo sind bloß die Jahre geblieben? In der Tat: Unser Leben ist so schnell vorbei.

> Der Gedanke an unsere Endlichkeit schärft unseren Blick dafür, worauf es im Leben wirklich ankommt.

Ich würde den Gedanken an meine Endlichkeit manchmal lieber aus meinem Kopf verbannen, weil er zu weh tut. Dies zeigt, wie herausfordernd es ist, sich solchen Gedanken zu stellen. Wenn wir den Gedanken an unsere Vergänglichkeit verdrängen und beiseiteschieben, handeln wir nach Psalm 90,12 jedoch unvernünftig. Man könnte auch sagen: unbesonnen, leichtsinnig oder gar verantwortungslos. Durch den Schmerz hindurch, indem wir uns der Tatsache unserer eigenen Endlichkeit stellen, möchte Gott uns zu neuen Erkenntnissen führen. Er möchte unseren Blick dafür schärfen, worauf es im Leben wirklich ankommt! Er möchte uns helfen, sinnvolle Prioritäten zu setzen und unsere Lebenskräfte sinnvoll und weise zu nutzen. So viel Kraft geht unnötig verloren, wenn wir uns mit anderen vergleichen, wenn wir mit unserer Lebenssituation unzufrieden sind, wenn wir an Erlebnissen festhalten, bei denen andere Menschen an uns schuldig geworden sind, und durch vieles mehr. Die Mohnblume erinnert uns daran, wie kurz und kostbar unsere Lebenszeit ist. Wie wertvoll genau dieser Moment ist ... Der Moment, in dem ich diese Zeilen schreibe. Der Moment, in dem Sie diese Zeilen lesen! Er ist einmalig und wird nie wieder zurückkehren.

Man bringt Blumen mit, um seiner Freude Ausdruck zu verleihen, wenn ein Mensch geboren wird, und man legt Blumen in den Sarg und wirft sie ins Grab, um seiner Trauer Ausdruck zu verleihen, wenn man von einem geliebten Menschen Abschied nimmt. So begleiten Blumen unseren Weg von der Wiege bis zur Bahre, hin zur Ewigkeit, und erinnern uns so auf einmalige Weise an unsere Vergänglichkeit.

Und was erwartet uns in der himmlischen Herrlichkeit? Ein Lebensgarten! Lebenswasser, Lebensbäume, Lebensfrüchte sind darin zu finden (Offenbarung 22). Blumen und Früchte sind also in gewisser Weise heute schon ein Vorgeschmack auf die Ewigkeit. In all unserer Vergänglichkeit ist es tröstlich zu wissen, dass der Tod nicht das Ende ist: *Wer den Kampf besteht, dem werde ich im Paradies Gottes vom Baum des Lebens zu essen geben* (Offenbarung 2,7b; NeÜ).

FRÜHBLÜHER ALS SYMBOL FÜR NEUANFANG

Ganz besonders in Breitengraden, in denen es vier verschiedene Jahreszeiten gibt, stehen Blumen immer wieder sinnbildlich für einen Neuanfang. Ein Freund, der sowohl Pastor als auch Gärtner ist, erzählte mir neulich, dass er eigentlich vier Lieblingspflanzen habe, nämlich für jede Jahreszeit eine andere: im Frühling die Tulpe, im Sommer den Sumpfeibisch, im Herbst die Chrysantheme und im Winter die Zaubernuss. Jede dieser vier Pflanzen habe eine ganz besondere Bedeutung für ihn. Jede von ihnen zeige auf ihre Weise, dass etwas Neues begonnen habe, und markiere so den Start in eine neue Jahreszeit. „Während die eine Jahreszeit gewissermaßen ermüdet, besonders auch was das Blühen anbelangt", erklärte er mir, „leiten diese Pflanzen eine neue Jahreszeit mit neuem Leben ein." Zum Teil sei das Warten auf das nächste Aufblühen fast mit Händen zu greifen. Vor allem im Winter und im Frühling. Was ihn an diesen Pflanzen ganz besonders berühre, sei der Reichtum und das Übermaß, das an ihnen sichtbar werde – an der Menge ihrer Blüten und von ihrer Größe her. Da sei nichts Kleinliches oder Mickriges. Das neue Leben zeige sich mit erstaunlicher Kraft.

Auch mir erscheint es immer wieder wie ein gewaltiges Wunder, wenn die Natur nach einem langen Winter im Frühling zu neuem Leben erwacht: wenn die Frühlingssonne den kalten Boden aufwärmt, wenn das zarte Grün der ersten Knospen sichtbar wird, wenn die Vögel ihr Frühlingslied zwitschern und die Natur ihren unverwechselbaren Frühlingsduft verströmt. Es ist eine Zeit des Erwachens, des Aufbruchs, des Neuanfangs und der Hoffnung. Neues Leben bricht sich Bahn.

Gott wünscht sich, dass das, was er in uns hineingelegt hat, aufblüht.

Genau dies kommt auch in Hohelied 2,8-14 zum Ausdruck. Der Abschnitt ist mit den Worten „Die Regenzeit ist vorbei – der Frühling ist da!" überschrieben: *Da kommt mein Geliebter! Ich höre es, ja, ich kann ihn schon sehen! Er springt über die Berge und hüpft über die Hügel. (...) Schon steht er vor dem Haus! Er späht durch das Gitter, blickt zum Fenster herein. Er sagt zu mir: »Steh auf, meine Freundin, meine Schöne, und komm! Die Regenzeit liegt hinter uns, der Winter ist vorbei! Die Blumen beginnen zu blühen, die Vögel zwitschern, und überall im Land hört man die Turteltaube gurren. Die ersten Feigen werden reif, die Reben blühen und verströmen ihren Duft. Steh auf, meine Freundin, meine Schöne, und komm! Versteck dich nicht wie eine Taube im Felsspalt, bleib mir nicht fern! Zeig mir dein schönes Gesicht und lass mich deine wunderbare Stimme hören!«* In diesen Versen wird auf berührende Weise das Erwachen der Natur mit einem inneren Erwachen in Verbindung gebracht. Wir sollen uns nicht länger verstecken und in unserer Passivität verharren, sondern aktiv werden, unsere inneren Gitter aufstoßen und uns zeigen als die, die wir sind. Gott wünscht sich, dass das, was er in uns hineingelegt hat (an Begabungen, Charaktereigenschaften, Leidenschaften, Träumen und vieles mehr) aufblüht, zur Entfaltung findet und auch anderen Menschen zum Segen wird. Gott wünscht sich, dass wir ihm zutrauen, dass er Neues schaffen kann!

Wie neu und revolutionär die Wege sind, die Gott mit den Menschen beschreitet, zeigt sich bereits ganz vorne in der Bibel, im zweiten Buch Mose, bei der Beschreibung des Exodus. Und auch in diesem Zusammenhang spielt die Erwähnung von Frühlingsblumen eine interessante Rolle.

Zwei Monate nach dem Auszug aus Ägypten, unterwegs in Richtung verheißenes Land, kam es zu einer überwältigenden Gottesbegegnung: Gott schloss einen Bund mit seinem Volk, gab Mose die Zehn Gebote und weitere Anweisungen. Eine davon war der Befehl, Gott ein *Zelt der Begegnung*, ein transportables Heiligtum, zu bauen als Begegnungsort von Gott und Mensch. Das war etwas ganz Unglaubliches. Denn seit dem Sündenfall war es für die Menschen unmöglich gewesen, Gott zu begegnen. Und nun wollte der heilige Gott in ihrem Lager wohnen (2. Mose 25,8). Mitten in der Wüste.

Ganze dreizehn Kapitel sind im zweiten Buch Mose der Frage nach der Gestaltung der Wohnung Gottes bei seinem Volk gewidmet (2. Mose 25-31; 35-40). Das Zelt der Begegnung bestand aus zwei Räumen: Im inneren Raum, dem Allerheiligsten, stand die Bundeslade. Dies war der allerwichtigste Raum. Und vor diesem Raum stand ein goldener Leuchter (später auch bekannt als Menora), der wie folgt angefertigt werden sollte: *Fertige einen Leuchter aus reinem, getriebenem Gold an. (...) Er soll sechs Arme haben, drei auf jeder Seite des Leuchters. An jedem der sechs Arme sollen sich* **drei mandelblumenförmige Kelche befinden, mit Knospen und Blütenblättern.** *Der Schaft des Leuchters soll mit* **vier mandelblumenförmi-**

gen Kelchen *geschmückt sein, vollständig mit Knospen und Blütenblättern. Unterhalb der Stellen, an denen je zwei der sechs Arme aus dem Schaft hervorgehen, soll je eine Knospe sein* (2. Mose 25,31-35; NLB).

Ist es nicht erstaunlich, dass wir am heiligsten Ort der Gegenwart Gottes Blüten finden? Und ist es nicht verblüffend, wie detailliert die Anweisungen waren, damit die Knospen und Blüten des Mandelbaumes auch exakt so nachgebildet wurden, wie Gott es wollte? Hier drängt sich die Frage auf: Was ist denn so speziell am Mandelbaum? Der Mandelbaum galt im Nahen Osten auch als Paradiesbaum. Er ist der erste Baum, der blüht (etwa ab Mitte Dezember), noch bevor er Blätter treibt, und der letzte Baum, der im Herbst seine Blätter abwirft. Wenn also der Mandelbaum blüht, darf man erwarten, dass die anderen Blumen alle der Reihe nach ebenfalls blühen werden. Seine Frucht wird als vollkommen bezeichnet und ist bekannt für ihre nährenden, medizinischen und kosmetischen Fähigkeiten. Somit stand die Mandel sinnbildlich für das Leben. Der blühende Leuchter im Heiligtum in der Gestalt eines Baumes erinnert an den Baum des Lebens, der im Paradies stand. Und er steht für ein Versprechen: Die Mandelblütenformen am Leuchter in der Stiftshütte zeigen, dass Gott seinem Volk einen Neuanfang schenkt. Er will ihm begegnen und nahe sein. Ein Versprechen, das sich im Sterben und Auferstehen von Jesus Christus in unmittelbarer Weise erfüllt hat. Durch Jesus ist eine direkte Begegnung mit dem lebendigen Gott möglich!

Von diesem hoffnungsvollen Neuanfang weiß auch der Prophet Jesaja zu berichten, in geheimnisvollen Worten über einen jungen Trieb, der aus einem abgehauenen Baumstumpf sprießt: *Was von Davids Königshaus noch übrig bleibt, gleicht einem abgehauenen Baumstumpf. Doch er wird zu neuem Leben erwachen: Ein junger Trieb*[35] *sprießt aus seinen Wurzeln hervor. Der Geist des Herrn wird auf ihm ruhen, der Geist der Weisheit und der Einsicht, der Geist des*

---

35 Das hebräische Wort für Trieb lautet übrigens *näzär*. Von *näzär* ist der Ortsnamen *Nazareth* abgeleitet. Also der Ort, an dem Jesus aufwuchs.

Rates und der Kraft, der Geist der Erkenntnis und der Ehrfurcht vor
dem Herrn (Jesaja 11,1-2).

Jesaja bezieht sich hier auf den Stammbaum der Könige von
Juda. Anstelle von „David" wird im hebräischen Urtext dessen Vater „Isai" (beziehungsweise die ältere Ausdrucksweise „Jesse") erwähnt. Es wird deutlich: Aus der Ahnenreihe von König David soll
eines Tages ein neuer Trieb wachsen, das heißt, ein ganz besonderer Nachkomme geboren werden. So wie es in dem Weihnachtslied
Es ist ein Ros entsprungen besungen wird: *Es ist ein Ros entsprungen*
/ Aus einer Wurzel zart / Wie uns die Alten sungen / Von Jesse kam die
Art / Und hat ein Blümlein bracht / Mitten im kalten Winter / Wohl
zu der halben Nacht. Die Fortsetzung des Liedes zeigt: Mit dem
„Blümlein" oder „Röslein" ist das Jesuskind gemeint.

Jesaja schrieb seine prophetischen Worte, die in Jesaja 11 überliefert sind, im achten Jahrhundert vor Christus. Zu jener Zeit war
König David schon seit fast 200 Jahren tot. Bei den Königen, die zu
Jesajas Zeit regierten (Ahas, Usija, Hiskia und Manasse) handelte
es sich um direkte Nachkommen von David. Ihr Königtum hatte
allerdings längst nicht mehr den Glanz ihres großen Ahnherrn. Sie
waren Herrscher mit wenig Format. Jesaja durfte sie zwar bera-
ten, was aber nicht bedeutete, dass sie sich auch nach seinem Rat
richteten. Sie verstrickten sich vielmehr in falsche Bündnisse und
gerieten in verheerende Kriege. Jesaja sah mit prophetischer Klarheit, dass das Ende dieser Königsdynastie gekommen war. Es war
bloß eine Frage der Zeit. Im Geiste sah er schon den abgehauenen,
gefällten Stammbaum der abgebrochenen Königsfolge. Ebenso
klar erkannte er, dass Gott mit diesem Stammbaum etwas ganz
Besonderes vorhatte: Aus dem Baumstumpf dieser Dynastie, aus
der Nachkommenschaft von König David, sollte – auch wenn die
Zeit der weltlichen Herrschaftsausübung der Vergangenheit ange-
hörte – eines Tages wieder ein neuer Zweig entspringen und ein
neuer König hervorgehen: ein König, der Weisheit, Gerechtigkeit
und Frieden in seiner Person vereinte.

Knapp achthundert Jahre nach Jesaja, inmitten langer Zeiten
der Unterdrückung durch fremde Mächte, tauchten Menschen

auf, die sagten: Der Friedensfürst, den Jesaja angekündigt hat (z. B. in Jesaja 9,5-6), ist gekommen! Und so ging aus Davids Stammbaum ein Nachkomme hervor, auf den nicht nur Israel, sondern die ganze Welt gewartet hatte: der Messias, der Retter der Welt. Sein Name ist Jesus.

Doch das Königreich von Jesus Christus ist von ganz anderer Art als alle Königreiche vor ihm. Es ist eine Königsherrschaft der Herzen. Jesus möchte der König unsrer Herzen sein, unser Lebensmittelpunkt, unser Begleiter, unser Leitstern und Kompass. Das unscheinbare Kind in der Krippe ist das Leben selbst. Durch seinen Tod am Kreuz hat er die zerstörerische Macht des Todes ein für alle Mal überwunden. Inmitten einer zerstörten und kaputten Welt bringt er im Leben derjenigen Menschen, die bereit sind, ihm nachzufolgen, neues Leben hervor. Er möchte auch Sie einladen, ihm Ihr Leben anzuvertrauen und es dadurch aufblühen zu lassen. Er hat die Macht, in Ihrem Leben Neues zu schaffen. Er ist spezialisiert darauf, neues Leben sprießen zu lassen, wo die Lage aus menschlicher Sicht aussichtslos erscheint. Gott möchte Ihren verwilderten Lebensgarten pflegen, indem er das Unkraut, das durch begangene Schuld – sei es Gott oder anderen Menschen gegenüber – gewachsen ist, beseitigt. In einem Akt der göttlichen Vergebung. Und indem er das tut, schenkt er Ihnen eine neue Lebensperspektive und neues Leben, das über den Tod hinausreicht.

Jesus ist darauf spezialisiert, neues Leben sprießen zu lassen, wo die Lage aus menschlicher Sicht aussichtslos erscheint.

WÜSTENBLUMEN ALS SYMBOL FÜR HOFFNUNG

Wüstenblumen sind lebende Zeichen der Hoffnung. Immer wieder (und besonders häufig bei den Propheten) stoßen wir in der Bibel auf Aussagen, die zum Ausdruck bringen, dass Gott selbst die Wüste wieder blühen lassen will und kann. Es ist eine Botschaft der Hoffnung, die auch für das menschliche Leben gilt!

Besonders nah ging mir die Botschaft der Wüstenblumen im April 2004. Als Geschenk zu meinem 30. Geburtstag durfte ich meine Eltern auf eine Israel-Reise begleiten. Von Beer Sheba aus, dem einstigen Wohnsitz von Abraham, Isaak und Jakob, fuhren wir eines Tages in südlicher Richtung durch die faszinierende Negev-Wüstenlandschaft

> Keine erstorbene Gegend ist so tot, dass Gott sie nicht wieder in einen Garten verwandeln könnte.

zum Kibbuz Sede Boker. Dieser Kibbuz gehört zu den bekanntesten überhaupt. Dies liegt daran, dass hier der israelische Staatsgründer und frühere Ministerpräsident David Ben-Gurion ein Haus hatte. Hinter Ben-Gurions Entscheidung, sich im Jahr 1953 dem Wüstenkibbuz anzuschließen, stand der zionistische Traum, „die Wüste zum Blühen" zu bringen. Beflügelt von dieser Vision waren – vor allem nach der israelischen Staatsgründung im Mai 1948 – eine ganze Reihe solcher Siedlungen entstanden, welche gezielt darauf hinarbeiteten, die Wüste landwirtschaftlich nutzbar zu machen, was in direktem Zusammenhang mit Projekten zur Wassergewinnung stand.

Bei einer Besichtigung von Ben-Gurions überraschend schlichtem Wohnhaus faszinierte mich vor allem der Arbeitstisch von Ben-Gurion. Unter einer Glasplatte befand sich neben einigen Fotos ein Zettel, auf dem er einige Bibelstellen notiert hatte. Später schlug ich sie in meiner Bibel nach. Es handelte sich um folgende Bibeltexte:

- Jesaja 35,1: *Freuen wird sich die Wüste, und das dürre Land wird jubeln. Die Steppe wird fröhlich singen und aufblühen wie ein Meer von Narzissen.*[36]
- Jesaja 35,6-7: *Gelähmte springen wie ein Hirsch, und Stumme singen aus voller Kehle. In der Wüste brechen Quellen hervor, Bäche fließen durch die öde Steppe. Teiche entstehen, wo vorher heißer Wüstensand war. In der dürren Landschaft sprudelt Wasser aus dem Boden. Wo heute noch Schakale lagern, wachsen dann Gras, Binsen und Schilf.*
- Jesaja 41,19: *Viele Bäume pflanze ich dort an: Zedern, Akazien und Myrten, Ölbäume und Wacholder, Platanen und Zypressen.*
- Jesaja 43,19: *Schaut nach vorne, denn ich will etwas Neues tun! Es hat schon begonnen, habt ihr es noch nicht gemerkt? Durch die Wüste will ich eine Straße bauen, Flüsse sollen in der öden Gegend fließen.*
- Jesaja 51,3: *Und nun will ich Zion trösten. Noch liegt die Stadt in Trümmern, doch ich werde mich über sie erbarmen und das ganze Land wieder aufblühen lassen. Ich werde diese Wildnis in ein Paradies verwandeln, schön und prächtig wie der Garten Eden. Freudenschreie und lauten Jubel wird man dort hören und Lieder, mit denen die Menschen mir danken.*

An diese Versprechen Gottes hat sich der erste Ministerpräsident von Israel hoffnungsvoll geklammert. Wenn er an seinem Schreibtisch arbeitete, waren sie stets sichtbar für ihn. Er kämpfte für etwas, das noch nicht sichtbar war, aber woran er glaubte.

Jesaja 35, aus dem sich auch Ben-Gurion einige Verse notiert hatte, ist zweifellos eines der schönsten Wüstenblumen-Kapitel in der Bibel. Farbenprächtig wird geschildert, wie sich die Wüste Schritt für Schritt in einen blühenden Garten verwandelt. Bei der

---

36 Bei der Übersetzung dieser Pflanzengattung sind sich die Übersetzer nicht einig. Während Luther von „Lilien" spricht, übersetzen *Elberfelder*, *Schlachter 2000* und *Hoffnung für alle* mit „Narzissen" und *Neues Leben. Die Bibel* mit „Krokusfeld".

Verwandlung der Wüste geht es allerdings nicht einfach um ein Naturwunder, sondern um die Verwandlung der Menschen: *Stärkt die kraftlosen Hände! Lasst die zitternden Knie wieder fest werden! Sagt denen, die sich fürchten: »Fasst neuen Mut! Habt keine Angst mehr, denn euer Gott ist bei euch! Jetzt wird er euren Feinden alles Unrecht vergelten, das sie euch angetan haben. Gott selbst kommt, um euch zu retten.«* (Jesaja 35,3-4) Es ist eine Trost- und Hoffnungsbotschaft an die müde gewordenen und entmutigten Menschen im Exil.

Von der Terrasse beim Grab Ben-Gurions aus öffnet sich der Blick in das tief eingeschnittene Trockental Zin, durch das die Israeliten einst auf dem Weg nach Kanaan gezogen sind. Der Kibbuz lebt heute unter anderem von der Landwirtschaft (vom Weinbau, Anbau von Früchten und Hühnerzucht). Auf eindrückliche Weise wird sichtbar, wie die herrlichsten Früchte in der Wüste reifen, wenn Wasser da ist. Bei unserem Besuch sahen wir immer noch Wüste, aber auch wunderschöne Wüstenblumen. Diese Botschaft werde ich nie mehr vergessen. Kein Kahlschlag, keine erstorbene Gegend ist so tot, dass es keine Hoffnung mehr gäbe und Gott sie nicht wieder in einen Garten verwandeln könnte. Genauso kann Gott auch verwundete und zerbrochene Menschenleben wieder zu blühendem Leben führen. In dieser Hoffnung möchte ich mich an Gottes Versprechen klammern – für mein Leben und das Leben von anderen Menschen! Dabei will ich nicht nur tatenlos zusehen, bis Gott eingreift, sondern auch mich selbst in Bewegung setzen, mich von ihm gebrauchen lassen und tun, was in meiner Macht steht. Erwartungsvoll, vertrauensvoll und hoffnungsvoll!

Blühen – zu seiner Zeit

Gottes Sohn kam nicht einfach irgendwann, zu einem zufälligen Zeitpunkt zur Welt. Ganz im Gegenteil! Das Geburtsdatum von Jesus stand längst in Gottes Zeitplan fest: ***Als aber die von Gott festgesetzte Zeit kam***, *sandte er seinen Sohn zu uns* (Galater 4,4a;

Hfa). Genauso sind auch Ihr und mein Geburtsdatum Teil von Gottes Zeitplan!

Auch der Zeitpunkt des öffentlichen Wirkens von Jesus, sein frühes Lebensende, seine Auferstehung und seine Rückkehr in den Himmel waren längst von Gott bestimmt: *Als die Zeit seiner Rückkehr in den Himmel näher kam, machte Jesus sich auf den Weg nach Jerusalem* (Lukas 9,51; NLB).

ALLES HAT SEINE ZEIT

Auch in Prediger 3 ist die Rede davon, dass alles seine von Gott bestimmte Zeit hat:

> *Alles hat seine Zeit, alles auf dieser Welt hat seine ihm gesetzte Frist:*
> *Geboren werden hat seine Zeit wie auch das Sterben.*
> *Pflanzen hat seine Zeit wie auch das Ausreißen des Gepflanzten.*
> *Töten hat seine Zeit wie auch das Heilen.*
> *Niederreißen hat seine Zeit wie auch das Aufbauen.*
> *Weinen hat seine Zeit wie auch das Lachen.*
> *Klagen hat seine Zeit wie auch das Tanzen.*
> *Steine zerstreuen hat seine Zeit*
> *wie auch das Sammeln von Steinen.*
> *Umarmen hat seine Zeit wie auch das Loslassen.*
> *Suchen hat seine Zeit wie auch das Verlieren.*
> *Behalten hat seine Zeit wie auch das Wegwerfen.*
> *Zerreißen hat seine Zeit wie auch das Flicken.*
> *Schweigen hat seine Zeit wie auch das Reden.*
> *Lieben hat seine Zeit wie auch das Hassen.*
> *Krieg hat seine Zeit wie auch der Frieden. (...)*
> **Gott hat allem auf dieser Welt**
> **schon im Voraus seine Zeit bestimmt,**
> *er hat sogar die Ewigkeit in die Herzen der Menschen gelegt.*
> (Prediger 3,1-8.11a; NLB)

Gott ist der Lenker der Geschichte und der souveräne Herr über die Zeitrechnung. Das gilt auch für *Ihre* Erschaffung, *Ihre* Lebensgeschichte und *Ihre* Lebenszeit! Gottes Augen hatten Sie bereits im Blick, als Sie im Leib Ihrer Mutter, im Verborgenen, Gestalt annahmen. David singt in einem Lied: *Als ich gerade erst entstand, hast du mich schon gesehen. Alle Tage meines Lebens hast du in dein Buch geschrieben – noch bevor einer von ihnen begann!* (Psalm 139,16; Hfa). Aus dieser Perspektive ist es doch tröstlich zu wissen, dass unsere Lebenszeit – von Anfang bis zum Ende – in Gottes Händen liegt (vgl. Psalm 31,16a). Aber auch, dass schwierige Zeiten zum Leben dazugehören. Sie sind kein Zeichen von eigenem Versagen, sondern ein ganz natürlicher Bestandteil des menschlichen Lebens. Gott selbst will uns dabei helfen, schwierige Zeiten durchzustehen und neuen Mut zu fassen.

GEDULD UND VERTRAUEN LERNEN

Die Natur lehrt uns, dass Entwicklungsprozesse Zeit brauchen. Wer etwas anpflanzt, muss Geduld lernen. Wie schwierig das ist, sehen wir beispielsweise bei kleinen Kindern. Ungeduldig springen sie mehrmals täglich zum Gartenbeet, in der Hoffnung, dass endlich etwas aus dem Boden sprießt. Dass sich erst im Verborgenen Wurzeln ausbilden müssen, damit die Pflanze Halt bekommt und die nötige Nahrung aufnehmen kann, ist für sie schwer zu verstehen. Kommen die ersten grünen Blättchen zum Vorschein, muss man die kleinen Gärtner in ihrem Eifer manchmal fast zurückhalten, da sie am liebsten daran ziehen würden, um das Wachstum der kleinen Pflänzchen zu beschleunigen.

Entwicklungsprozesse brauchen Zeit.

Doch so belastend es auch sein mag, solche Reifungsprozesse geduldig abzuwarten, so entlastend ist es gleichzeitig zu wissen, dass die Saat selbst aufgehen wird. Denn die Pflanze trägt eine schöpferische Kraft in sich, die sie zu einer bestimmten Zeit zum Wachstum und zum Blühen bringen wird.

Genauso ist es bei uns Menschen. Auch wir sind nicht für jeden Entwicklungsschritt selbst verantwortlich. Gelassenheit und Vertrauen in Gottes Wirken und seinen Zeitplan sind auch für uns wichtig, um in einen gesunden Wachstumsprozess einzutreten.

BEZIEHUNG STATT LEISTUNG

Wenn ich als Referentin im Einsatz bin, gibt es vor, nach oder manchmal auch während des Referats immer wieder mal Freiraum für Gespräche. Diese Gespräche sind oft äußerst aufschlussreich und haben mir schon so manchen Gedankenanstoß gegeben. Unter anderem ist mir bei solchen Gesprächen aufgefallen, dass nicht alle Zuhörerinnen gleich positiv auf die Aussage *Blühe dort, wo du gepflanzt bist* reagieren. Einige haben Mühe mit dieser Aussage, weil ihrer Wahrnehmung nach ein befehlender Unterton in dieser Aufforderung mitschwingt. *Blühe dort, wo du gepflanzt bist* löst in ihnen Gefühle von Stress und Überforderung aus. Insbesondere dann, wenn sie ihre aktuelle Lebenssituation als schwierig erleben.

Blühendes Leben entsteht nicht durch Leistung, sondern wächst aus der Verbindung mit Jesus.

„Ich habe doch sonst schon so viel zu bewältigen in meinem Leben – nun soll ich auch noch blühen?!" So oder ähnlich formulieren einige ihre ehrlichen Empfindungen.

Ich erinnere mich an eine Diskussion zur Frage, was denn unser Blühen fördert, als eine Frau plötzlich spürbar genervt in die Runde warf: „Wieso sollen wir eigentlich immer blühen? Eine Blume blüht ja auch nicht immer! Wieso können wir nicht einfach sein – auch ohne zu blühen?" Ihr Votum brachte ganz unmissverständlich etwas von dem Druck, den das Thema bei ihr auslöste, zum Vorschein. Ihr ehrlicher Beitrag war aber eine wertvolle Bereicherung und half dabei, Missverständnisse auszuräumen. Dazu gehört die irrtümliche Annahme, dass Blühen das Resultat unserer eigenen Anstrengung sei!

Werfen wir einen Blick in die Natur, wird schnell klar, dass eine Blume nie aus eigener Kraft blühen kann. Sie ist auf eine Atmosphäre angewiesen, die das Blühen überhaupt erst möglich macht. Elementar sind für eine Pflanze *Erde*, *Wasser*, *Luft* und *Licht*. Die Bibel lehrt uns, dass Gott selbst diese grundlegenden Bedürfnisse auch in unserem menschlichen Leben abdecken will:

- Gottes Liebe ist die **„Erde"**, in der wir tiefe Wurzeln schlagen dürfen (vgl. Epheser 3,17)
- Jesus ist die Quelle des lebendigen **Wassers** (vgl. Johannes 7,37-38; Offenbarung 21,6)
- Gott schenkt uns das Leben und die **Luft** zum Atmen (vgl. Apostelgeschichte 17,25)
- Jesus ist das **Licht** der Welt (vgl. Johannes 8,12)

Blühen geschieht also zu seiner (göttlichen) Zeit und in seiner (göttlichen) Kraft! Sowohl in der Natur, als auch im menschlichen Leben.

Gott sehnt sich danach, dass die Einzigartigkeit, die er in uns gepflanzt hat, Gestalt annimmt, indem wir die Pflege des göttlichen Gärtners an uns zulassen. Es ist sein Herzensanliegen, dass wir uns durch nichts und niemanden davon abhalten lassen, aus der Leben spendenden Kraft dessen zu leben, der unsere Lebensblume mit allem, was sie zu ihrer Entwicklung braucht, versorgt. Er wünscht sich, dass zur vollen Entfaltung findet, was in uns angelegt ist, und wir uns nicht mit weniger zufriedengeben als dem, was er für uns vorgesehen hat.

Während wir also dazu tendieren, bei *Blühe dort, wo du gepflanzt bist* an harte Arbeit, Resultate, eigene Anstrengung etc. zu denken, wird in der Bibel deutlich: Blühendes und fruchtbares Leben entsteht nicht durch Leistung, sondern wächst aus der Verbindung mit Jesus. Es ist nicht eine Frage des Tuns, sondern des Seins. Nicht der Aktivität, sondern des Verweilens in der Nähe dessen, dem alle Macht im Himmel und auf Erden gehört. In seiner Gegenwart finden wir den besten, inspirierendsten und heilsamsten Ort, den es auf dieser Erde gibt.

FRUCHTBARES LEBEN

Gottes Vision für uns ist kein *furchtbares*, sondern ein *fruchtbares* Leben! Dass sowohl Blühen als auch Fruchtbarkeit das Ergebnis einer engen Verbindung mit Jesus sind, wird auf besondere Weise im Gleichnis vom Weinstock und den Reben in Johannes 15 deutlich.

In unserer Familie pflegen wir jedes Jahr an Weihnachten den Brauch, dass jedes Familienmitglied einen Bibelvers auf einem kleinen Kärtchen aus einem vorbereiteten Stapel zieht, der uns im neuen Jahr auf besondere Weise begleiten soll. An Weihnachten 2017 zog ich den folgenden Bibeltext: *Bleibt in mir, und ich werde in euch bleiben. Eine Rebe kann nicht aus sich selbst heraus Frucht hervorbringen; sie muss am Weinstock bleiben. Genauso wenig könnt ihr Frucht hervorbringen, wenn ihr nicht in mir bleibt* (Johannes 15,4). So mitten im Nachdenken über blühendes Leben und der Arbeit an diesem Buch hat mich dieser Text auf eine ganz neue Weise berührt.

Das Bildwort im Johannesevangelium erinnert an die bereits erwähnte Geschichte in Jesaja 5, wo Gott als Gärtner eines Weinberges vorgestellt wird. In Johannes 15,1 sagt Jesus: *Ich bin der wahre Weinstock, und mein Vater ist der Weinbauer.* Mit diesen Worten knüpft er unmittelbar an das Bild in Jesaja 5 an und zeigt einen neuen Weg auf, wie aus dem verwilderten Weingarten in Jesaja 5 bleibende Frucht wachsen kann. Das Bild wird wie folgt erklärt: Gott ist der Winzer, also der Weinbauer, der sich um den Weinstock kümmert und die Weinreben so pflegt (z. B. durch regelmäßiges Zurückschneiden der Triebe), dass immer mehr Frucht entstehen kann. Jesus bezeichnet sich selbst als Weinstock, also als Stamm, der aus dem Boden wächst. Diejenigen, die sich Jesus im Glauben zuwenden und ihr Leben nach Gottes Geboten ausrichten wollen, sind im Bild die Reben, das heißt die Äste, die aus dem Stamm des Weinstocks wachsen. Ob die Reben, also die Äste, eines Tages Früchte (Trauben) tragen werden, entscheidet sich daran, ob sie mit dem Stamm verbunden sind oder nicht. Versuchen Sie sich einmal vorzustellen, wie Sie einen losen Ast in die Luft halten, ihn irgendwo deponieren oder sogar kunstvoll an einem Stamm befestigen, dann erklärt sich von selbst, dass dieser Ast nie in der Lage sein wird, Frucht zu tragen. Der Ast braucht eine direkte Verbindung zum Stamm, der aus dem Boden wächst und ihn mit den notwendigen Nährstoffen versorgt. Nur dann wird der Ast irgendwann reife Früchte tragen, es ist nur eine Frage der Zeit.

Das Schlüsselwort in diesem Bildwort ist „bleiben". Siebenmal kommt es in diesem Abschnitt vor. So lesen wir zum Beispiel, dass wir „in Jesus" bleiben sollen, damit fruchtbares Leben zu Gottes Zeit möglich wird. Doch was bedeutet „in Jesus zu bleiben"? Dazu müssen wir weiterlesen: *Wenn ihr in mir bleibt und meine Worte in euch bleiben, könnt ihr bitten, um was ihr wollt: Eure Bitte wird erfüllt werden. (...) Wenn ihr meine Gebote haltet, werdet ihr in meiner Liebe bleiben, so wie ich immer die Gebote meines Vaters gehalten habe und in seiner Liebe bleibe. (...) Liebt einander, wie ich euch geliebt habe; das ist mein Gebot* (Johannes 15,7.10.12). „In Jesus bleiben" bedeutet also zunächst einmal, ihm Zeit zu schenken. Sich von seinen Worten ansprechen und verändern zu lassen. Den Worten, die in der Bibel zu lesen sind, aber auch den Worten, die er in der Stille zu unserem Herzen spricht. Und es geht darum, dass wir uns nach den Maßstäben richten, die in Gottes Wort festgehalten sind. Oder – wie es in der eben zitierten Textstelle steht – dass wir Gottes Gebote halten sollen.

In der Fortsetzung wird nur ein einziges Gebot genannt. Das Gebot, dass wir einander lieben sollen. Damit sind nicht romantische Gefühle gemeint, sondern eine innere Haltung, die sich dadurch auszeichnet, dass wir liebevoll miteinander umgehen. So wie uns auch Jesus seine Liebe immer wieder neu und vorbehaltlos schenkt. Diese Liebe können wir aber nicht einfach aus uns selbst hervorbringen. Sie lebt davon, dass wir uns als von Gott Geliebte erkennen, die aus Gottes Vergebung leben, und dass wir anderen etwas von dem weitergeben, was wir selbst immer wieder neu empfangen.

Ein liebevolles Wesen kann sich auf vielerlei Weise äußern. In Galater 5,22-23a spricht Paulus davon, dass der Heilige Geist, der in den Nachfolgern von Jesus lebt, folgende neunfache Frucht hervorbringen möchte: *Liebe, Freude, Frieden, Geduld, Freundlichkeit, Güte, Treue, Rücksichtnahme und Selbstbeherrschung.* Bei der „Frucht des Geistes" handelt es sich also um Charaktereigenschaften, die entscheidende Auswirkungen auf unseren Alltag, unseren Glauben und unsere Beziehungen haben: *Liebe*, die auf selbstlose Weise nur das Beste für ihre Mitmenschen sucht. *Freude*, die nicht wechselhaften Emotionen unterliegt, sondern die ihre Stärke aus der Beziehung mit Jesus schöpft. *Friede*, der nicht von äußeren Bedingungen abhängig ist. *Geduld*, die sich im Loslassen und in Gelassenheit beweist. *Freundlichkeit*, selbst wenn ich unter Zeitdruck oder am Ende mit meinen Nerven und meiner Kraft bin. *Güte*, die anderen verzeihen kann. *Glaube*, der hoffnungs- und erwartungsvoll mit Gottes Eingreifen rechnet. *Rücksichtnahme*, die nicht nur auf das schaut, was mir selbst guttut, sondern auch anderen liebevoll begegnet. *Selbstbeherrschung*, dank der ich mehr und mehr lerne, auf reife Art und Weise mit meinen Gedanken und Emotionen umzugehen, sodass ich Gott durch mein Verhalten ehre.

GÖTTLICHES TIMING

Alles hat seine Zeit. Und oft geschehen Dinge exakt nach Gottes Zeitplan, bei denen wir das gar nicht in Betracht gezogen hätten. Im Gegenteil. Vielleicht beklagen wir uns noch bei ihm, weil sich eine Situation so anders entwickelt, als wir uns das vielleicht vorgestellt haben. So ähnlich wie bei Königin Esther, deren Geschichte im Buch Esther im Alten Testament nachzulesen ist. Esther hatte schon früh Vater und Mutter verloren und wurde von Mordechai, einem Palastangestellten, als Pflegetochter aufgezogen. Als junges Mädchen wurde sie zusammen mit vielen anderen Schönheiten in das Frauenhaus des Königs in der Festung Susa gebracht. Dort wurden die jungen Frauen ein Jahr lang auf die Begegnung mit dem König von Persien vorbereitet. Das Mädchen, das dem König am besten gefiel, sollte die neue Königin von Persien werden! Der König entschied sich für Esther.

Allerdings lebte Esther seit dem Einzug in den Frauenpalast mit einem Geheimnis, das niemand erfahren sollte: Esther war bloß ihr persischer Name. Ihr eigentlicher Name war Hadassa und verriet ihre jüdische Herkunft! Mordechai hatte ihr vor dem Einzug ins königliche Frauenhaus ans Herz gelegt, dieses Geheimnis für sich zu behalten. Dies nicht ohne Grund. Die Juden gehörten zu einer Minderheit und wurden von vielen zutiefst gehasst. So zum Beispiel von Haman, einem einflussreichen Mann am Hof des persischen Königs. Haman entwarf im Geheimen einen teuflischen Plan: Sämtliche Juden – vom Säugling bis zum Greis – sollten ermordet werden.

Als Mordechai von diesem Beschluss erfuhr, zerriss er seine Kleider, hüllte sich in ein Trauergewand aus Sacktuch, streute sich Asche auf den Kopf und lief unter lautem Wehklagen zum Königspalast. Esther war klar, dass etwas ganz Schreckliches geschehen sein musste, als man ihr erzählte, in welchem Aufzug Mordechai seit Stunden vor dem Tor saß. Durch einen Diener erfuhr sie, was vorgefallen war. Wenig später übermittelte Mordechai ihr die Botschaft, dass sie beim König um Gnade für ihr Volk bitten solle. Esther erschrak zutiefst. Denn wer ohne Einladung vor den König trat, musste mit dem Tod rechnen – außer der König deutete mit seinem goldenen Zepter auf die Person. Nur dann blieb sie am Leben. Als Esther Mordechai ihre Zweifel ausrichten ließ, erwiderte jener, dass sie sich keine Hoffnungen machen solle, als einzige Jüdin am Hof des Königs entkommen zu können, wenn alle anderen umgebracht würden. Und er fügte hinzu: *Wer weiß, ob du nicht gerade **für einen Zeitpunkt wie diesen** zur Königswürde gelangt bist?* (Esther 4,14; nach ELB). „Für einen Zeitpunkt wie diesen" ... Diese Worte lassen mich nicht mehr los.

Mordechais Worte waren hart. Aber erstaunlicherweise war Esther trotzdem empfänglich dafür. Sie hörte aufmerksam zu und war offen für Gottes Führung. Um den Massenmord an ihrem Volk zu verhindern, war sie bereit, ihren Status und ihr Leben zu riskieren. Und so geschah das Wunder: Der König wies Esther nicht zurück. Auch nicht, als sie noch ein zweites Mal weinend um die Rettung ihres Volkes bat. Esther und Mordechai erhielten vom König die Erlaubnis, in seinem Namen und mit seinem Ring versiegelte Briefe zu schreiben, die den Juden erlaubten, sich aktiv gegen ihre Feinde zur Wehr zu setzen. So konnte die Ausrottung des Volkes verhindert werden. Bis zum heutigen Tag – jeweils im Februar/März – feiern die Juden in Israel und auf der ganzen Welt zur Erinnerung an diese besondere Rettung das fröhliche Purim[37]-Fest und erinnern sich so an die mutige Tat Esthers.

> Vielleicht hat Gott Sie genau für einen Zeitpunkt wie diesen an Ihren Platz gestellt.

Manchmal ist uns gar nicht bewusst, wie sorgfältig Gott die Feinheiten unseres Lebens plant. Wir alle sind eingebettet in unterschiedliche Lebensumstände. Als Vollzeitmütter oder -väter zu Hause, als Frauen oder Männer im Beruf, als Single, als Witwer, als Großmütter, Nachbarn, Gemeindeälteste, Gemeindemitglieder, Studierende, Lehrer, Gärtner, Verkäuferinnen ... und so weiter. Was würde sich in Ihrem Alltag verändern, wenn Sie diesen Satz ganz bewusst zu Ihrem eigenen Satz machen würden: Vielleicht hat Gott mich genau für einen Zeitpunkt wie diesen an meinen Platz gestellt (an diesen Ort gepflanzt)?

Weil er genau hier und jetzt durch Sie Geschichte schreiben möchte? Gott kennt Ihre Schwächen und Stärken. Er weiß alles über Sie. Und er stellt Sie manchmal auch vor die unbequeme Entscheidung, ob Sie einen bestimmten Auftrag von ihm annehmen

---

37 Purim ist vom Wort *Pur* abgeleitet, das so viel wie „Los" bedeutet. Dies erinnert daran, dass Haman den Tag für die Ausrottung der Juden per Los bestimmt hatte.

wollen oder nicht. Vielleicht ist genau dann, wenn sich Ihr Leben nicht so entwickelt, wie Sie es erwartet haben, der richtige Zeitpunkt zu fragen: „Herr, was möchtest du von mir? Bin ich vielleicht genau an diesem Punkt, weil dies ein göttlicher Zeitpunkt ist?" Wenn wir mehr und mehr darauf vertrauen, dass Gottes Zeit die beste Zeit ist und dass sein Timing perfekt ist, dann dürfen wir immer gelassener werden. Unsere Aufgabe ist es, ganz nah bei ihm zu bleiben, seine Worte in uns aufzunehmen, in seiner Nähe zu verweilen. Der Rest – das Blühen und die Früchte – wird er schenken – zu seiner Zeit!

Blühen – auf meine Weise

Eine alte Legende[38] erzählt von einem König, der durch seinen Garten ging und dort fast die ganze Pflanzenwelt verwelkt und sterbend vorfand. Im Gespräch mit einer Eiche nahe am Tor erklärte ihm diese, sie sterbe, weil sie nicht so hoch und wunderschön sein könne wie die Pinie. Die Pinie belauschte das Gespräch und ergänzte, dass auch sie traurig sei, weil sie nicht so wunderbare Früchte tragen könne wie der Birnbaum. Der Birnbaum hörte seinen Namen und begann sich darüber zu beklagen, dass er keinen so lieblichen Duft wie die Fichte habe. Und so ertönte es im ganzen Garten.

Ganz am Ende des Gartens blühte ein kleines Gänseblümchen. Als sich der König dem Blümchen näherte, strahlte ihm das kleine Blumengesicht freudig und voller Leben entgegen. „Wie wunderbar, kleine Blume", sagte der König. „Was bin ich froh, wenigstens *ein* glückliches Gesicht in meinem Garten zu finden!" „Oh König", sagte die Blume, „ich weiß, ich bin klein und nur wenige Menschen sehen mich, aber eines Tages kam ich zur Überzeugung, dass Eure Königliche Hoheit bestimmt gute Gründe dafür hatte, mich hier-

---

38 Im Internet kursieren verschiedene Varianten (z. B. https://tinyurl.com/y9zoczyl [02.01.2018]). Diese Version ist frei nacherzählt.

hin zu pflanzen. Und so, Eure Majestät, entschied ich, dass ich die beste kleine Blume sein will, die ich sein kann!"

MEINEM WESEN ENTSPRECHEND

Diese Legende führt uns weitere herausfordernde Aspekte, die mit dem Blühen verbunden sind, vor Augen. „Blühen" kann in meinem Leben keine x-beliebige Gestalt annehmen. „Blühen" hat ganz grundlegend mit meinen Wurzeln, das heißt mit meiner Veranlagung, meiner Geschichte und meinem „Pflanzort", zu tun. Anders gesagt (und genau dies macht die Geschichte mit dem Blühen oft so schwierig für uns): Meinem „Blühen" sind vom Schöpfer auch Grenzen gesetzt. Ein Birnbaum wird beispielsweise nie Äpfel tragen, so gerne er das vielleicht tun möchte. Aus den Wurzeln eines Gänseblümchens wird niemals eine Sonnenblume wachsen. Die Samen des Löwenzahns werden sich nie zu einer Rose entwickeln. Doch genau so wollte es der Schöpfer! Hätte er an dieser Stelle eine Rose gewollt, hätte er auch eine Rose hingepflanzt. Hätte er Äpfel gewollt, hätte er anstelle des Birnbaums einen Apfelbaum wachsen lassen.

> „Blühen" kann im jeweiligen Leben keine x-beliebige Gestalt annehmen.

Genauso ist es auch im menschlichen Leben. Je mehr ich mich meinen eigenen Wurzeln zuwende, *dem* nachspüre, was in meinem Inneren vorgeht, was mich prägt, was mich umtreibt, desto mehr beschäftige ich mich auch mit der Frage, wer ich sein kann – und wer ich nicht sein muss. Vielleicht spüre ich dann auch, dass meine Wurzeln eine ganz andere Blume zum Blühen bringen möchten, als ich es mir vorgestellt oder von mir selbst erwartet habe.

Mit unserer Erschaffung war eine bestimmte Vorstellung des Schöpfers verbunden: *Du bist es ja auch, der meinen Körper und meine Seele erschaffen hat, kunstvoll hast du mich gebildet im Leib meiner Mutter* (Psalm 139,13). Gott hat jedes einzelne Lebewesen gebildet, so wie ein Künstler ein Kunstwerk kreiert. Unser Körper und unsere Seele wurden kunstvoll, mit größter Hingabe und Liebe vom Schöpfer erschaffen. Seit diesem Schöpfungsakt sieht der Künstler auf unserem ganzen Weg der weiteren Entwicklung stets die Möglichkeiten der Endgestalt seines Kunstwerks vor sich.

Sie sind Gottes handgefertigtes Meisterwerk! Er sieht, was an Möglichkeiten vorhanden ist, um die Schönheit und die Einzigartigkeit, die sein Kunstwerk auszeichnen, zum Blühen und zur Entfaltung zu bringen. Dabei ist es sein sehnlichster Wunsch und seine größte Freude zu erleben, dass sein Kunstwerk mehr und mehr die ihm zugedachte Gestalt annimmt und seine Handschrift mehr und mehr an ihm erkennbar wird. Dies geschieht, indem Sie in der Spur wandeln, die Gott bereits für Sie vorbereitet hat, wie es in Epheser 2,10[39] zu lesen ist.

DAS PROBLEM

Das große Problem bei dieser Angelegenheit ist: Während der Schöpfer die Möglichkeiten sieht, konzentrieren wir Menschen uns leider viel zu oft auf unsere Begrenzungen. Genau davon handelt die obige Legende. Wir vergleichen uns mit anderen und hätten lieber eine andere Gestalt, einen anderen Duft, einen anderen Pflanzort und andere Früchte. Wir wären gerne hübscher, intelligenter, begabter und vieles mehr. Wir möchten ein anderes Aussehen, wären gerne größer oder kleiner, möchten andere Begabungen, keine gesundheitlichen Einschränkungen und so weiter. Bei all den Mängeln, die wir an uns selbst feststellen, fällt es uns schwer zu glauben, dass wir – genau so wie wir sind – ein wunderbares Kunstwerk sein sollen. Und es erscheint uns kaum möglich, die Worte, die in der Fortsetzung von Psalm 139 zu lesen sind,

---

39 *In Jesus Christus sind wir Gottes Meisterstück* [oder „Kunstwerk", Anm. D. S.]. *Er hat uns geschaffen, dass wir tun, was wirklich gut ist, gute Werke, die er für uns vorbereitet hat, dass wir damit unser Leben gestalten* (NeÜ).

> Während Gott die Möglich-
> keiten sieht, konzentrieren
> wir uns viel zu oft auf
> unsere Begrenzungen.

aus ehrlichem Herzen zu sagen: *Ich danke dir dafür, dass ich so wunderbar erschaffen bin, es erfüllt mich mit Ehrfurcht. Ja, das habe ich erkannt: Deine Werke sind wunderbar!* (Psalm 139,14). „Ich, wunderbar erschaffen? Das trifft vielleicht auf andere zu, aber doch nicht auf mich ...!" Solche oder ähnliche Gedanken gehen uns bei diesem Satz vielleicht durch den Kopf. So kenne ich es zumindest aus meinem eigenen Erleben.

Während mich die Haltung des kleinen Gänseblümchens in der Geschichte beeindruckt, ist mir das Verhalten der übrigen Pflanzen im Garten doch sehr viel vertrauter. Das Vergleichen mit anderen und die Unzufriedenheit über meine persönliche Lebenssituation haben mich an einem bestimmten Punkt in meinem Leben beinahe ins Straucheln gebracht. Wie schnell verwandelt sich Unzufriedenheit in Bitterkeit und beginnt, unser Herz zu vergiften. Mit der Zeit sehen wir nur noch Begrenzungen und werden blind für die Möglichkeiten, die Gott schon lange für uns bereithält.

VERHÄNGNISVOLLE GEDANKEN UND GEFÜHLE

Auf meine Weise, meinem Wesen entsprechend, zu blühen, gelingt nur dann, wenn ich mein Wesen und die damit verbundenen Grenzen und Möglichkeiten aus Gottes Meisterhand annehme. Was ich hier ganz mühelos aufschreibe, ist oft das Ergebnis eines langen und hart umkämpften Prozesses – so auch bei mir. Als ich an einem Wochenende vor rund 16 Jahren meine damalige Lebenssituation vor Gott ausbreitete, war mein Herz voller Unzufriedenheit und Bitterkeit. Ich war unzufrieden mit Gottes Lebensführung, mit meiner beruflichen Entwicklung (ich sah nur verschlossene Türen und hatte keinerlei Perspektive), litt an den finanziellen Grenzen, mit denen wir konfrontiert waren, und sogar daran, dass Gott mich als Frau geschaffen hat. Dies nur ein paar wenige Beispiele aus einer erschütternd langen Liste von Unzufriedenheiten.

Wenn wir ehrlich sind, rührt Unzufriedenheit oft daher, dass wir uns sehr subjektiv und einseitig mit Menschen vergleichen, die genau *dies* vorweisen können, was wir bei uns als Defizit empfinden. In meinem Herzen war sehr viel Neid. Ich beneidete andere um ihre beruflichen Möglichkeiten, während ich keinerlei Perspektive für mich sah. Da war Neid auf Freundinnen, die fantastisch aussahen und ihr Leben mit Leichtigkeit zu meistern schienen. Auf solche, die so viel Geld zur Verfügung hatten, dass sie sich keinerlei Gedanken machen mussten, während ich kaum wusste, wie ich den nächsten Wochenein-kauf finanzieren sollte, und so weiter. Als ich einmal damit begann, all diese angestauten Gefühle der Unzufriedenheit und Bitterkeit aufzuschreiben, wurde die Liste länger und länger. Es fühlte sich befreiend an, dies alles niederzuschreiben und meinem Herzen dadurch Luft zu verschaffen. Offen gestanden war es auch ziemlich ernüchternd, mir einzugestehen, dass all diese schädlichen Gedanken so viel Raum in mir eingenommen hatten. Zu jenem Zeitpunkt war ich ausgebildete Theologin, Pastorenfrau, junge Ehefrau und Mutter. Andere blickten zu mir auf und sahen in mir ein Vorbild. Das beschämte mich zutiefst.

> Unzufriedenheit rührt oft daher, dass wir uns sehr einseitig mit anderen vergleichen.

EIN JA ZU MIR UND MEINER SITUATION

Während ich vorher immer den Eindruck hatte, das Opfer von Umständen zu sein, und andere für meine Unzufriedenheit verantwortlich machte, wurde mir im Laufe jenes Wochenendes vor rund 16 Jahren bewusst, dass es zu einem großen Teil in meiner Verantwortung lag, wie sich mein Leben weiterentwickeln würde. Ich erkannte, dass mich meine negative Einstellung blind machte für all das Gute und all die Möglichkeiten, die da waren – trotz allem, was ich in meinem Leben als unperfekt und schwierig empfand. Immer stärker wuchs in mir der Eindruck, dass ich mich durch meine innere Haltung selbst in meinem Entwicklungsprozess behinderte und dass ich Gott in all dem negativen Denken kaum Raum für sein Wirken ließ. So rang ich mich – unter Tränen – zu einem Ja durch: zu meiner Persönlichkeit, meiner Vergangenheit, meiner aktuellen Lebenssituation. Schritt für Schritt sagte ich ganz bewusst Ja zu den verschiedensten Dingen, die mir Mühe bereiteten. Dadurch änderten sich meine Lebensumstände nicht schlagartig und die Herausforderungen lösten sich auch nicht einfach in Luft auf, aber ich nahm eine entscheidende innerliche Weichenstellung vor, die nicht ohne Konsequenzen blieb.

WUNDERBAR ERSCHAFFEN

Es kann ein sehr langer Weg bis zu dem Punkt sein, wo man aus ehrlichem Herzen zu Gott sagen kann: *Ich danke dir dafür, dass ich so wunderbar erschaffen bin* (Psalm 139,14a). Letztendlich ist es eine persönliche Entscheidung, die uns niemand abnehmen kann. Bin ich bereit zu glauben, dass ich von einem Schöpfer wunderbar erschaffen bin – trotz all der Dinge, die ich als mangelhaft und schwierig erlebe –, oder weigere ich mich, dies zu glauben? Blühen wächst aus der Überzeugung: Ich glaube – so wie das Gänseblümchen in der Legende –, dass der König mich wunderbar und einzigartig erschaffen hat. Und ich will für ihn mein Bestes geben, dort, wo ich von ihm gepflanzt bin.

Beim Schreiben dieses Unterkapitels ging mir immer wieder Psalm 139,14 durch den Kopf. Ein Vers, den ich schon unzählige Male gelesen oder gehört habe, aber diesmal kreisten meine Gedanken vor allem um den Anfang des Verses: ***Ich danke dir dafür***. Mir wird immer bewusster, welche entscheidende Rolle Dankbarkeit in meinem Leben spielt. Dankbarkeit ist nicht einfach automatisch da. Aber sie kann und soll trainiert werden. Das Gute daran ist: An täglichen Trainingsmöglichkeiten wird es keinem von uns mangeln. Dankbarkeit ist nämlich ein Auftrag. (vgl. Kolosser 3,15) Dankbarkeit ist eine Frage der Sichtweise. Sehe ich bloß auf das, was ich vermisse, oder bin ich dankbar für das, was ich habe? Wenn ich lerne, dankbar zu sein für das, was ich habe, wird Dankbarkeit auch zum Schlüssel für meine Zufriedenheit. So kann es geschehen, dass Menschen dankbar und zufrieden sind, selbst wenn die Lebensumstände dagegen sprechen.

Dankbarkeit ist eine Frage der Sichtweise.

*Ich danke dir dafür, dass ich so **wunderbar** erschaffen bin.* „Wunderbar" ist kein Synonym für das, was ich beispielsweise unter „perfekt" verstehe. „Wunderbar" bedeutet vielmehr: Es ist gut so, wie ich geschaffen bin. Es ist genau richtig so. Der Schöpfer des Universums wollte mich genau so haben, wie ich bin. Wir haben unsere menschlichen Vorstellungen von „normal" und „schön" und „perfekt" ... Doch wer definiert diesen Maßstab? Die Bibel lässt keinen Zweifel daran, dass Gottes Maßstäbe sich oft deutlich von denen unterscheiden, die uns unser Umfeld aufzwängen will. Bei ihm geht es nicht um ein immer mehr, immer besser, immer schneller und mit Sicherheit definiert er „normal" und „perfekt" ganz anders als wir.

Wichtig ist, dass ich erkenne, dass sich Schönheit nicht in Perfektion äußert, sondern vielmehr in der Besonderheit und Einzigartigkeit eines Menschen. Diese wird dann sichtbar, wenn ein Mensch sich so annimmt, wie er ist, wenn er nach Gottes Plänen für sein Leben fragt und damit beginnt, seine Möglichkeiten zu nutzen und seinem Wesen entsprechend aufzublühen. Schönheit bricht in Ihrem Leben also dann durch, wenn Ihre besondere Persönlichkeit, Ihr einzigartiges Aussehen, Ihre einmalige Kombination von Begabungen, Leidenschaften, Sehnsüchten und Träumen mehr und mehr zu einem Gesamtkunstwerk verwoben werden, an dem die Handschrift des Schöpfers erkennbar wird. Denn letzt-

"Wunderbar" ist kein
Synonym für "perfekt".

endlich geht es darum, dass Gott durch unser Leben, unser Verhalten und das, was wir tun, geehrt wird: *Dadurch, dass ihr reiche Frucht tragt und euch als meine Jünger erweist, wird die Herrlichkeit meines Vaters offenbart* (Johannes 15,8). Blühendes und fruchtbares Leben spiegelt etwas von der Größe und Herrlichkeit Gottes in unserem Leben wider.

MEINE EINZIGARTIGKEIT WERTSCHÄTZEN

Wie dieses Aufblühen und Entfalten in Ihrem Leben konkret aussieht, können nur Sie selbst entdecken. Denn kein anderer Mensch wurde mit haargenau denselben Veranlagungen ausgestattet wie Sie. Sie sind im wahrsten Sinne des Wortes einzigartig. Dementsprechend ist auch Ihre Lebensgeschichte einzigartig. Und Gott sehnt sich aus tiefstem Herzen danach, dass Sie die Welt mit Ihrem einzigartigen Beitrag beschenken. Mit Ihrem Wesen, Ihren Begabungen, Ihren Gedanken, Ihrer Geschichte, Ihren Narben, Ihrem Schmerz, Ihrer Leidenschaft und vielem mehr. Damit ehren Sie Gott, finden Sie zu sich selbst und werden Sie anderen Menschen zum Segen.

Mein Gedicht, das in Kapitel 2 einführt, beginnt mit den Worten: *auf meine Weise – still und leise*. Wir Menschen sind mit ganz unterschiedlichen Persönlichkeitsmerkmalen ausgestattet. All dies wirkt sich auf unser Blühen aus. Es gibt beispielsweise extrovertierte und introvertierte Menschen. Extrovertierte schöpfen Kraft aus dem Zusammensein mit anderen Menschen, Introvertierte schöpfen Kraft aus der Stille und dem Rückzug.[40] Ich gehöre zu Letzteren und habe viele Jahre darunter gelitten, weil

---

40 In meinem Buch *Die leisen Weltveränderer: Von der Stärke introvertierter Christen* (2018, SCM Hänssler) habe ich mich ausführlich mit dieser Thematik beschäftigt.

ich dachte, dass etwas nicht in Ordnung sei mit mir. Mit anderen Menschen zusammen zu sein, kostet mich viel Kraft, und um innerlich ausgeglichen zu sein, brauche ich genügend Rückzug. Von meinem Naturell her bin ich eher der Typ „Mauerblümchen". Ich stehe nicht gerne im Rampenlicht. Und doch überwinde ich mich bei jedem Referat, genau dies zu tun, weil Gott mich auch zu dieser Aufgabe berufen hat. Aber ich bin jedesmal erleichtert, wenn ich mich wieder in die Stille zurückziehen darf. Denn Stille hilft mir aufzublühen ...

Es gibt also Blumen, die teils im Verborgenen und teils im Rampenlicht blühen. Und das ist gut so. Des Weiteren gibt es Blumen, die blühen *nur* im Rampenlicht. Auch das ist gut so. Außerdem gibt es Blumen, die blühen *nur* im Verborgenen. Und auch das ist gut so. Keine Blume ist bedeutender als die andere.

Was ist Ihre Weise? Es ist entscheidend, dass Sie sich selbst immer besser kennenlernen. Dass Sie Ihre Persönlichkeit verstehen, dass Sie Begabungen entdecken und weiterentwickeln, Schwächen erkennen, dass Sie träumen und so Ihre Leidenschaften nähren. Ihre Persönlichkeit – verbunden mit Ihrer Geschichte – ist ein kostbares Kapital. Tragen Sie Sorge dafür. Entwickeln Sie sie weiter und setzen Sie sie weise und gezielt ein.

Blühen – in Vielfalt

Neben der *Einzigartigkeit* gilt es aber auch die *Vielfalt* zu feiern! „Feiern" mag zugegebenermaßen etwas euphorisch klingen für etwas, das im Alltag (sei es im privaten oder im beruflichen Umfeld oder innerhalb einer christlichen Gemeinschaft) häufig zu Unstimmigkeiten und Spannungen führt. Theoretisch finden wir Vielfalt zwar gut, praktisch bereitet sie uns aber mehr Kopfzerbrechen, als uns lieb ist. Die Begegnung mit der Andersartigkeit unserer Mitmenschen fordert uns heraus, uns unserer und ihrer Andersartigkeit zu stellen. Wenn wir uns darauf einlassen, ist das eine Charakterschulung, an der wir reifen können und die sich mit der Zeit positiv auf das Miteinander auswirken wird. Wenn es gelingt, die positiven Seiten der Vielfalt zu entdecken und vor allem auch die Kraft der Ergänzung, die in dieser Vielfalt verborgen liegt, dann sind wir einem kraftvollen Geheimnis auf die Spur gekommen.

DIE VIELFALT FEIERN

Aus Neugier habe ich in meiner Familie und in meinem Freundeskreis die eine oder den anderen nach ihrer oder seiner Lieblingspflanze gefragt. Dies auf dem Hintergrund, dass ich fasziniert war von der Theorie, dass unsere Lieblingspflanze viel über unsere Persönlichkeit verrät. Zu den Antworten gehörten: die Orchidee, die Pfingstrose, die Ranunkel, Lavendel, Hortensien, gelbe Lilien, die Pelzanemone und vieles mehr. Besonders spannend fand ich nachzufragen, was genau meine Freunde oder Familienmitglieder an ihrer Lieblingsblume fasziniert und inwiefern die Blume auch etwas von ihrer Persönlichkeit offenbaren könnte.

Eine Freundin antwortete auf meine Frage nach ihrer Lieblingsblume: „Ich finde Rosen, Tulpen und Lisianthus wunderschön." Letzteres ist eine sogenannte „Tulpen-Rose", stellte sich nach kurzer Google-Suche heraus. Die Lisianthus passte also bestens zu den bereits erwähnten Rosen und Tulpen. „Was um alles in der Welt fasziniert dich an einer Blume, deren Name ich noch nie gehört habe?", fragte ich meine Freundin. Sie erwiderte: „Ich glaube, es hat damit zu tun, dass es wunderschöne Blumen sind, die sich dem Betrachter zwar zeigen, aber trotzdem auf geheimnisvolle Art verschlossen sind. Das gefällt mir. Du siehst niemals die ganze Blume, wie zum Beispiel bei der Sonnenblume. Vermutlich mag ich die Blume deshalb so, weil ich mir heute meiner inneren Werte bewusster bin und sie auch mehr schätze. Früher hatte ich immer das Gefühl, dass ich ein offenes Buch für alle sein sollte. Das empfinde ich inzwischen nicht mehr so. Ich denke, es ist richtig, genau so, wie es ist: offen, aber doch auch privat."

Heute findet man im Internet eine Fülle von weiterführenden Hinweisen zur Herkunft und Symbolik verschiedenster Pflanzen. So habe ich noch ein wenig über die mir vorher unbekannte Lisianthus weitergeforscht. Dabei habe ich erfahren, dass die Lisianthus – deren Wurzel im Wilden Westen liegt (und die daher auch „Prärieenzian" genannt wird) – unter anderem symbolisch für Wertschätzung, Dankbarkeit und Charisma steht.

Das ist nur ein einziges Beispiel von vielen. Die verblüffende Vielfalt, die wir in der Natur finden, zeugt von der Größe, Kreativität und Intelligenz des Schöpfers. All die verschiedenen Pflanzen, Farben, Blüten, Düfte ... einfach unglaublich! Dasselbe trifft auch auf die Menschen zu: So viele Menschen und jeder ist anders. Diese Vielfalt ist Geschenk und Herausforderung zugleich.

BEDEUTUNG UND HERKUNFT DES ZITATS

Um den Aspekt der Vielfalt geht es auch in der ursprünglichen Verwendung des Zitats *Blühe dort, wo du gepflanzt bist.* Wenn auch nicht wortwörtlich so festgehalten, so ist das Zitat doch auf den Ordensgründer und Kirchenlehrer Franz von Sales (1567–1622) zurückzuführen. In einem Brief vom 4. Februar 1615 an seine geistliche Freundin Johanna Franziska von Chantal (1572–1641) betet Franz von Sales um den Segen Gottes für drei Frauen. Und zwar für diejenigen drei Frauen, aus denen die erste Klostergemeinschaft besteht, die er zusammen mit der Briefempfängerin gegründet hatte. Zunächst bittet er Gott, dass seine geistliche Mutter, die Mitgründerin Johanna Franziska von Chantal, mit der Überfülle von Gottes Güte gesegnet sei. Weiter bittet er um Segen für die Klosterschwester Marie-Jacqueline. Zum Schluss bittet er Gott um Segen für eine weitere Klosterschwester namens Péronne Marie: „Die liebe Tochter Péronne Marie möge ein fortwährender Zuwachs des Trostes in der Kongregation sein, in die du sie gepflanzt hast, damit sie dort blühe und lange Früchte trage."[41]

Wie mir von einem Pater der Ordensgemeinschaft des Franz von Sales in Wien bestätigt wurde, geht das Zitat *Blühe dort, wo du gepflanzt bist* auf eben jenes Gebet für Péronne Marie zurück. Leider sei das Zitat „im Laufe der Zeit etwas umformuliert worden", so der Pater, „damit es eben für jeden Menschen passt." Was bei dieser Umwandlung verloren ging, ist der Bezug zu Gott. Vor einigen Jahren erschien – abgeleitet von diesem Zitat – eine Spruchkarte in Englisch: *Bloom where you're planted*. Diese Spruchkarte wurde später ins Deutsche übersetzt und so entstand das geflügelte Wort *Blühe, wo du gepflanzt bist*. So fand das Zitat sowohl im deutschen als auch im englischen Sprachraum Eingang.

FRANZ VON SALES' BEZÜGE ZUR NATUR

In den Schriften von Franz von Sales finden sich viele Bezüge zur Natur. Unter anderem vergleicht er die Kirche mit einem blühenden Garten. In diesem Garten blühen unzählige Blumen, unterschiedlich in Farbe, Duft, Form und Größe. In ihrer individuellen Vielfalt bilden sie ein gemeinsames Ganzes, dessen Schönheit von der Herrlichkeit des Schöpfers zeugt. Am ausführlichsten beschreibt Franz von Sales diesen Gedanken in seinem theologischen Hauptwerk *Theotimus*[42] oder *Abhandlung über die Gottesliebe*[43]. Das

---

41 Der genannte Brief wurde ursprünglich in Französisch verfasst. Der Originaltext lautet: „La chère fille Peronne-Marie soit un accroissement continuel de consolation en la Congrégation en laquelle vous l'avez plantée, pour y fleurir et fructifier longuement" (Quelle: Œuvres de Saint Francois de Sales, Edition d' Annecy 1910, Tome XVI, page 188). Aus dem Französischen übersetzt von der Autorin.

42 „Theotimus" ist laut Sales der menschliche Geist, der Männern und Frauen gemeinsam ist.

43 Originaltitel: *Traité de l'amour de Dieu*.

umfangreiche Werk erschien im Sommer 1616 und befasst sich mit der Liebe, vor allem mit der Liebe Gottes zu den Menschen, aber auch mit der Liebe des Menschen zu Gott. Im Blumengarten der Kirche soll jeder Mensch entsprechend seiner einzigartigen Fähigkeiten wachsen, blühen und gedeihen.

Franz von Sales erinnert daran, dass Gott seinen Kindern aus Liebe zusätzlich zu den *natürlichen Fähigkeiten* (mit denen jeder Mensch geboren wird) durch seinen Geist auch übernatürliche Fähigkeiten beziehungsweise *Gaben* schenkt. Was darunter zu verstehen ist, erklärt Paulus den Christen in Korinth so: *Bei jedem zeigt sich das Wirken des Geistes auf eine andere Weise, aber immer geht es um den Nutzen der ganzen Gemeinde. Dem einen wird durch den Geist die Fähigkeit geschenkt, Einsichten in Gottes Weisheit weiterzugeben. Der andere erkennt und sagt mit Hilfe desselben Geistes, was in einer bestimmten Situation zu tun ist. Einem dritten wird – ebenfalls durch denselben Geist – ein besonderes Maß an Glauben gegeben, und wieder ein anderer bekommt durch diesen einen Geist die Gabe, Kranke zu heilen. Einer wird dazu befähigt, Wunder zu tun, ein anderer, prophetische Aussagen zu machen, wieder ein anderer, zu beurteilen, ob etwas vom Geist Gottes gewirkt ist oder nicht. Einer wird befähigt, in Sprachen zu reden, die von Gott eingegeben sind, und ein anderer, das Gesagte in verständlichen Worten wiederzugeben. Das alles ist das Werk ein und desselben Geistes, und es ist seine freie Entscheidung, welche Gabe er jedem Einzelnen zuteilt.* (1. Korinther 12,7-11)

Das 7. Kapitel im zweiten Buch der Abhandlungen ist überschrieben mit: *Die Mannigfaltigkeit der Gnadengaben. Wunderbare Offenbarung der göttlichen Vorsehung.* Franz von Sales beschreibt darin, wie sich die „reiche Fülle von Gnaden [also geistlichen Gaben, Anm. D. S.] auf die gesamte Menschennatur ergossen" hat. „Man wird niemals zwei Menschen treffen", so Franz von Sales, „die sich an natürlichen Gaben vollkommen ähnlich sind; ebenso

Im Blumengarten der Kirche soll jeder Mensch entsprechend seiner einzigartigen Fähigkeiten wachsen, blühen und gedeihen.

findet man auch nicht zwei Menschen, die sich an übernatürlichen Gaben vollkommen gleichen."[44]

FRANZ VON SALES: DIE KIRCHE ALS GARTEN

Auf anschauliche Art und Weise beschreibt Franz von Sales die Unterschiedlichkeit der geistlichen Begabungen, indem er die Kirche mit einem Garten vergleicht:

„Würde man nicht lachen über einen, dem es einfiele zu fragen, warum Gott die Melone größer als die Erdbeere, die Lilie größer als das Veilchen schuf? Warum der Rosmarinstrauch nicht eine Rose, die Nelke nicht eine Ringelblume ist, warum der Pfau schöner ist als die Fledermaus, warum die Feige süß, die Zitrone säuerlich ist? Würde man ihm nicht sagen: Du armer Mensch, die Schönheit der Welt erfordert ja gerade die Mannigfaltigkeit. Deshalb müssen die einzelnen Dinge mit verschiedenen und ungleichen Vollkommenheiten bedacht sein und keines darf dem anderen gleichen; es muss kleine und große, süße und saure, schönere und minder schöne Dinge geben. Bei den übernatürlichen Gnaden ist es nicht anders. Jeder hat seine eigene Gnade, ‚der eine so, der andere so' (1. Kor. 7,7), spricht der Heilige Geist. Es wäre sträfliche Ehrfurchtslosigkeit, wollte man erforschen, warum Petrus nicht die Gnade des Paulus erhielt und Paulus nicht die Gnade des Petrus; warum Antonius nicht Athanasius und Athanasius nicht Hieronymus war. Die Antwort auf solche Fragen könnte nur lauten: Weil *die Kirche einem Garten vergleichbar* ist, geschmückt mit der Lieblichkeit unzähliger Blumen, die sich alle in Größe, Farbe, Duft und Schönheit voneinander unterscheiden; doch hat jede ihre

---

44 *Deutsche Ausgabe der Werke des hl. Franz von Sales*, Band 3: Abhandlungen über die Gottesliebe: Theotimus. Eichstätt: Franz Sales Verlag, 2. Auflage, 2002. Zweites Buch, Kapitel 7. Theotimus II,7; DASal 3,116.

Kostbarkeit, ihre Anmut, ihre Farbenpracht und alle zusammen bilden durch die Vereinigung ihrer Mannigfaltigkeit die Vollendung einer höchst ansprechenden Schönheit."[45]

GEMEINSAMES BLÜHEN

Blühe dort, wo du gepflanzt bist ist demnach kein Appell zur egoistischen Selbstdarstellung. Ganz im Gegenteil! Unser Blühen soll in erster Linie Gott ehren und, indem wir entfalten, was in uns gelegt ist, auch anderen Menschen – und uns selbst – zum Segen werden. Wir sind in eine bestimmte Zeit hineingepflanzt, in eine konkrete Lebenssituation und damit verbunden in bestimmte Gemeinschaften. Und das nicht zufällig, sondern weil Gott das große Ganze im Blick hat. Er sieht den kompletten Garten in all seiner Schönheit bereits vor sich und er hat uns so geschaffen, dass wir uns perfekt in dieses Meisterwerk einfügen. Wenn wir unsere Beziehung zu Gott vertiefen, an unserem Charakter arbeiten und unsere einzigartigen Begabungen gezielt einsetzen, dann füllen wir einen Platz in Gottes Garten aus, den niemand anders für uns ausfüllen kann.

Neulich habe ich eine Floristin beobachtet, die ganz unterschiedliche Blumen für einen Blumenstrauß bereitgelegt hat. Viele verschiedene Blumen – einzeln nebeneinander auf dem Tresen. Eine schöner als die andere. Jede für sich ein Kunstwerk. Dann begann die Floristin die Blumen nach und nach zu einem Gesamtkunstwerk zusammenzufügen. Das Resultat war fantastisch anzusehen und wurde für mich zum Sinnbild einer blühenden Gemeinschaft.

Die christliche Gemeinde und Kirche sollte ganz besonders ein Ort sein, in dem genau diese Vielfalt bewusst gelebt wird. Miteinander widerspiegeln wir etwas von Gottes Schönheit, seinem Duft, seiner Kreativität. Gemeinsam blühen heißt zusammen la-

---

45 Ebd. Theotimus II,7; DASal 3,117-118.

chen, weinen, Schmerz, Freuden und Leben teilen sowie die Andersartigkeit und Einzigartigkeit des Gegenübers wertschätzen. Es geht nicht um den Vergleich, wer schöner oder kraftvoller blüht. Wir blühen alle einzigartig anders. Und es liegt an uns, diesen Blumengarten oder Blumenstrauß mit unserer Blüte zu bereichern.

Blühendes Leben

Könnte man das Rad der Zeit zurückdrehen und aus den Lieblingsblumen meiner Kindheit einen Blumenstrauß binden, wären darin mit Sicherheit blaue Kornblumen, lila Lilien und roter Mohn zu finden. Aber auch der violette Flieder und die farbenprächtigen Rhododendron-Blüten in unserem Garten hatten es mir angetan. Ebenso die leuchtend gelben Forsythien-Sträucher, die im Frühling strahlende Lebenshoffnung verströmten. Alles auffällige, kräftige Farben!

LIEBLINGSBLUMEN MEINER KINDHEIT

Aus heutiger Sicht vermute ich, dass die Lieblingsblumen meiner Kindheit etwas von der tiefen Sehnsucht in mir widerspiegelten, sichtbar zu werden. Farbe zu zeigen. Etwas, was mir schier unmöglich erschien. Von meinem Naturell her gehörte ich nicht zu jenen, die sich in den Vordergrund drängten. Und doch fühlte ich so vieles in mir schlummern – Träume, Leidenschaften, Begabungen –, aber ich hatte keine Ahnung, was ich damit anfangen sollte. Ich fühlte mich in mir selbst gefangen und zog mich immer mehr in meine eigene Welt zurück. Ich schrieb mir meine Erlebnisse, meine Enttäuschungen, meine Ängste und Hoffnungen von der Seele und füllte Tagebuch um Tagebuch. So ist es bis zum heutigen Tag. Ich liebte es, Bücher zu lesen und in andere Welten einzutauchen, um meiner eigenen Realität zu entfliehen. Ich schrieb unzählige Briefe und im Geheimen – nur für mich – auch Gedichte und Lieder. Die Welt in mir war so unglaublich reich und bunt und intensiv. Doch äußerlich blieb ich ein unscheinbares Mauerblümchen, eine graue Maus. Stets angepasst und darauf bedacht, nicht aufzufallen. Und vor allem auf gar keinen Fall *unangenehm* aufzufallen!

Zu meinem 30. Geburtstag erhielt ich eine Farbberatung geschenkt. Ich war etwas nervös, aber freute mich gleichzeitig auch sehr darüber. Denn mir war bewusst, dass es in puncto Kleiderwahl und -stil noch einiges zu optimieren gab. Das Ergebnis war: Ich bin ein Wintertyp. Mit meinen dunklen Haaren und dunklen Augen prädestiniert dafür, starke Farben zu tragen: Königsblau, ein starkes Rot, Dunkellila, Petrolblau und so weiter. Also genau jene Farben, die ich seit meiner Kindheit in der Blumenwelt so liebe. Doch auch wenn mir diese Farben außerordentlich gut gefielen – auch an Kleidungsstücken (und eigentlich auch an mir) –, wagte ich es dennoch nur selten, sie zu tragen. Es half auch nicht viel, dass ich beim Tragen dieser Farben immer wieder mal nette Komplimente erhielt. Denn mit diesen kräftigen Farben fiel ich mehr auf, als mir lieb war.

Zu meinem 35. Geburtstag im September 2009 schickte mir eine Freundin eine Blumenkarte, auf der zu lesen war: *Du blühtest auf und wurdest zu einer schönen Frau voller Anmut* (Hesekiel 16,7). Auf die Kartenrückseite hatte meine Freundin geschrieben: „Diese Karte passt so gut zu Dir ... als ich sie gesehen hatte, wusste ich sofort: Diese Karte ist für Dich!" Ich kann mich noch genau erinnern, wie ich zuerst Mühe hatte, ihre Worte anzunehmen. Gleichzeitig hat mich die Karte so berührt, dass ich sie in meinem Tagebuch aufbewahrt habe. Ja, ich sehnte mich so sehr danach aufzublühen. Doch noch immer hatte ich den Eindruck, dass ich meilenweit davon entfernt war.

SICHTBAR WERDEN

Blühen ist etwas ganz Individuelles. Und Blühen erfordert auch Mut. In meinem Fall war ein entscheidender Schritt auf dem Weg zum Blühen, dass etwas von dem, was ich bisher vor anderen geheim gehalten hatte – Gedanken, Leidenschaften, Begabungen, Träume –, sichtbar wurde. Ich hatte stets gewisse Vorstellungen davon, wie blühendes Leben bei mir aussehen sollte. Dabei orientierte ich mich stark an anderen Menschen. Ich verglich mich mit ihnen und hatte den Eindruck, dass ich so werden müsste wie sie, um blühen zu können. Anderen Menschen nachzueifern, erwies sich jedoch mit der Zeit als Sackgasse. Denn man kann nicht wie jemand anderes werden, ohne sich dabei selbst zu verlieren und zu verleugnen. Meine herausfordernde Aufgabe war vielmehr die, mein einzigartiges Potenzial zu entdecken und zu entfalten. Mit

Blühen erfordert Mut.

der Zeit wurde immer offensichtlicher, dass meine reiche Innenwelt und die Leidenschaft für Worte eine entscheidende Rolle dabei spielten. Auch meine Introversion und Hochsensibilität, die mir in der Vergangenheit viel Mühe bereitet hatten, erwiesen sich plötzlich als bedeutungsvolle Veranlagungen. Und so wagte ich es ganz sachte, mein Innerstes zu öffnen und anderen Anteil an Gedanken und Prozessen zu geben, die ich viele Jahre lang im Verborgenen – zum Teil alleine, aber auch mit meiner Mentorin und vor allem in meinen Tagebüchern – (im wahrsten Sinne des Wortes) durchbuchstabiert hatte.

BLÜHENDE GEDANKEN UND WORTE

Aufblühen hat in meinem Leben viel mit blühenden Gedanken und Worten zu tun. Viele Jahre lang war mir überhaupt nicht bewusst, dass meine Leidenschaft für Worte und Sprache einen wesentlichen Teil meiner Einzigartigkeit ausmacht. Manchmal erscheinen uns Dinge, die uns leichtfallen, so selbstverständlich, dass uns gar nicht auffällt, dass wir uns darin von anderen Menschen unterscheiden. Indem ich seit meiner Kindheit außerordentlich viel schrieb und las, trainierte ich diese Gabe, ohne dass es mir wirklich bewusst war.

Auf der Suche nach dem, was mich auf besondere Weise lebendig macht und auszeichnet, habe ich viele Bücher zum Thema Persönlichkeit durchgearbeitet. Ich wollte mehr über mich erfahren, mich besser verstehen und an mir arbeiten. Das hat sich als äußerst wertvoll und hilfreich erwiesen. Ich ließ mich herausfordern, darüber nachzudenken, welche Träume ich hatte und womit ich anderen gerne dienen wollte. Außerdem beschäftigte ich mich intensiv mit der Frage, mit welchen natürlichen und geistlichen Gaben ich von Gott beschenkt war. Und als ich diejenigen Bereiche definierte, für die mein Herz in besonderer Weise schlug, wurde mir plötzlich klar, dass es fast überall um *Worte* ging. So bezeichnete ich mich auf meiner Website denn auch als „Wortsammlerin" und schrieb dazu: „Ein Leben ohne Worte ist unvorstellbar für mich. Worte berühren mein Innerstes. Geschriebene Worte, gesprochene Worte, gelesene Worte, gesungene Worte, vertonte Worte, gemalte Worte, stumme Worte ... Mit geschriebenen, gesprochenen und gesungenen Worten möchte ich Herzen berühren und Leben verändern."[46]

In den vergangenen Jahren nahmen meine blühenden Gedanken zunehmend Gestalt an: in Referaten, Gedichten, Texten, Predigten und unter anderem in Form von Büchern. Die Tatsache, dass ich mit dem Schreiben eine große Leidenschaft leben darf, erfüllt mich mit tiefer Dankbarkeit. Es fühlt sich befreiend an. Erfüllend. Wohltuend. Heilsam. Ein bisschen so, wie wenn man nach einer langen und anstrengenden Reise zu Hause ankommt. Und wenn ich dann noch erlebe, dass andere Menschen durch das, was ich schreibe, berührt und ermutigt werden, dann bin ich einfach nur sprachlos und bewegt. Wenn sich Türen öffnen, die ich nie für möglich gehalten hätte, dann habe ich den Eindruck, das Wirken des Schöpfers unmittelbar miterleben zu dürfen. Ich meine zu spüren, wie sehr sich Gott danach sehnt und darüber freut, meine

---

46 vgl. www.deborasommer.com [02.01.2018].

Blume beim Wachsen zu umsorgen. In solchen Momenten fühle ich mich Gott ganz nah verbunden. Es sind Zeiten, aus denen ich Kraft schöpfe, um weiterzuwachsen und vorwärtszugehen. Im Bewusstsein, dass auch wieder Stürme und Dunkelheit kommen. Aber getrost im Vertrauen, dass selbst jene dazu dienen, dass meine Lebensblume stärker wird und an Halt gewinnt.

All dies gilt natürlich nicht nur für mich, sondern auch für Sie, liebe Leserin und lieber Leser. Es ist mein großer Wunsch und mein Gebet, dass dieses Buch dazu beitragen möge, dass Ihre Lebensblume zu Gottes Ehre und zum Segen vieler Menschen aufblüht.

BLÜHENDES LEBEN ALS „WOHLGERUCH"

Beim Nachdenken über blühendes Leben kreisten meine Gedanken immer wieder um einen Vers aus dem 2. Korintherbrief. Im zweiten Kapitel beschreibt Paulus in Vers 15 die Nachfolger von Jesus als Menschen, deren ganzem Leben *ein Wohlgeruch* anhaftet. Der Zusammenhang, in dem dieser Vers steht, hilft uns dabei, besser zu verstehen, was damit gemeint ist.

Zunächst erzählt Paulus seinen Briefempfängern in Korinth, dass Gott ihm in Troas *eine Tür für seine Botschaft geöffnet* hatte (V. 12), um die Botschaft von Jesus Christus zu verkünden. Paulus war jedoch beunruhigt, weil er seinen Mitarbeiter Titus nicht antraf, der ihm eigentlich Nachricht von den Christen in Korinth (also den Briefempfängern) bringen sollte. Daher verabschiedete sich Paulus bald wieder von den Christen in Troas und reiste nach Mazedonien weiter, in der Hoffnung, Titus dort zu finden (V. 13). An dieser Stelle unterbricht Paulus die Schilderung seiner Reise, die erst in Kapitel 7, Vers 5 eine Fortsetzung findet. Es scheint ihm an dieser Stelle wichtig, den Christen in Korinth einige grundlegende und wichtige Glaubenswahrheiten zu vermitteln. Also fährt er in 2. Korinther 2,14 wie folgt fort: *Gott aber sei Dank! Weil wir mit Christus verbunden sind, lässt er uns immer **in seinem Triumph-***

zug *mitziehen und macht durch uns an jedem Ort bekannt, wer er ist, sodass sich diese Erkenntnis **wie ein wohlriechender Duft** überallhin ausbreitet.*

Der wohlriechende Duft steht in direktem Zusammenhang mit dem Triumphzug, der erwähnt wird. Und zwar zogen die römischen Heerführer nach gewonnener Schlacht jeweils mit ihren Soldaten und den Gefangenen in einem Triumphzug durch Rom. Dabei wurde wohlriechendes Räucherwerk verbrannt. Und woraus bestand Räucherwerk damals? Aus verbrannten Pflanzen! Vorwiegend aus Heil- und Gewürzpflanzen.[47] (Die Römer glaubten, dass sie durch das Verbrennen von Räucherwerk die Götter gnädig stimmen und die Erfüllung bestimmter Anliegen erwirken könnten.)

> An der Art und Weise, wie wir uns verhalten, sollen andere Menschen Jesus an uns erkennen.

Paulus überträgt dieses Bild des römischen Triumphzuges an dieser Stelle auf einen ganz anderen Triumphzug – nämlich einen Triumphzug, der von Christus angeführt wird. Er ist der Sieger, der die Schlacht gewonnen hat. Und alle, die zu ihm gehören, dürfen hocherhobenen Hauptes mitziehen. Der wohlriechende Duft, der von diesem Triumphzug – oder genauer gesagt von Christus selbst – ausgeht, verbreitet sich überallhin, wo dieser Triumphzug durchführt.

Paulus erklärt weiter:

*Ja, weil Christus in uns lebt, sind wir **zur Ehre Gottes ein Wohlgeruch**, der sowohl zu denen dringt, die gerettet werden, als auch zu denen, die verloren gehen. Für diese ist es ein Geruch, der auf den*

---

47 Es wird davon ausgegangen, dass Räucherwerke bereits in vorchristlicher Zeit im Gebrauch waren. Ab dem 3. Jahrhundert v. Chr. verbrannte man Räucherstoffe wie Lorbeer, Pinie, Rosmarin, Salbei, Thymian, Wacholder oder Zypresse. „Mit der kulturellen Weiterentwicklung und den Eroberungen kamen auch Weihrauch, Myrrhe, Labdanum, Storax, Safran, Galbanum, Narde, Kalmus, Kardamom, Zyperngras und eine Reihe weiterer Stoffe hinzu." (Vgl. https://tinyurl.com/yagwklz2 [17.02.2018])

*Tod hinweist und zum Tod führt; für jene ist es ein Geruch, der auf
das Leben hinweist und zum Leben führt.* (2. Korinther 2,15-16a)

Da bei diesen römischen Triumphzügen jeweils Gefangene sowohl
getötet als auch verschont wurden, war der Duft der Räucherwerke für die einen ein „Geruch des Todes" und für die anderen ein
„Geruch des Lebens". Mit aller Leidenschaft und seiner ganzen
Kraft setzte sich Paulus – überall dort, wo er hinkam – dafür ein,
den wohlriechenden Duft der guten Nachricht von Jesus Christus
zu verbreiten.

Wie können wir selbst zum Wohlgeruch für andere Menschen
werden? Indem Gottes Wohlgeruch durch uns zu anderen Menschen strömt! Als Duft des Lebens, der Liebe, der Vergebung, der
Barmherzigkeit, des Trostes, der Geduld, des Friedens, der Dankbarkeit, der Zufriedenheit, der Genügsamkeit, der Freude, der
Freundlichkeit und so weiter. An der Art und Weise, wie wir uns
verhalten, sollen andere Menschen Jesus an uns erkennen: Sie sollen ihn sehen, spüren und riechen. Was wir tun und denken, soll
nicht zum „Himmel stinken", wie es im Volksmund heißt, sondern
vielmehr Gottes Wohlgeruch in diese Welt tragen: in unsere Familien, in unsere Nachbarschaft, in unsere Kirchen, in unsere Schulen, unsere Arbeitsplätze, in die Krankenhäuser, Asylunterkünfte,
Obdachlosenheime, Universitäten ... einfach überallhin, wo wir
sind und anderen Menschen begegnen.

BLÜHENDES VORBILD

Wenn ich an Vorbilder für blühendes Leben denke, fällt mir ein
Mann aus der Freikirche ein, zu der ich seit vielen Jahren gehöre.
Vor wenigen Monaten ist er im Alter von 96 Jahren heimgegangen.
Ein kleiner Mann, der eine riesengroße Lücke hinterlassen hat. Der
„Wohlgeruch", den er verströmte, war so intensiv, dass sogar die Lokalpresse auf den betagten Mann aufmerksam wurde. Im Novem-

ber 2015 erschien in der *Aargauer Zeitung* ein Artikel[48] über ihn mit der Schlagzeile: *Mandolinen-Ernst macht täglich Geburtstagskinder glücklich.* „Ich bin einfach der Mandolinen-Ernst", sagte der 95-Jährige im November 2015. „Die Leute warten alle auf meinen Anruf."

Und genau darin fand Ernst Affolter im Alter seine Berufung: In seinem Kalender standen die Geburtstage von über 1200 Menschen aus rund 30 Ländern. Jeden Einzelnen rief er an seinem Geburtstag an, um ihm persönlich zu gratulieren. Eine erstaunliche Leistung, allein schon angesichts der vielen Zeitverschiebungen. Täglich bis zu zehn Menschen rief er an – vom 4-jährigen Mädchen bis zum 99-jährigen Urgroßvater. Ein Anruf dauerte etwa fünf Minuten und brachte Freude für ein ganzes Jahr. Er wurde vielerorts mit Spannung erwartet. Bei einigen wird es sogar der einzige Glückwunsch gewesen sein, der sie an ihrem Geburtstag erreichte, und daher umso kostbarer. War jemand nicht erreichbar, versuchte es der Gratulant wieder und wieder. Mit der Zeit nutzte er auch die Möglichkeit des Anrufbeantworters, damit die Glückwünsche auch wirklich noch am entsprechenden Tag übermittelt werden konnten.

Auch wir, als ganze Familie, kamen viele Jahre in den Genuss seiner Anrufe. Die Anrufe liefen immer gleich ab: Zuerst gratulierte Ernst herzlich – stets mit dem korrekten Lebensjahr. Danach las er den Bibelvers vor, den er für das laufende Jahr ausgewählt hatte, sowie den Liedtext des Liedes, das er anschließend auf der Mandoline vorspielte. Zum Schluss schickte er dem Geburtstagskind eine Umarmung. Das Telefonat endete meist mit den Worten: „I ha di gärn und de Heiland hett di ou gärn!" (Ich hab dich lieb und der Heiland hat dich auch lieb!). Seit unsere Kinder klein waren, rief Ernst an. Ich werde nie vergessen, wie sie die Treppe heruntersprangen, sobald das Telefon an ihrem Geburtstag klingelte: „Das ist sicher Ernst!" Und so war es. Andächtig saßen sie da, mit dem Telefonhörer in der Hand, und lauschten den besonderen Glückwünschen.

---

48 https://tinyurl.com/y8db8oxn [17.02.2018].

Doch wie kam Ernst zu dieser besonderen Aufgabe? Ernst Affolter lernte als 12-Jähriger Mandoline spielen. Nach der Schulzeit spielte das Musizieren jedoch jahrzehntelang keine Rolle mehr in seinem Leben. Als seine Frau im Jahr 1995 an Krebs starb, sagte sie vor ihrem Tod zu ihrem Mann: „Ernst, du kannst nicht mitkommen. Du hast hier noch eine Aufgabe!"[49] Als die Tochter ihn bat, an Weihnachten Lieder zu spielen, kaufte sich Ernst eine Mandoline und besuchte wieder den Instrumentalunterricht. Es fiel ihm nicht leicht, nach über 60 Jahren wieder Mandoline zu spielen. Umso intensiver übte er, bis zu fünf Stunden täglich.

Und woher hatte er all die Geburtstagsadressen? „Gott sagte mir", sagte Ernst – als sei es das Natürlichste der Welt, dass Gott zu uns spricht –, „ich solle jeweils von meinen Sitznachbarn das Geburtsdatum nehmen." Und genau das tat er. Konsequent.

Blühendes Leben kennt keine Altersgrenze.

Immer nur von den direkten Sitznachbarn rechts und links: Im Zug. Im Bus. In der Kirche. Im Wartezimmer des Zahnarztes oder wo immer er war. Auch bei mir war es so. Kaum saß ich zum ersten Mal in einem Gottesdienst neben ihm, fragte er mich sofort nach meinem Namen und meinem Geburtsdatum. Und blitzschnell war es in seinem Kalender notiert.

Für jeden hatte er stets ein aufmunterndes und freundliches Wort bereit. Und er versuchte immer auf das Positive zu blicken. Ich erinnere mich daran, wie sich Ernst anlässlich einer Mitgliederversammlung unserer Freikirche, als die Stimmung sehr angespannt war, zu Wort meldete. Mit herzlichen Worten dankte er der Gemeindeleitung für ihren wertvollen Einsatz, äußerte sich darüber, wie viel ihm all die lieben Menschen in dieser Gemeinde bedeuteten. Und er sagte, dass wir unseren Blick doch alle gemeinsam auf Jesus richten wollten. Seine Worte hatten so viel

---

49 Das Zitat stammt aus einem Bericht der Zeitschrift Idea Spektrum Schweiz 13/2011.

Kraft und Autorität, dass sich die Stimmung schlagartig änderte und auch andere Mitglieder wieder respektvoll und wertschätzend miteinander umgingen.

Ernst hatte es nicht leicht im Leben und musste viele Schicksalsschläge überwinden. Doch nie hörte man ihn klagen oder jammern. Er stellte sich dem Leben – auch nach dem Tod seiner geliebten Frau. Er lernte kochen, waschen und vieles mehr. Bis kurz vor seinem Tod führte er seinen Haushalt ganz selbständig. Rückblickend auf sein Leben meinte er dankbar: „Ich habe es eigentlich irrsinnig schön gehabt im Leben."

Seine Art und sein Dienst bleiben unvergessen. Erst neulich stand ich nach dem Gottesdienst mit einer Freundin zusammen und wir erinnerten uns an Ernst. Er ist jetzt bei Jesus und darf die Erfüllung dessen erleben, worauf er zeitlebens mit kindlichem Glauben vertraut hat. Der Segen, den er geteilt hat, fließt weiter und der Duft, den er verströmt hat, liegt noch immer in der Luft.

BLÜHEND LEBEN

Die Geschichte von Mandolinen-Ernst soll Mut machen. Sein Beispiel zeigt: Blühendes Leben kennt keine Altersgrenze! Des Weiteren wird deutlich: Wenn wir bereit sind, im Vertrauen auf Gott kleine Schritte zu wagen, kann Gott Großes daraus machen. Manchmal wird dieses „Große" für andere sichtbar, manchmal bleibt es für immer verborgen. Blühendes Leben vollzieht sich auch in der Natur meistens unspektakulär, irgendwo im Verborgenen. Genauso unspektakulär ist blühendes Leben oft auch bei uns Menschen.

Blühend zu leben kann für jemanden bedeuten, seine Eltern voller Hingabe und Liebe zu pflegen. Für jemand anderen kann es bedeuten, trotz Schmerzen und Krankheit glücklich und zufrieden zu sein und sogar andere Menschen zu ermutigen – so wie das Ehepaar Doolittle, das für die Songwriterin Civilla Martin zur Inspiration für den Liedtext *His Eye is on the Sparrow* wurde. Eine

Verkäuferin verströmt blühendes Leben, wenn sie ihren Kunden voller Wertschätzung und Freundlichkeit begegnet, weil sie sich selbst aus der Quelle der Liebe Gottes nährt. Eine Vollzeitmutter oder ein Vollzeitvater kann blühendes Leben verströmen, indem er oder sie eine herzliche Familienatmosphäre prägt und sich liebevoll und geduldig um die Kinder kümmert. Jemand anders entfaltet blühendes Leben, indem er Bilder malt. Wiederum jemand, indem er Lieder textet. Jemand, indem er an seinen Erfindungen tüftelt und auf diese Weise die Kreativität und Intelligenz, die ihm von Gott geschenkt sind, zum Wohl von anderen Menschen einsetzt. Und so könnte man unzählige weitere Beispiele anfügen. Wie könnte *Ihre* Version eines blühenden Lebens – in Ihrem Umfeld – mit Ihren Möglichkeiten – lauten?

Zusammenfassend möchte ich es so formulieren: Blühend zu leben bedeutet, Gottes Geist im Hier und Jetzt in mir und durch mich wirken zu lassen und meine Umgebung in Gottes Kraft zu prägen. Möge diese Art von blühendem Leben in Ihrem und meinem Alltag Wirklichkeit werden!

Mein Lebensgarten 2

Auch dieses Kapitel schließt mit einem Ausflug in Ihren Lebensgarten. Folgende Fragen möchten Sie dazu anregen, einige Gedanken aus diesem Kapitel zu vertiefen:

- In 1. Petrus 5,7 steht: *Legt alle eure Sorgen bei Jesus ab, denn er sorgt für euch!* Was für ein Versprechen! Welche Sorgen möchten Sie Jesus heute ganz bewusst überlassen? Falls es von der Jahreszeit her passt: Halten Sie Ausschau nach Lilien und hören Sie, was sie Ihnen zu sagen haben. Oder halten Sie heute Ausschau nach Vögeln und danken Sie Jesus dafür, dass er sich um Ihre Sorgen kümmern will. Sie können zur Erinnerung auch den Vers aus 1. Petrus 5,7 oder ein Bild von einer Lilie oder einem Vogel an Ihren Computerbildschirm, Kühlschrank, Spiegel etc. pinnen, damit Sie mitten im Alltag immer wieder neu daran erinnert werden, dass Jesus für Sie sorgt.

- In diesem Kapitel ging es auch darum, dass Feldblumen (wie die Mohnblumen) uns an unsere Vergänglichkeit erinnern sollen. An mir selbst erkenne ich, dass der Gedanke an meine Endlichkeit tatsächlich hilft, mein Leben und das, was ich tue oder eben nicht tue, aus einer anderen Perspektive zu sehen und Situationen neu zu bewerten. Was würden Sie in Ihrem Leben ändern, wenn Sie wüssten, dass Sie nur noch eine begrenzte Zeit zu leben haben? Welche Prioritäten würden Sie anders setzen? Wovon würden Sie sich verabschieden? Womit würden Sie endlich beginnen? Was würden Sie intensiver tun? Machen Sie doch demnächst einen Spaziergang und achten Sie auf Blumen am Wegrand. Danken Sie Gott für das Geschenk Ihres Lebens. Bitten Sie ihn um Weisheit, Ihre Lebenszeit sinnvoll zu nutzen und wo nötig Anpassungen vorzunehmen.

- Erinnern Sie sich an David Ben-Gurion und die Bibeltexte auf seinem Arbeitstisch? Welcher Bibelvers oder welche Bibelverse geben *Ihnen* Kraft und erfüllen *Ihr* Herz mit Hoffnung? Wollen Sie sich Ben-Gurion zum Vorbild nehmen? Falls ja, dann platzieren Sie doch einen Bibeltext, der Ihr Herz mit Hoffnung erfüllt, so, dass er Ihnen im Alltag immer wieder vor Augen steht. Zum Beispiel in der Küche, auf dem Handy-Display, auf dem Desktop-Hintergrund, als Notiz an einem Spiegel, im Auto, im Portemonnaie oder wo auch immer.

- In der Geschichte von Esther sind wir Mordechais Frage begegnet: *Wer weiß, ob du nicht gerade **für einen Zeitpunkt wie diesen** zur Königswürde gelangt bist?* (Esther 4,14). „Für einen Zeitpunkt wie diesen" ... Stellen Sie sich vor, dass Gott selbst Ihnen in diesem Augenblick zusprechen würde: „Liebe/Lieber [Ihr Name], du bist genau zu diesem Zeitpunkt [Ihre private oder berufliche Situation, z. B. Mutter, Floristin, Bankangestellter, Elektriker, evtl. auch Stellensuchende] geworden, weil ich es so wollte!" Inwiefern würde diese Aussage den Blick auf Ihre gegenwärtige Lebenssituation verändern?

- Im Abschnitt „Auf meine Weise" habe ich Ihnen ein bisschen Anteil gegeben an meiner Weise („auf meine Weise – still und leise"...). Was ist Ihre Weise?

- Was war Ihre Lieblingsblume als Kind – und wieso? (Falls es mehr als *eine* Blume war: Wie würde ein Blumenstrauß der Lieblingsblumen Ihrer Kindheit aussehen? Was hat Sie an den einzelnen Blumen so fasziniert?)

- Was sagen die Lieblingsblumen Ihrer Kindheit aus heutiger

Sicht über Sie aus? Mögen Sie diese Blumen auch heute noch oder wurden sie durch andere Lieblingsblumen ersetzt?

- Welche natürlichen und geistlichen Begabungen sind Ihnen von Gott geschenkt und nehmen Sie an sich wahr? Falls Sie unsicher sind, fragen Sie doch gute Freunde oder Familienmitglieder, welche Begabungen sie an Ihnen wahrnehmen. Auch entsprechende Tests oder Literatur zum Thema können äußerst hilfreich sein.[50]
- Bei welchen Tätigkeiten oder Themen blühen Sie auf? Inwiefern verfolgen Sie diese Spur des Blühens? Welchen Raum nehmen diese Tätigkeiten und Themen, die Sie aufblühen lassen, in Ihrem Alltag ein?
- Wie könnten Sie (überhaupt oder noch gezielter) blühend leben und zum Wohlgeruch für andere Menschen werden? Erinnern Sie sich an das Ehepaar Doolittle oder Mandolinen-Ernst ... Wie könnte *Ihre* Version eines blühenden Lebens – in Ihrem Umfeld – mit Ihren Möglichkeiten – lauten?

---

50 Hilfreich sind zum Beispiel folgende Bücher: *Kreative Lebensplanung von Paul Donders; Das 1x1 der Persönlichkeit* von Lothar J. Seiwert und Friedberg Gay; das D.I.E.N.S.T.-Teilnehmerbuch von Bill Hybels, Bruce Bugbee und Don Cousins; *Die 3 Farben deiner Gaben* von Christian A. Schwarz; *Das Enneagramm: Die 9 Gesichter der Seele* von Richard Rohr und Andreas Ebert. Im Blick auf die Entdeckung seiner geistlichen Gaben bietet Campus für Christus einen Online-*Gabenfragebogen an:* https://tinyurl.com/y9bmhmy5 [05.03.2018].

....

ganz nahe am Stein
steht ängstlich und klein
eine Blume allein

sie fürchtet den Wind
das pflückende Kind
das Welken geschwind

ihr Kopf lastet schwer
sie grämt sich so sehr
die Wurzel scheint leer

vor lauter Sorgen
und Ängsten vor Morgen
bleibt das Jetzt ihr verborgen

doch unweit daneben
ist alles gegeben
ein Strom voller Leben

Debora Sommer (30.01.2018)

....

3. WAS HINDERT MEIN BLÜHEN?

....

"Der Mensch bringt sogar die Wüsten zum Blühen.
Die einzige Wüste, die ihm noch Widerstand bietet,
befindet sich in seinem Kopf."
EPHRAIM KISHON

In Kapitel 1 habe ich vorausgeschickt, dass Gott alle Voraussetzungen für blühendes Leben geschaffen hat. Im Hinblick auf unseren Alltag stellt sich diesbezüglich die herausfordernde Frage:
Was hindert meine Lebensblume denn noch daran, befreit loszu-
blühen? Mit dieser Frage wollen wir uns in diesem Kapitel auseinandersetzen.

Die meisten Menschen verfügen im Hinblick auf hinderliche
und förderliche Faktoren für ein blühendes Leben über wesentlich
mehr Erkenntnisse, als ihnen vielleicht bewusst ist. Denn nicht nur
die Reflexion des eigenen Lebens bietet vielfältige Gelegenheiten,
neue Einsichten zu gewinnen, sondern auch Beobachtungen im
Leben anderer Menschen erweitern unseren Erfahrungsschatz.

Selbstreflexion

Nehmen Sie sich einen Moment Zeit (manchmal helfen auch eine heiße Tasse Tee oder ein starker Kaffee dabei, die Gedanken anzuregen) und denken Sie in Ruhe über die folgenden Fragen nach: Was hindert Ihr „Blühen", oder anders gesagt, die Entfaltung dessen, was Gott in Ihr Leben gelegt hat? Was hindert Sie daran, Träume zu verwirklichen oder einer bestimmten Leidenschaft nachzugehen? Was hindert Sie daran, eine Begabung zu fördern und auszuleben? Was hindert Sie daran, etwas umzusetzen, von dem Sie seit vielen Jahren sprechen? Was blockiert einen Freund/ eine Freundin, eine Verwandte oder einen Bekannten von Ihnen, der/die sich in einer ähnlichen Situation befindet?

Bei dem, was Sie oder andere am „Blühen" hindert, kann es sich um Erlebnisse, Menschen, Gefühle, Gedanken oder anderes handeln. Schreiben Sie Ihre Gedanken und Erkenntnisse in das dafür vorbereitete Textfeld oder auf ein separates Blatt Papier. Es ist empfehlenswert, dass Sie sich die Zeit für diese Selbstreflexion nehmen, bevor Sie den weiteren Ausführungen folgen.

Falls Sie Mühe haben, Antworten auf die Frage „Was hindert mein Blühen?" zu finden, überlegen Sie doch in einem ersten Schritt, wie es sich in der Natur verhält. Was hindert eine Blume am Blühen? Und könnte man die Antwort, die Ihnen dazu einfällt, auch auf Ihr menschliches Leben übertragen? Selbstverständlich dürfen Sie auch ein Familienmitglied, eine gute Freundin oder einen guten Freund nach ihrer/seiner Meinung fragen.

Was hindert mein Blühen?

....

....

....

....

....

....

....

....

....

....

....

....

....

....

....

Hinderliche Faktoren

Es wäre jetzt sehr spannend zu sehen, welche Stichworte und Gedanken Sie sich notiert haben. Genauso, wie ich manchmal gerne alle Gespräche gleichzeitig mitverfolgen würde, wenn ich diese Frage während eines Referats in die Runde gebe und die Frauen die Aufgabe erhalten, darüber ins Gespräch zu kommen. Meist beginnt der Austausch zögerlich und etwas verhalten. Doch plötzlich hört es sich in etwa so an, als ob jemand die Lautstärke eines Radios kontinuierlich aufdrehen würde. Manchmal ist es gar nicht so einfach, mir nach einer Weile wieder Gehör zu verschaffen und mit dem Referat fortzufahren. Damit ich dann wenigstens einen kleinen Eindruck von dem erhalte, was in den Gruppen diskutiert wurde, bitte ich die Frauen jeweils, einige ihrer Erkenntnisse laut im Plenum zu teilen. Das Resultat ist immer wieder neu eine bunte und eindrückliche Sammlung von Gedanken.

DREI QUELLEN DER BEEINFLUSSUNG

Als ich selbst intensiv über hinderliche Faktoren für blühendes Leben nachdachte (einerseits im Hinblick auf mein persönliches Leben, andererseits in Bezug auf das Leben von anderen), suchte ich nach einem Weg, all die verschiedenen Begriffe zu sortieren.

Schließlich kam ich zu dem Schluss, dass sich sämtliche Begriffe, die blühendes Leben hindern, in drei Kategorien einteilen lassen. Anstelle von *Kategorien* könnte man auch von *Quellen* der Beeinflussung sprechen, da die Hinderungsgründe auf verschiedene Akteure zurückzuführen sind. Die Antworten auf die Frage „Was hindert mein Blühen?" lassen sich folgenden drei Quellen der Beeinflussung zuordnen:

1. **andere Menschen** können mein Blühen *be*hindern (oder *ver*hindern)
2. **ich selbst** kann mein Blühen *be*hindern (oder *ver*hindern)
3. **eine höhere Macht** – in Form von Lebensumständen, auf die ich keinen Einfluss habe – kann mein Blühen *be*hindern (oder *ver*hindern)

BEGRIFFE ZUORDNEN

Gehen Sie nun nochmals zurück zu den Begriffen, die Sie auf den Seiten 133–134 als hinderlich für Ihr Aufblühen definiert haben, und versuchen Sie jene den folgenden Kategorien zuzuordnen:

andere Menschen	ich selbst	höhere Macht

In welcher Spalte stehen die meisten Ihrer Begriffe? Und macht es Ihrer Meinung nach Sinn, dass ausgerechnet in jener Spalte am meisten Begriffe stehen? Stimmt dies auch mit Ihrem persönlichen Erleben und Empfinden überein?

Lassen Sie uns die Stichworte aus den jeweiligen Kategorien im Folgenden noch etwas genauer unter die Lupe nehmen.

ANDERE MENSCHEN

Wenn wir an hinderliche Faktoren für blühendes Leben denken, wird sehr schnell deutlich, welche große Rolle Beziehungsfelder spielen, in die wir eingebettet sind. Wie sich andere Menschen uns gegenüber verhalten oder welche Bedeutung wir ihnen in unserem Leben einräumen, prägt uns und kann zu vielerlei schmerzlichen Erfahrungen führen. In diese Kategorie fallen Begriffe wie:

- Unverständnis des Partners
- Verpflichtungen (Familie, Eltern, Kinder, andere Menschen)
- Rollenbilder
- Entmutigung
- Mobbing
- Konflikte
- Erwartungen
- Machtausübung
- soziales Umfeld
- Arbeitgeber
- etc.

ICH SELBST

Genauso schnell wird aber auch deutlich, dass nicht nur andere Menschen mein Aufblühen behindern, sondern auch ich selbst.

Ich werde selbst zum Hindernis durch:

- negative Gedanken/eine negative Einstellung (Jammern, Schimpfen ...)
- Selbstmitleid
- Vergleichen mit anderen
- Neid
- Stolz
- Unzufriedenheit mit eigener Lebenssituation – bis hin zu Bitterkeit
- Angst
- Unsicherheit
- Unversöhnlichkeit (mit mir & anderen)
- Enttäuschung über andere Menschen oder mich selbst
- falsche Erwartungen an Menschen & Gott
- Perfektionismus
- Frustration
- schlechtes Selbstwertgefühl, verbunden mit Selbstablehnung
- Festhalten an Lebenslügen (z. B. ich bin dumm, tauge nichts, schaffe das nie etc.)
- Traurigkeit, Mutlosigkeit
- fehlende Lebensperspektive
- offene Fragen im Hinblick auf Berufung
- Bequemlichkeit, Trägheit
- Überforderung/Unterforderung
- nicht akzeptierte Lebensumstände
- Stress
- falsche Prioritäten
- unverarbeitete Vergangenheit (Prägungen, Muster, Spätfolgen)
- etc.

HÖHERE MACHT

Der Kategorie „Höhere Macht" sind schließlich Ereignisse oder Gegebenheiten zuzuordnen, die unser Blühen behindern, aber bei denen wir uns zugleich völlig hilflos fühlen, da wir (zumindest scheinbar) keinen Einfluss haben auf das, was geschieht, oder darauf, wie wir von unserer Persönlichkeit her gestrickt sind. In diese Kategorie fallen Begriffe wie:

- Schicksalsschlag
- gesundheitliche Probleme (Krankheit, körperliche Einschränkungen etc.)
- finanzielle Probleme
- Arbeitslosigkeit
- schwieriges Lebensumfeld
- Persönlichkeitsmerkmale – z. B. ADS[51], ADHS[52], Asperger[53] etc.
- Introversion
- Hochsensibilität
- Depression/Schwermut
- Erschöpfung
- traumatische Erlebnisse (in der Kindheit oder der Gegenwart)
- Wirtschaftslage
- Naturkatastrophen
- etc.

---

51 Aufmerksamkeits-Defizit-Syndrom.

52 Aufmerksamkeits-Defizit-Syndrom mit Hyperaktivität.

53 Das Asperger-Syndrom ist eine spezielle, eher milde Form des Autismus.

Vielleicht haben Sie sich in einigen meiner Ergänzungen wiedergefunden. Dann dürfen Sie jene gerne zu Ihren anfänglichen Stichworten hinzufügen.

Wenn Sie sich Ihre Begriffe und deren Zuordnung nun noch einmal in Ruhe anschauen – was geht Ihnen dabei durch den Kopf? Fällt Ihnen etwas auf? Welche Kategorie hat Ihrer Meinung nach am meisten Gewicht in Ihrem Leben und Denken?

Ihre Antwort muss sich nicht zwingend in der Anzahl der Begriffe in der jeweiligen Kategorie widerspiegeln, aber dies kann durchaus ein Hinweis sein. Meistens ist nämlich *eine* der drei Spalten länger als die anderen. Dies trifft auch auf die Anzahl der Stichworte zu, die *ich* den einzelnen Kategorien oben zugeordnet habe: Es ist die Spalte „ich selbst"!

Und nachdem ich nun viele Male über dieses Thema referiert habe und mit vielen Menschen im Gespräch war, hat sich das Gewicht jener Spalte immer wieder neu bestätigt.

Als mir dies zum ersten Mal so richtig bewusst wurde, verspürte ich ein leichtes Unbehagen. Wenn ich ehrlich bin, fühlt es sich irgendwie besser an, wenn ich andere Menschen oder schwierige Lebensumstände für mein „Nicht-Blühen", meinen Stillstand, meine Passivität, meine Enttäuschung, meine Verletzung, meine Frustration und vieles mehr verantwortlich machen kann. So war ich zunächst direkt erleichtert darüber, dass es noch die Spalten „andere Menschen" und „höhere Macht" gibt. Doch diese Erleichterung war bloß von kurzer Dauer. Denn mir wurde klar, dass ich einem Irrtum erlag, wenn ich fatalistisch daran festhielt, dass die beiden anderen Spalten außerhalb meines Verantwortungsbereiches lägen.

Es stimmt zwar, dass ich (zumindest bei der Mehrheit der aufgezählten Punkte in den entsprechenden Kategorien) oft keinen Einfluss habe auf das, was geschieht, was andere von mir denken oder über mich reden, aber ich habe sehr wohl Einfluss darauf, wie ich damit umgehe!

Nehmen wir mal ein Beispiel aus der Kategorie „andere Menschen": Angenommen, Ihr Partner *entmutigt* Sie, einen Schritt zu wagen, zu dem Sie sich nach vielen inneren Kämpfen endlich durchgerungen haben. Nämlich, dass Sie in Ihrer Wohnung eine Malecke für sich einrichten möchten, in der Sie Ihre Malleidenschaft, die Sie seit Ihrer Kindheit begleitet, neu aufleben lassen können. Sie träumen sogar davon, dass Sie einige Ihrer Kunstwerke zu einem späteren Zeitpunkt vielleicht irgendwo ausstellen oder möglicherweise verkaufen könnten. Doch Ihr Partner belächelt diese Idee und findet sie unsinnig. Er sieht nicht ein, wieso Sie Geld für Materialien wie eine Staffelei, Pinsel, Farben, Leinwände und so weiter in ein derart aussichtsloses Vorhaben investieren sollten. Sie spüren aber ganz deutlich, dass dieser Schritt viel mehr für Sie bedeuten würde als einfach nur ein bisschen zu malen. Ganz erstaunt haben Sie festgestellt, wie allein der Gedanke an dieses Projekt eine Leidenschaft und Freude in Ihnen wachgerufen hat, wie Sie es schon lange nicht mehr erlebt haben. Als

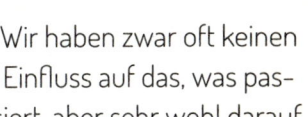

Wir haben zwar oft keinen Einfluss auf das, was passiert, aber sehr wohl darauf, wie wir damit umgehen.

ob Sie einer Melodie Ihres Herzens folgen würden, die Sie während vieler Jahre nicht mehr gehört hatten, die nun aber immer deutlicher und eindringlicher zu Ihnen durchdringt. (Und eben solche Gefühle können Anzeichen für Schritte auf einem Weg hin zu blühendem Leben sein.) Begeistert und hoffnungsvoll haben Sie es gewagt, Ihrem Partner von Ihren Plänen zu erzählen. Doch dann folgt die Ernüchterung: Er findet es überhaupt nicht toll. Er sieht nur, was dagegenspricht: zu wenig Platz in der Wohnung, zu wenig Geld für die benötigten Materialien sowie Bedenken, dass Sie dann nicht mehr genügend Zeit für Ihre Ehe und die Familie erübrigen können, da Sie ja auch noch teilzeitlich arbeiten.

WIE GEHE ICH MIT ENTMUTIGUNG UM?

Fakt ist: Ihr Partner hat Sie entmutigt. Was bedeutet dies nun? An dieser Stelle der Geschichte kommen wir zum entscheidenden Punkt. Bedeutet seine Entmutigung das endgültige Aus für Ihre blühenden Pläne? Denn genau dies wäre die Konsequenz, wenn wir davon ausgehen, dass wir keinerlei Einfluss auf die Spalte „andere Menschen" haben. Doch das stimmt nicht! Was in jener linken Spalte geschieht (Konflikte, Entmutigung, Erwartungen etc.), verschiebt sich zusammen mit einem großen Fragezeichen und Ausrufezeichen zur Mitte – also zu mir –, verbunden mit der entscheidenden Frage: Wie gehe ich persönlich mit dem um, was andere Menschen sagen und tun?

Lasse ich zu, dass die Entmutigung von anderen Menschen all meine Pläne und Träume zum Stillstand bringt? Lasse ich zu, dass mich Konflikte ausbremsen? Lasse ich zu, dass andere Menschen Macht über mich ausüben? Wenn Sie diese letzten Fragen mit „Ja" beantwortet haben, rate ich Ihnen, sich mit der Frage auseinanderzusetzen, ob Sie anderen Menschen nicht zu viel Macht in Ihrem Leben einräumen. Vergessen Sie nicht: Sie sind keine Marionette! Die Leidenschaften und Träume, die Gott in Ihr Leben gelegt hat, sind nicht einfach ein netter Bonus, sondern auch mit einer Verantwortung verbunden. Er wünscht sich, dass genau dieses Extra in Ihrem Leben zum Ausdruck kommt und ihm zur Ehre aufblüht.

Doch wenn Sie sich auf diesen Weg wagen, müssen Sie sich der ernüchternden Realität stellen, dass dies nicht allen Menschen gefallen wird. Es kann sogar sein – und das ist besonders hart für gewisse Charaktere (ich weiß, wovon ich spreche!) –, dass Sie der Tatsache ins Auge blicken müssen, dass Sie andere Menschen enttäuschen werden. Wenn Sie darauf warten wollen, dass Ihre Freunde und Familie Spalier stehen und Ihnen zu Ihrem Mut applaudieren, dann kann ich Ihnen jetzt schon sagen, dass dies höchstens in Ausnahmefällen geschehen wird.

NICHT AUFGEBEN!

Die große Kunst und Herausforderung besteht darin, mutig seiner inneren Stimme zu folgen und trotzdem – so weit möglich – seinem Umfeld gerecht zu werden. Wie bereits erwähnt, geht es bei diesem Thema nicht um Selbstverwirklichung auf Kosten anderer Menschen. Wir alle sind eingebettet in Beziehungen und Lebensumstände. Als ich Ja sagte zu meinem Ehemann, habe ich zugleich eine Verantwortung in meiner Rolle als Ehefrau übernommen. Als Mutter von zwei Kindern habe ich mich für eine verantwortungsvolle Aufgabe entschieden. Diese Aufgabe setzt mir gewisse Grenzen. Trotzdem gibt es innerhalb dessen, was wir als Grenzen empfinden, oft viel mehr Möglichkeiten, als wir wahrhaben wollen! Hier ist aber behutsames Vorgehen gefragt und auch Mut, dass wir nicht einfach aufgeben, wenn andere uns entmutigen.

WAS IST MIT DER „HÖHEREN MACHT"?

Wie aber sieht es mit den Faktoren aus, die in die Kategorie „höhere Macht" fallen? Also Erlebnisse, Traumata, Lebensumstände oder Ähnliches, auf die ich keinen Einfluss habe. Was ist damit? Haben diese Dinge die Macht, blühendes Leben zu verhindern? Wenn ja, wäre das in der Tat eine Tragödie! Doch dem ist nicht so! Es hat mich ziemlich betroffen gemacht, als ich realisierte, dass auch die Inhalte jener rechten Spalte mit einem großen Fragezeichen und Ausrufezeichen in die Mitte – also zu mir – zeigen. Wiederum verbunden mit der Frage: Wie gehe ich mit dem Erlebten um?

Stellen Sie sich vor, dass ein Schicksalsschlag die Macht hätte, blühendes Leben zu verhindern. Das würde zum Beispiel bedeuten, dass eine unheilbare Krankheit sozusagen der Todesstoß für blühendes Leben wäre. Oder dass meine Persönlichkeit, die ich manchmal als so komplex, schwierig und mühsam erlebe, keinerlei blühendes Leben zulassen würde. Das wäre in der Tat fatal.

Schwierige Lebensumstände ermöglichen nur dann kein Aufblühen, wenn wir zulassen, dass sie uns jeglichen Lebensmut rauben.

Doch Gott sei Dank muss es nicht so sein! Dies trifft nämlich nur dann zu, wenn ich zulasse, dass mir das, was geschehen ist oder geschieht, jeglichen Lebensmut raubt und ich den negativen Gedanken in mir Raum gebe, bis Bitterkeit und Wut jeglichen Ansatz zu blühendem Leben im Keim ersticken. Was ich hier mit ein paar wenigen Worten beschreibe, kann ein harter Kampf von Jahren sein und ich will die Schicksale und Kämpfe, die mit dieser Kategorie verbunden sind, in keiner Art und Weise bagatellisieren. Aber blühendes Leben ist trotz schwierigster Lebensumstände möglich.

Ein afrikanisches Märchen erzählt die Geschichte einer kleinen Palme, die am Rande einer Oase wuchs. Eines Tages kam ein Mann vorbei. Er ärgerte sich über die kleine Palme, die so prächtig gedieh, und beschloss, ihr zu schaden. Also nahm er einen schweren Stein und legte ihn auf ihre Palmenkrone. Verzweifelt bemühte sich die kleine Palme, den Stein loszuwerden. Doch es gelang ihr nicht. So blieb ihr nichts anderes übrig, als mit ihren Wurzeln immer tiefer in die Erde vorzudringen, um besseren Halt zu finden und nicht unter der Last zusammenzubrechen. Schließlich reichten ihre Wurzeln bis zum Grundwasser. Als der Mann nach Jahren wiederkam und nach einer verkrüppelten Palme Ausschau hielt, um sie zu verhöhnen, wurde er nicht fündig. Plötzlich neigte sich die größte und kräftigste Palme der Oase zu ihm herunter und sagte: „Danke für den Stein, den du mir damals in die Krone gelegt hast. Deine Last hat mich stark gemacht."

So, wie das Wachstum und Aufblühen in der Natur manchmal hart umkämpft ist und die Pflanzen dazu bringt, ihre Wurzeln noch tiefer ins Erdreich einzugraben, kann es sich auch im menschlichen Leben abspielen. Es hat mich sehr berührt, als ich neulich hörte, wie ein Pastor über die chronische Erkrankung seiner erwachsenen Tochter sprach. Freimütig gab er zu, dass er nicht verstehen könne, wieso sie in dieser Lage sei. Er gestand, dass es mit das Allerschwierigste sei, was er überhaupt je erlebt habe – seine Tochter so leiden zu sehen. Doch wenn er dann ihre Hoffnung auf Jesus sehe, mitten in ihrem Schmerz, dann berühre diese Botschaft sein Herz in einer Art und Weise, für die er kaum Worte finde. So wünsche ich auch Ihnen und mir, dass Gott uns in den Stürmen unseres Lebens beisteht und uns seinen Frieden erfahren lässt.

BEEINDRUCKENDE VORBILDER

Überlegen Sie einen Moment, ob Ihnen jemand einfällt, den Sie bewundern. Wieso bewundern Sie diese Person? Was macht sie so beeindruckend? Sind es nicht oft Menschen, die auf eindrückliche Weise Widerstände im Leben überwunden haben oder die auf beeindruckende Weise mit einem schweren Schicksal leben? Ich würde sogar so weit gehen zu behaupten, dass bei einigen Menschen ein Schicksalsschlag überhaupt erst zum Startpunkt für ihr blühendes Leben wird.

Es gibt Menschen, die in ganz schlimme Lebensumstände hineingeboren wurden, die Missbrauch erlebten oder Demütigung, die sich davon aber nicht unterkriegen ließen. Menschen, die mit körperlichen Grenzen leben – so wie Simea Schwab, von der ich in Kapitel 1 erzählt habe, oder Nick Vujicic, der aufgrund einer seltenen Fehlbildung ohne Arme und Beine geboren wurde und heute rings um den Globus als Evangelist und Motivationsredner die Herzen vieler Menschen berührt. Er ist verheiratet und mittlerweile Vater von zwei Söhnen und zwei Töchtern. Oder Menschen, die in Krisengebieten anderen Menschen von Jesus erzählen, selbst wenn sie dafür verfolgt und gefoltert werden. Und obwohl sie selbst Traumatisches miterlebt haben und immer wieder neu durchleben, strahlen sie einen inneren Frieden aus, überwältigt von dem, was sie mitten in diesem Leid mit Jesus erleben.

Was ist es, was uns an solchen Menschen so berührt? Sie sind wie Blumen in der Wüste. Alle Umstände scheinen gegen blühendes Leben zu sprechen und jeder würde es sogar verstehen, wenn sie nicht blühten! Doch es ist, als ob die Naturgesetze auf den Kopf gestellt würden. Als ob man Augenzeuge von etwas Wundervollem und Übernatürlichem würde. Und genau das ist es auch! Genau dies geschieht, wenn die Kraft des Schöpfers in den Unmöglichkeiten des menschlichen Lebens aufleuchtet!

(M)EINE ENTSCHEIDUNG IST GEFRAGT!

Letztendlich stellt mich die Tabelle mit den gesammelten Begriffen und allen drei Spalten vor eine einzige große Entscheidung: Wie gehe ich gedanklich mit dem Erlebten und den damit verbundenen Gefühlen um? Der Kampf in meinem Kopf ist entscheidend. So steht es auch in der Bibel: *Was ich dir jetzt rate, ist wichtiger als alles andere: Achte auf deine Gedanken, denn sie entscheiden über dein Leben!* (Sprüche 4,23). Ich werde also nicht vom Leben und dem, was geschieht, bestimmt, sondern ich darf das Leben mitbestimmen. Auf meine Gedanken zu achten, bleibt eine Lebensaufgabe. Immer neue Gedanken wollen uns lähmen oder gefangen nehmen. Immer wieder sind Entscheidungen von uns gefordert.

Als ich nach einer Rückenoperation vor rund fünf Jahren von chronischen Schmerzen heimgesucht wurde, stellte mich dies immer wieder neu vor die Entscheidung, wie ich in dieser Situation denke. Es gab einen Moment, als ich mit so starken Schmerzen im Bett lag, dass ich es fast nicht mehr aushielt, und ich spürte, wie Unverständnis und Bitterkeit mein Herz erfüllten. Es kam mir in jenem Moment so vor, als stünde ich vor einer extrem wichtigen Wegkreuzung, und ich spürte, dass die Richtung, in die ich meine Gedanken lenken würde, über die Fortsetzung meiner Geschichte entschied. Ich kam mir vor wie eine Analphabetin, die neu erlernen musste, das Alphabet des Vertrauens zu buchstabieren. Wei-

> Auf unsere Gedanken zu achten, ist eine Lebensaufgabe.

nend sagte ich zu Jesus: „Ich *will* darauf vertrauen, dass du es gut mit mir meinst, auch wenn ich jetzt gar nichts davon fühle und es auch nicht verstehe. Aber ich *will* glauben, dass du zu deinen Versprechen stehst und bei mir bist. Ich *will* glauben, dass du den Überblick über mein Leben hast und verstehst, wieso ich das erlebe." Dieser Entscheidung folgten unzählige weitere. Manchmal nahmen auch andere Gefühle überhand. Das ist menschlich. Die Schmerzsituation hielt an – bis auf den heutigen Tag. Und trotzdem habe ich genau durch dieses Erleben so viel Unglaubliches mit Gott erlebt, dass ich im Grunde genommen nichts davon missen möchte, auch wenn vieles davon hart war.

BESONDERS SCHWIERIGE HINDERNISSE

Ein Blick auf die obige Sammlung von Begriffen zeigt: Es gibt eine Fülle von Dingen, die uns am Blühen hindern möchten. Aus dieser Vielzahl von möglichen Hindernissen greife ich in den folgenden Unterkapiteln drei heraus, die meiner Meinung und Erfahrung nach oft eine Schlüsselrolle spielen: *Angst*, *Negativfixierung* und *Passivität*.

Angst

Ist Ihnen die *Rose von Jericho* ein Begriff? Was wie ein Buch- oder Filmtitel klingt, ist in Wirklichkeit eine geheimnisvolle Wüstenpflanze. Auf den ersten Blick wirkt die unansehnliche Knolle verdorrt und leblos. In Dürrezeiten bleibt die Rose von Jericho mitunter jahrelang geschlossen. Doch sobald sie mit Wasser in Berührung kommt, entfaltet sie sich innerhalb kürzester Zeit zu einer wunderschönen Wüstenrose. Diesen Effekt kann man sogar im eigenen Wohnzimmer miterleben, wenn man eine Rose von Jericho in ein Schälchen mit Wasser setzt. Da man sie beliebig oft zum Leben erwecken kann, wird sie auch Auferstehungspflanze genannt. Die Pflanze wurde zuerst von den Kreuzrittern und später von den Pilgern, die Wallfahrten in das Heilige Land unternahmen, nach Europa gebracht und als heilige Pflanze verehrt. Der Legende nach soll Maria die Rose von Jericho auf ihrer Flucht von Nazareth nach Ägypten gesegnet und ihr ewiges Leben verliehen haben. Doch der Grund, weshalb ich die Rose von Jericho an dieser Stelle erwähne, sind nicht die Legenden, sondern ist vielmehr die Symbolkraft dieser besonderen Pflanze.

Dieses verdorrte und unansehnliche Knäuel ist für mich ein treffendes Bild für einen Menschen, der jegliche Hoffnung verloren hat. Tief in seinem Inneren flüstert die Stimme der Angst: „Vergiss es! Bei deinen Voraussetzungen ist blühendes Leben unmöglich ... Du bist zu verschrumpelt, zu trocken, zu unansehnlich. Ein hoffnungsloser Fall." Genau dies trifft auf die Rose von Jericho zu: verschrumpelt, trocken und unansehnlich. Und *trotzdem* blüht sie immer wieder von Neuem auf! Daraus schöpfe ich Hoffnung: Wenn es sogar dieses tote Knäuel schafft, wieder lebendig zu werden – wie viel mehr dann Sie?! Lassen Sie sich nicht von Ihren Ängsten unterkriegen! Glauben Sie den Lügen nicht, die Ihnen die Angst einreden will.

Glauben Sie den Lügen nicht, die Ihnen die Angst einreden will!

ANGST HAT VIELE GESICHTER

Es gibt ganz unterschiedliche Formen von Angst: So gibt es beispielsweise Prüfungsangst, Flugangst, Versagensangst, Lampenfieber, Angst vor dem Zahnarzt, vor Spinnen, vor Krankheit, Platzangst, Höhenangst, Zukunftsangst, Angst vor Veränderungen, vor Unbekanntem, vor meiner Endlichkeit, dem Sterben und vielem mehr.

Grundsätzlich ist Angst ein normales, durchaus hilfreiches und sogar (über-)lebensnotwendiges Gefühl, das uns auf Gefahren aufmerksam macht. Wie uns zum Beispiel der Schmerz vor Verletzungen oder Verbrennungen warnen soll, so warnt uns die Angst vor bestimmten Gefahrensituationen. Sie mahnt uns zu erhöhter Wachsamkeit, hilft uns, unsere Kräfte zu mobilisieren und Schutzmaßnahmen zu ergreifen. Auch der Körper reagiert auf Angst: Die Muskeln verkrampfen sich, das Herz schlägt schneller und Stresshormone werden ausgeschüttet. Nach überstandener Gefahr klingt die Angstreaktion wieder ab und Entspannung stellt sich ein.

Im Hinblick auf verschiedene Formen der Angst wird zwischen realen und krankhaften Ängsten unterschieden. So soll uns beispielsweise die reale Angst bei zu schnellem Autofahren vor einem Unfall schützen. Krankhaft werden Ängste dann, wenn sie einen Menschen in seinem Alltagsverhalten so sehr einschränken, dass ein normales Leben über längere Zeit nicht mehr möglich ist. Bei einer Angsterkrankung, die die Gefühlswelt dauerhaft belastet, den Alltag beeinträchtigt und die Handlungsfähigkeit lähmt, sollte eine medizinische Abklärung erfolgen und professionelle Hilfe in Anspruch genommen werden.

ANGSTSTÖRUNGEN

Bei einer Angststörung geraten die Angstgefühle außer Kontrolle. Die Betroffenen empfinden entweder unspezifische Angst oder fürchten sich vor einer ganz bestimmten Situation oder einem Objekt. Zu den typischen Merkmalen der erstgenannten – unspezifischen oder generalisierten – Angststörung gehört, dass sie nicht unter bestimmten Bedingungen auftritt, sondern ständig gegenwärtig ist. Betroffene sorgen sich permanent und in gesteigerter Form um Dinge, die möglicherweise in der Zukunft passieren könnten. Im zweiten Fall, dem der spezifischen Angst, spricht man von einer *Phobie* (zum Beispiel Platzangst, Spinnenphobie etc.).

Eine besonders belastende Form von Angst ist die **Panikstö-**

rung, die sich durch wiederkehrende Panikattacken bemerkbar macht, die überfallartig wie aus heiterem Himmel über die Betroffenen hereinbrechen. Panikattacken machen sich durch heftige körperliche Beschwerden wie Atemnot, Herzrasen, Schweißausbrüche und Ohnmachtsgefühle bemerkbar. Die Panik kann sich bis zur Todesangst steigern, klingt jedoch meist binnen einer Stunde wieder vollständig ab. Viele Betroffene leben in ständiger Sorge vor der nächsten Panikattacke. Diese Angst vor der Angst kann den ganzen Alltag einschränken. Ich habe diese Form von Angst im vergangenen Jahr bei einem Familienmitglied hautnah miterlebt und es war eine unerwartete und sehr einschneidende Erfahrung.

Auch Ängste, die mit traumatischen Erlebnissen in Verbindung stehen (zum Beispiel Missbrauch, Verlust, Terror, Krieg, Flucht etc.), stellen eine große Herausforderung für die Betroffenen dar und müssen in der Regel über einen längeren Zeitraum mit professioneller Hilfe aufgearbeitet werden.

ANGST ALS HINDERNIS FÜR BLÜHENDES LEBEN

Es geht an dieser Stelle nicht darum, die unterschiedlichen Formen und Ausprägungen von Angst weiter auszuführen, sondern vielmehr darum, über Angst als Hindernis für blühendes Leben nachzudenken. Dass *krankhafte* Formen der Angst ein Hindernis für blühendes Leben darstellen, erklärt sich von selbst. Falls Ihr Denken und Handeln in einem solchen Maß von Angst bestimmt sein sollte, dass Sie sich im alltäglichen Leben eingeschränkt fühlen, möchte ich Ihnen eindringlich ans Herz legen, sich professionelle Hilfe zu suchen, um ganz gezielt an Ihren Ängsten zu arbeiten! Denn das ist möglich und durchaus vielversprechend. Es kann Ihr Leben von Grund auf verändern.

Ängste haben oft einen viel größeren Einfluss auf uns, als gut für uns ist.

Nun gibt es aber zwischen den realen

und krankhaften Ängsten meiner eigenen Erfahrung nach eine diffuse Grauzone. Selbst wenn Ängste keine krankhafte Form annehmen, haben sie trotzdem oft einen sehr viel größeren Einfluss auf mein Denken, meine Entscheidungen und mein Handeln, als mir lieb und als gut für mich ist. Wie stark man zu Ängsten neigt, ist unter anderem von der Persönlichkeit abhängig. So neigen beispielsweise introvertierte und schüchterne Menschen mit Minderwertigkeitsgefühlen viel eher zu Ängsten als Menschen, die über ein starkes Selbstbewusstsein verfügen.

ANGST IN MEINEM LEBEN

Rückblickend auf mein bisheriges Leben steht zweifellos fest, dass ich zur Gruppe derjenigen gehöre, die schnell zu Ängsten neigen. Aber ich habe mich nicht einfach damit abgefunden, sondern mich schon seit meiner Jugendzeit intensiv damit auseinandergesetzt. Allerdings nur im Verborgenen, da ich kaum gewagt habe, dies jemand anderem gegenüber einzugestehen. Es gibt kaum ein Thema, das in meinen Tagebüchern so oft zur Sprache kommt wie das Thema Angst und meine daraus resultierende Ängstlichkeit. Doch trotz aller Auseinandersetzung mit dem Thema war mir lange Zeit nicht wirklich bewusst, wie tief verwurzelt die Angst in meinem Leben war. Angst ist nämlich nicht immer auf Anhieb als solche zu erkennen, sondern kann sich als anderes Gefühl „tarnen" (z. B. Sorge, Ärger, Traurigkeit, Enttäuschung). Das war auch bei mir zu Beginn so. Ich musste meiner Angst zuerst auf die Schliche kommen.

Angst ist nicht immer auf Anhieb als solche zu erkennen.

    Nachdem ich mich über längere Zeit intensiv mit meiner Persönlichkeit auseinandergesetzt, entsprechende Literatur durchgearbeitet und Persönlichkeitstests gemacht hatte, nahm ich mir eine kleine Auszeit. Diese hatte zum Ziel, mich selbst besser kennenzulernen, um so eine bessere Grundlage dafür zu haben, an meinen Schwächen zu arbeiten und meine Stärken zu entfalten. Mit einer Vielzahl von Büchern im Gepäck startete ich in mein Time-Out. Zunächst trug ich die Kernergebnisse verschiedener Tests zusammen. Anschließend versuchte ich, die Einzelergebnisse zu einem großen Bild zusammenzufügen, indem ich Schlüsselerkenntnisse herausarbeitete. Nach vielen Durchgängen, in denen ich immer tiefer grub, um die eigentlichen Motive und Probleme aufzudecken, blieb am Ende *ein* Wort mit fünf Buchstaben übrig: ANGST. Und dieses Gefühl war auch dafür verantwortlich, dass ich zu jenem Zeitpunkt den Eindruck hatte, in meinem Leben auf der Stelle zu treten.

ANGST VOR ANDEREN MENSCHEN

Wenn ich von Angst spreche, muss ich noch präzisieren, dass es in meinem Leben nie *die* Angst an sich gegeben hat, sondern ganz unterschiedliche Ängste. Ein großes Problem war beispielsweise meine Angst, Entscheidungen zu treffen. Wenn ich dieser Angst allerdings tiefer nachspürte, war es weniger die Angst vor Entscheidungen als solches oder Angst vor Fehlern, die mich blockierte, sondern vielmehr die Angst, was andere Menschen von mir denken könnten, wenn ich dies oder jenes tat oder eben nicht tat. In mir steckte letztlich eine tiefe Angst, andere Menschen zu enttäuschen, und ich hatte auch große Angst vor negativer Kritik. Die Angst vor anderen Menschen erwies sich als zentral in meiner Angstgeschichte. Selbst Zukunftsängste entpuppten sich im Wesentlichen als Angst davor, was andere Menschen von mir denken würden, wenn ich diesen oder jenen Weg ging oder eben nicht ging.

Und dann war da auch noch die Angst davor, mich anderen so zu zeigen, wie ich bin – in meiner Komplexität und Verletzlichkeit. Dahinter verbarg sich die geheime Angst, nicht als die Person geliebt zu sein, die ich im Innersten bin. Im Laufe der Jahre wurde mir immer bewusster, dass die Angst vor anderen Menschen untrennbar mit meiner hohen Sensibilität und meiner Introversion verbunden ist. Spannungen mit anderen Menschen sind für mich nur schwer auszuhalten. Negative Worte verletzen mich zutiefst. Deshalb möchte ich es immer möglichst allen recht machen (was weder möglich noch sinnvoll ist) und niemanden vor den Kopf stoßen. Dies ist bis zu einem bestimmen Punkt vor allem dann möglich, wenn ich meine eigenen Wünsche und Gedanken zurückstelle, mich anpasse und mich darum bemühe, möglichst allen Erwartungen gerecht zu werden. Aber so wird meine Lebensblume, meine Persönlichkeit, früher oder später verkümmern, da ihr die Luft zum Atmen, der Raum zur Entfaltung fehlt. Wenn ich die Entscheidungen in meinem Leben von der Zustimmung anderer Menschen abhängig mache, wird es mir mit hoher Wahrscheinlichkeit nicht gelingen, meinen eigenen Weg zu suchen und zu gehen.

ANGST VOR GOTT

Eine andere Angst, die ich zur Sprache bringen möchte, ist die Angst vor Gott, die mich viele Jahre meines Lebens begleitete. Das mag seltsam klingen für jemanden, der seit seiner Kindheit aus Überzeugung mit Gott unterwegs ist. Doch an dieser Angst wird deutlich, welche entscheidende Rolle auch Prägungen bei der Entstehung von Ängsten spielen. Als junge Erwachsene besuchte ich gemeinsam mit meiner Schwester eine Seelsorgewoche, in der wir uns thematisch mit unserem Gottesbild auseinandersetzten. Diese Tage waren für uns beide von großer Bedeutung und haben vieles aufgedeckt, was uns bis dahin verborgen war. Ich erschrak, als mir bewusst wurde, welches Bild ich von Gott hatte und wie viel Angst dabei mitschwang. Überspitzt formuliert hatte mein Bild von Gott eine

Prägungen spielen bei der Entstehung von Ängsten eine große Rolle.

gewisse Ähnlichkeit mit dem TV-Sendeformat *Big Brother*, das zum Zeitpunkt der Seelsorgewoche um die Jahrtausendwende erste Erfolge in Europa feierte. Jeder Schritt im „Container" meines Lebens, so schien es mir, wurde akribisch von Gott überwacht. Meine Aufgabe war es, möglichst nichts zu tun, das Gottes Unmut erregen könnte. Und irgendwie fürchtete ich auch, dass Gott mich für Dinge bestrafte, die ich nicht richtig machte. So war mein Denken von der großen Angst geprägt, ich könnte Gott enttäuschen. Doch wie um alles in der Welt kam ich zu einem solchen Gottesbild? Gottesbilder entstehen ja nie einfach so. Sie haben alle ihre eigenen Entstehungs- und Prägungsgeschichten. Und genau diesen Geschichten gingen wir in jener Woche auf den Grund. Interessanterweise landeten meine Schwester und ich bei demselben Ausgangspunkt: einem Kinderlied, das wir als kleine Kinder in der Sonntagsschule gelernt hatten.

EIN VERHÄNGNISVOLLES KINDERLIED

Die erste Strophe des bekannten Kinderliedes lautete wie folgt:

> *Pass auf, kleines Auge, was du siehst!*
> *Pass auf, kleines Auge, was du siehst!*
> *Denn der Vater im Himmel*
> *schaut herab auf dich,*
> *drum pass auf, kleines Auge, was du siehst!*

Und analog hierzu folgten – je nach Version – beliebig viele weitere Strophen:

> *Pass auf, kleines Ohr, was du hörst! ...*
> *Pass auf, kleiner Mund, was du sprichst! ...*
> *Pass auf, kleine Stirn, was du denkst! ...*
> *Pass auf, kleine Hand, was du tust! ...*
> *Pass auf, kleiner Fuß, wo du gehst! ...*

Pass auf, kleines Herz, was du glaubst! ...
Pass auf, kleines Ich, werd nicht groß! ...

Ich sang dieses Lied als Kind sehr gerne, merkte aber nicht, wie sich dadurch innere Glaubenssätze bildeten, die ungesund waren. Damit will ich keineswegs sagen, dass dieses Lied bei jedem dasselbe ausgelöst hätte, aber bei meiner Schwester und mir, die wir beide sehr sensibel sind, hat es etwas ausgelöst. Vor allem die Zeile *Denn der Vater im Himmel schaut herab auf dich, drum pass auf ...* hat in mir eine beängstigende Vorstellung geweckt: Gott, der mit erhobenem Zeigefinger jeden meiner Schritte, jede meiner Taten, jeden meiner Gedanken überwacht. Dazu kam die zutiefst beunruhigende Erkenntnis, dass ihm so vieles von dem, was ich tat oder dachte, mit Sicherheit nicht gefallen würde. Obwohl ich ihn doch so gerne zufriedenstellen wollte! Auch wenn ich keine Fehler machen wollte, versagte ich doch immer wieder kläglich. Mit der Zeit wuchs in mir die Überzeugung, dass Gott mich anscheinend nur dann liebt, wenn ich mich an alle Regeln halte und alles richtig mache, was leider nicht gelang.

Die deutsche Version des Liedes *Pass auf, kleines Auge* ist übrigens vom englischen „Traditional" *O be careful little eyes* abgeleitet. Im Original lautet die Beschreibung von Gott allerdings wie folgt:

There's a Father up above (Es gibt einen Vater da oben,)
Looking down in tender love.[54] *(der in zärtlicher Liebe herabschaut.)*

Wie anders klingt der englische Originaltext! *Der Vater im Himmel schaut **in zärtlicher Liebe** herab.* Dieser Aspekt ging in der deutschen Übersetzung, die ich kannte, leider gänzlich verloren.[55] Es war ein jahrelanger Prozess, bis ich mein angsterfülltes Gottesbild

---

54 Es existiert auch der alternative Text: *And He's looking down with love.*

55 In einer anderen deutschen Übersetzung lautet die entsprechende Zeile: *Denn der Vater im Himmel schaut immer auf dich, denn der Vater im Himmel hat dich lieb.*

durch ein angstfreies ersetzen konnte! Und es begann damit, dass ich die Lügen, die mit dem falschen Bild verbunden waren (z. B. „Gott liebt mich nur, wenn ich keine Fehler mache", „Gott straft mich für jeden Fehler", „Ich kann Gott nie genügen" etc.), durch Wahrheiten ersetzte, die mir in Gottes Wort zugesprochen werden: dass Gott mich unendlich liebt. Dass Jesus meine Strafe auf sich genommen hat. Dass mich der Heilige Geist in die Freiheit führen will.

ANGST IN DER BIBEL

Je länger ich in der Bibel nach Aussagen und Geschichten suchte, die im Zusammenhang mit dem Thema Angst standen, umso erstaunter war ich. Es war mir zwar keineswegs neu, dass Angst in der Bibel ein Thema ist, aber nie zuvor hatte ich in dieser Deutlichkeit erkannt, dass Angst in *so vielen* Geschichten und Texten eine derart zentrale Rolle spielt. Immer mehr festigte sich beim Lesen meine Überzeugung, dass Angst ganz natürlich zum Menschsein dazugehört. *In der Welt habt ihr Angst,* wird in Johannes 16,33 (LUT) ganz nüchtern festgestellt. Mit anderen Worten: Es ist normal, es gehört dazu, dass ihr in dieser Welt Angst habt! Es ist kein Zeichen von Schwäche oder von Schande. Selbst mutige Krieger hatten Angst! Tapferkeit und Angst schließen sich nicht aus: ... *dann bekommen alle deine Männer es mit der Angst zu tun, selbst wenn sie tapfer sind wie Löwen* (2. Samuel 17,10a).

Es wird aber auch deutlich, dass es – der jeweiligen Persönlichkeit entsprechend – bereits zu biblischen Zeiten ängstlichere und weniger ängstliche Personen gab. Zu den ängstlichen Zeitgenossen gehörte zum Beispiel **Isaak**. Als er wegen einer Hungersnot zu Abimelech, dem König der Philister, nach Gerar zog, behauptete er auf die Rückfrage von anderen, Rebekka sei seine Schwester. In Wirklichkeit war sie seine Frau. Aber weil sie so schön war, hatte Isaak Angst davor, die Wahrheit zu sagen. Er fürchtete, man würde ihn umbringen, um sie zu bekommen (1. Mose 26,7). Auch sein Sohn **Jakob** war sehr ängstlich. So floh er beispielsweise vor seinem Schwiegervater Laban, weil er Angst davor hatte, Laban würde ihm seine beiden Ehefrauen Rahel und Lea wegnehmen (1. Mose 31,31). Große Angst hatte er auch vor der Begegnung mit seinem Zwillingsbruder Esau, den er viele Jahre zuvor um das Erstgeburtsrecht betrogen hatte. Er fürchtete sich davor, dass Esau sie alle umbringen würde, selbst die Frauen und Kinder (1. Mose 32,12). Aber Gott blieb seinem Versprechen treu, bei Jakob zu sein, ihn zu schützen und zu segnen.

Angst spielt auch eine wichtige Rolle in der Geschichte von **Josef und seinen Brüdern**. Obwohl der damals 17-jährige Josef sie voller Angst um Gnade anflehte, hörten seine Brüder nicht auf ihn (1. Mose 42,21). Sie warfen ihn in eine Zisterne, weil sie ihn zunächst töten wollten. Doch dann verkauften sie ihn für zwanzig Silberstücke an ismaelitische Sklavenhändler. Als sie ihrem Bruder Josef, der in der Zwischenzeit zum zweitmächtigsten Mann von Ägypten aufgestiegen war, viele Jahre später unter völlig anderen Vorzeichen gegenüberstanden, waren sie es, die Angst hatten (1. Mose 50,15). Doch Josef, der allen Grund gehabt hätte, sich an seinen Brüdern zu rächen, rang sich dazu durch, ihnen zu vergeben. Er sagte: »*Habt keine Angst! Ich maße mir doch nicht an, euch an Gottes Stelle zu richten!*« (1. Mose 50,19).

Und so könnte man *eine* Angstgeschichte nach der nächsten erzählen. Als Gott **Mose** im Dornbusch erschien, nachdem dieser 40 Jahre die Schafe gehütet hatte, packte Mose zunächst einmal die Angst, wie wir im Neuen Testament erfahren: *Mose zitterte vor Angst und wagte nicht hinzusehen* (Apostelgeschichte 7,32b; Hfa). Auch das **Volk Israel** wurde in regelmäßigen Abständen von Angst erfasst. Immer wieder musste Mose (und später Josua) dem Volk Mut zusprechen – zum Beispiel in 5. Mose 31,6: »*Seid mutig und stark! Habt keine Angst und lasst euch nicht von ihnen einschüchtern! Denn der HERR, euer Gott, geht mit euch. Er hält immer zu euch und lässt euch nicht im Stich!*«

Auch der Richter **Gideon** kannte Angst (Richter 6,27) und seine Soldaten ebenso (Richter 7,3). Im Kampf gegen die Midianiter ließ Gott Gideon zunächst das Heer verkleinern, damit klar sein würde, dass ein Sieg einzig Gott zu verdanken war. Gideon musste seinem Heer von gestandenen Kriegern zurufen, dass alle, die Angst hatten, umkehren sollten. 22.000 machten kehrt und 10.000 blieben zurück. Ist es nicht erstaunlich, dass 22.000 Krieger offen dazu standen, dass sie Angst hatten?

König **Saul** hatte Angst (z. B. in 1. Samuel 28,5). **Davids** Kampf mit seinen Ängsten kommt auf besondere Weise in den Psalmen zum Ausdruck (z. B. in Psalm 22,12.15 oder Psalm 25,17). Diese zeigen auch, wie er mit ihnen umging, nämlich dass er in all seinen Ängsten die Gegenwart Gottes suchte: *Ich suchte die Nähe des Herrn – und er hat mir geantwortet: Er rettete mich aus aller Angst* (Psalm 34,5). **Elia** hatte Todesangst vor der Königin Isebel, die ihn umbringen wollte (1. Könige 19,1-3). **Hiob** durchlitt nicht nur große Schmerzen, sondern auch schreckliche Angst (Hiob 13,21). Und so könnte ich noch viele weitere biblische Personen und Geschichten anführen. Bei den Ängsten, mit denen diese Menschen zu kämpfen hatten, handelte es sich um Ängste unterschiedlichster Art: Angst vor Feinden, vor sich selbst, vor anderen Menschen, vor der Zukunft, vor unmöglichen Situationen und vielem mehr.

Angst gehört zum Menschsein dazu.

ANGST IM NEUEN TESTAMENT

Dasselbe Bild zeigt sich uns auch im Neuen Testament. Ähnlich wie das Volk Israel im Alten Testament werden auch die **Jünger** von Jesus im Neuen Testament immer wieder von Angst gepackt. So zum Beispiel bei dem gewaltigen Sturm auf dem See Genezareth. Die Jünger waren voller Angst, obwohl Jesus mit ihnen im selben Boot war – allerdings schlafend. Voller Angst weckten die Jünger ihn auf. Jesus sprach zu ihnen: »*Warum habt ihr Angst? Ver-*

traut ihr mir so wenig?« Dann stand er auf und befahl dem Wind und den Wellen, sich zu legen. Sofort hörte der Sturm auf, und es wurde ganz still (Matthäus 8,26; Hfa).

Und, was mich immer wieder neu berührt: Selbst **Jesus** hatte Angst! In Markus 14,32-35 lesen wir: *Jesus und seine Jünger kamen an eine Stelle am Ölberg, die Getsemane heißt. Dort sagte er zu ihnen: »Setzt euch hier und wartet, bis ich gebetet habe!« Petrus, Jakobus und Johannes jedoch nahm er mit. Von Angst und Grauen gepackt, sagte er zu ihnen: »Meine Seele ist zu Tode betrübt. Bleibt hier und wacht!«* Er selbst ging noch ein paar Schritte weiter, warf sich zu Boden und bat Gott, die Leidensstunde, wenn es möglich wäre, an ihm vorübergehen zu lassen. Der Schritt, sein Leben für die Schuld aller Menschen zu opfern, hat Jesus alles gekostet. Doch indem er das Gefühl der Angst bis zum Äußersten durchlitt und bereit war, dem Tod trotz seiner Ängste in die Augen zu schauen, wurde er zum Überwinder. Nicht nur für sich, sondern für die ganze Menschheit. Und so findet der bereits zitierte Halbsatz aus Johannes 16,33 – *in der Welt habt ihr Angst* – eine hoffnungsvolle Fortsetzung: – ***aber seid getrost, ich habe die Welt überwunden.***

Angst ist eine Realität, auch für Nachfolger von Jesus. Es ist also alles in Ordnung mit Ihnen, wenn Sie Angst haben. Doch vergessen Sie in Ihrer Angst nicht, dass es einen gibt, der nicht nur größer ist als jede Angst, sondern auch stärker als alles, was uns in dieser Welt bedrohen will! Denn Jesus sagt nicht: *»Ich habe die Angst überwunden.«* Nein, er sagt: *»Ich habe die **Welt** überwunden.«* Durch seinen Tod am Kreuz hat Jesus alle Mächte und Gefühle, die uns von Gott und einem Leben in seiner Nähe trennen wollen, besiegt. Er ist stärker als alles.

Jesus ist stärker als alles, was uns in dieser Welt bedrohen will.

Wenn Sie nun Ihren Lebensalltag von Ängsten bestimmen lassen, machen Sie das, was Jesus getan hat, unbewusst klein. Wenn ich mich zum Beispiel von der Angst gefangen nehmen lasse, was andere Menschen über mich denken könnten, schenke ich der

Meinung anderer Menschen mehr Bedeutung als dem, was Gott in seinem Wort über mich sagt. Wenn ich meine Gedanken durch Zukunftsängste, Angst vor dem Älterwerden, vor Krankheit und so weiter beherrschen lasse, ist dies in gewisser Weise Ausdruck davon, dass ich daran zweifle, dass Gott mich – egal, was auf mich zukommt – durchtragen und für mich sorgen wird. Wenn ich mich so verhalte, findet Gottes Kraft, mit der er verändernd und heilsam in mein Leben einwirken möchte, aufgrund meines Kleinglaubens keinen Raum zur Entfaltung.

Die Angst scheint in unserem Leben oft übermächtig zu sein. Und Angst kann in der Tat zerstörerisch wirken. Doch eines kann sie nicht: Sie kann uns **NIE** von Jesus und seiner Liebe trennen, wie es in Römer 8,35-39 zu lesen ist!

DER ANGST MIT MUT BEGEGNEN

Die große Frage, die sich bei dem Hindernis Angst stellt, ist: Wie gehe ich denn nun konkret mit meiner Angst um? Wenn ich hier von „Angst" schreibe, meine ich keine krankhaften Formen der Angst, sondern Angst, wie sie uns im Alltag mehr oder weniger ausgeprägt immer wieder einholt und in ihren Bann ziehen will.

Erinnern Sie sich an unsere Tabelle mit den drei Kategorien? Dort hatte ich Angst in die Spalte „ich selbst" einsortiert. Je nachdem, wie wir Angst erleben, könnte man sie jedoch in gewissen Fällen sogar der Kategorie „höhere Macht" zuordnen. Im Sinne eines Gefühls, das plötzlich fast übernatürlich von uns Besitz ergreift und dem wir uns oft hilflos ausgeliefert fühlen. Wie ich ausgeführt habe, landet aber letztlich jede Spalte mit einem großen Frage- und Ausrufezeichen in der Mitte – bei uns selbst –, mit der entscheidenden Frage: Wie gehe ich damit um? Genau dies gilt auch für die Angst. Es spielt keine Rolle, welcher Spalte die Angst zugeordnet wird (sie würde nämlich in jede der drei Spalten passen). Es ist letztlich auch nicht von Bedeutung, ob wir nun etwas mehr oder weniger Angst haben. Entscheidend ist einzig unser

Umgang mit der Angst. Lassen Sie zu, dass Ängste Ihr Denken und Handeln bestimmen? Oder gelingt es Ihnen mit der Hilfe dessen, der nicht nur stärker ist als jede Angst, sondern stärker als jede Bedrohung der Welt, Ihrer Angst mit Mut zu begegnen? Blicken Sie weg von der Angst – hin zu Jesus! Schenken Sie ihm Ihr Vertrauen, dass er Sie in Ihrer Angst trägt, tröstet, Ihnen beisteht und hilft, Ihre Angst zu überwinden.

Ein erster mutiger Schritt im Umgang mit der Angst beginnt damit, dass ich mir meine Angst eingestehe und sie nicht verdränge oder bagatellisiere. Dass ich mich nicht dafür schäme und meine Angst nicht mit meiner Persönlichkeit oder etwas anderem entschuldige. Zum Eingestehen der Angst gehört auch, dass ich darüber spreche. Dies kann mit einem Therapeuten geschehen, mit einem Freund, einer Mentorin, dem Ehepartner oder irgendeiner anderen Vertrauensperson. Wichtig ist auch, dass ich im Gebet mit Gott ganz ehrlich über meine Ängste spreche. Hier können wir viel von David lernen. Seine Ängste in Worte zu fassen (sei es mündlich oder schriftlich), kann sehr befreiend und entlastend wirken.

Wissen Sie, wie man in der Angsttherapie vorgeht – zum Beispiel bei Flugangst? Abgesehen von Gesprächstherapie, geht es letztlich darum, sich der Angst zu stellen, indem ich genau das mache, wovor ich Angst habe. Indem ich mich meiner Angst auf diese Weise stelle, lerne ich sie nach und nach zu überwinden. Wenn ich vor der Angst davonlaufe, wird sie mich früher oder später wieder einholen.

> Unsere Ängste sollten uns nicht davon abhalten, mutige Schritte zu wagen.

Ein mutiger Umgang mit der Angst wirkt sich auch auf unsere Entscheidungen und Handlungen aus. Als ich vor Jahren realisierte, wie prägend das Gefühl der Angst für die Gestaltung meines Alltags und meiner Zukunftsplanung war, habe ich folgende Entscheidung getroffen: Ich will mich nicht von meinen Ängsten daran hindern lassen, mutige Schritte zu wagen. Wenn mich einzig die Angst davon abhalten will, einen bestimmten Schritt zu wagen, von dem ich spüre, dass er Gottes Willen entspricht, dann darf ich ihr nicht nachgeben! An diesem Grundsatz orientiere ich mich bis heute. Es wird eine Lebensaufgabe bleiben. Das Leben ist voller Mutproben, die mich herausfordern. Aber ich möchte sie trotzdem nicht missen. Denn an ihnen wachsen mein Glaube und mein Vertrauen in Gott. Rückblickend auf Erfahrungen der vergangenen Jahre erkenne ich, dass ich durch das Überwinden meiner Ängste mutiger geworden bin.

Ich möchte Sie daher von Herzen ermutigen, dass auch Sie das Thema „Angst" in Ihrem Leben angehen. Lassen Sie sich von der Angst nicht daran hindert, dass Ihr Leben zu Gottes Ehre aufblüht und reiche Frucht bringt!

Negativfixierung

Im Internet bin ich auf eine Geschichte gestoßen, die das nächste Hindernis, das wir gemeinsam unter die Lupe nehmen wollen, auf wunderbare Weise illustriert. Die Geschichte trägt den Titel *Der schwarze Punkt:*

Eines Tages kam ein Professor in seinen Kurs und kündigte einen Überraschungstest an. Er verteilte das Aufgabenblatt, und zwar so, dass die Seite mit den Fragen – wie üblich – nach unten lag. Dann forderte er seine Studenten auf, das Blatt umzudrehen und mit dem Test zu beginnen. Zur Überraschung aller gab es keine Fragen – nur einen schwarzen Punkt in der Mitte der Seite. Der Professor sagte: „Ich möchte Sie bitten zu beschreiben, was Sie dort sehen." Die Studenten waren verwirrt, machten sich aber trotzdem an die Arbeit. Nach Ablauf der Zeit sammelte der Professor alle Antworten ein und las sie nacheinander laut vor. Alle Kursteilnehmer hatten den schwarzen Punkt beschrieben – seine Position in der Mitte des Blattes, seine Lage im Raum, sein Größenverhältnis zum Papier etc.

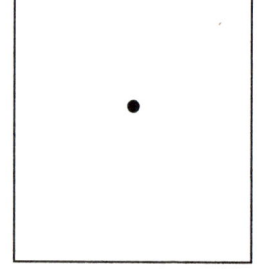

Der Professor lächelte und sagte dann: „Ich wollte Ihnen eine Aufgabe zum Nachdenken geben. Keiner von Ihnen hat etwas über den weißen Teil des Papiers geschrieben. Jeder hat sich ganz auf den schwarzen Punkt konzentriert – und genau dies geschieht auch in unserem Leben. Wir alle haben ein weißes Papier erhalten, um es zu nutzen und zu genießen, aber wir konzentrieren uns immer auf die dunklen Flecken.

Unser Leben ist ein Geschenk, das wir mit Liebe und Sorgfalt hüten sollten. Eigentlich gibt es immer einen Grund zum Feiern – die Natur, die sich jeden Tag erneuert, unsere Freunde, unsere Familie, die Arbeit, die uns unseren Lebensunterhalt sichert, die Wunder, die wir jeden Tag sehen ... Doch wir sind oft nur auf die dunklen Flecken konzentriert – die gesundheitlichen Probleme, den Geldmangel, die herausfordernde Beziehung zu einem Familienmitglied, die Enttäuschung über einen Freund, unsere nicht erfüllten Erwartungen ... Die dunklen Flecken sind sehr klein in Relation zu allem, was wir in unserem Leben haben, aber sie sind diejenigen, die uns am meisten beschäftigen und unseren Geist trüben. Nehmen Sie die schwarzen Punkte in Ihrem Leben wahr, aber richten Sie Ihre Aufmerksamkeit in Zukunft stärker auf das gesamte weiße Papier und damit auf die Möglichkeiten und glücklichen Momente in Ihrem Leben!"[56]

SICHTBARE UND VERBORGENE PUNKTE

Aus eigenem Erleben weiß ich, wie viel Raum ein winzig kleiner schwarzer Punkt in meinem Denken einnehmen kann. Und je mehr Aufmerksamkeit ich dem kleinen schwarzen Punkt schenke, desto größer scheint er zu werden. Als ob er die Fähigkeit hätte zu wachsen!

Dies führt mich zu der Frage: Welche schwarzen Punkte befinden sich auf Ihrem Lebensblatt? Worum kreisen sich Ihre sorgenvollen Gedanken? Woran leiden Sie? Weswegen vergießen

---

56 Die Geschichte findet sich zum Beispiel in ähnlicher Version hier: https://tinyurl.com/ycfjasg3 [13.01.2018].

Sie im Verborgenen Tränen? Zweifellos gibt es größere und kleinere schwarze Punkte. Die Punkte sind insofern außergewöhnlich, weil einige davon für andere sichtbar sind und andere nicht. Wenn Sie zum Beispiel Ihre Arbeitsstelle verlieren und um Ihre Existenz bangen, dann ist dies ein schwarzer Punkt, der auch für andere sichtbar ist (sofern sie Kenntnis davon haben). Ein anderer schwarzer Punkt wird sichtbar für andere, wenn jemand, der Ihnen nahestand, verstorben ist. Oder wenn eine Beziehung zerbricht. Freunde und Bekannte sehen es, nehmen Anteil und leiden mit. Aufrichtiges und behutsames Mittragen und Mitleiden kann mitten im tiefen Schmerz wie ein sanfter Sonnenstrahl auf dunkle Gedanken einwirken.

Andere Punkte bleiben verborgen. Dabei kann es sich um Lebensträume und Vorstellungen handeln, die ganz in der Stille zerstört werden. Niemand nimmt Anteil, niemand bietet seine Hilfe an. Und dies nicht einmal in böser Absicht. Denn das Ganze spielt sich in Ihrem Inneren ab. Sie leiden still vor sich hin und fühlen sich zutiefst einsam und unverstanden. Bei diesem verborgenen Punkt handelt es sich vielleicht um den unerfüllten Wunsch nach einem Partner oder einer Partnerin. Möglicherweise ist es Ihre Kinderlosigkeit. Vielleicht ist es die Tatsache, dass Sie nie Ihren Traumberuf erlernen durften oder dass Sie einmal einen schlimmen Fehler begangen haben. Eventuell ist Ihr verborgener schwarzer Punkt ein Missbrauch, über den Sie innerlich nicht hinwegkommen. Auch Schmerzen sind so ein Thema. Hier spreche ich aus eigener Erfahrung. Schmerzen sind manchmal nur schwer auszuhalten. Wenn jemandes Arm oder Fuß nach einem Unfall eingegipst ist, erhält die verletzte Person in der Regel viel Aufmerksamkeit. Die Verletzung und die damit verbundene Einschränkung und Hilfsbedürftigkeit ist für alle offensichtlich. Ganz anders verhält es sich beispielsweise bei chronischen Schmerzen, die nach außen hin verborgen bleiben. Solche Schmerzen können in die Einsamkeit oder – schlimmer noch – in die Isolation führen.

PUNKTE MIT FOLGEN

Wenn wir uns zu sehr auf die schwarzen Punkte in unserem Leben konzentrieren, bleibt dies nicht ohne Auswirkungen. Es kann sein, dass wir als Folge davon eine tiefe Leere und Traurigkeit in uns spüren. Vielleicht auch Unzufriedenheit oder Neid anderen gegenüber, deren Bild (aus unserer Perspektive) punktefrei zu sein scheint. Auch Bitterkeit kann eine Folge sein. In schweren Fällen kann sich Traurigkeit oder Mutlosigkeit auch in eine Depression wandeln. Welche Gefühle auch immer vorherrschend sind, unter dem Strich steht als letzte Konsequenz die Ablehnung unseres eigenen Lebensbildes. Die schwarzen Punkte wirken störend. Sie gefallen uns nicht. Wir hätten das Bild lieber anders.

Die entscheidende Frage lautet: Gibt es einen Weg, so mit den schwarzen, sowohl den sichtbaren als auch den verborgenen, Punkten in meinem Lebensbild umzugehen, dass ihnen die Macht genommen wird, mein Leben am Aufblühen zu hindern?

Wenn wir Menschen beobachten, erkennen wir ganz unterschiedliche Möglichkeiten, damit umzugehen: Einige drehen sich im Kreis um ihre schwarzen Punkte. Sie sind ihr einziges Gesprächsthema. Eine große Unzufriedenheit ist spürbar. Im Laufe der Zeit kommt es zur Resignation und Verbitterung. Andere versuchen ihre schwarzen Punkte zu verdrängen. Und doch wissen sie, dass sie da sind.

Viele stecken fest im Neid und stehen in einem ewigen Konkurrenzkampf mit anderen. Dies fällt mir besonders bei Frauen auf. So viele Frauen klagen über schwarze Punkte in ihrem Lebensbild: eine fehlende oder belastende Beziehung; schwierige Kinder; Unfrieden und Streit in der Familie; Stress; Geldnöte; mangelnde Unterstützung des Ehemannes; Minderwertigkeitsgefühle, weil sie als Mütter „nur" zu Hause sind und keiner Arbeit nachgehen können; darüber, dass die Familie ihrer

> Wenn wir uns zu sehr auf die schwarzen Punkte in unserem Leben konzentrieren, bleibt das nicht ohne Auswirkung.

Selbstverwirklichung im Weg steht, und vieles mehr. So viele Frauen sind unzufrieden und unglücklich in ihrem Alltag wegen kleineren und größeren, zum Teil aber auch wirklich großen schwarzen Punkten in ihrem Lebensbild.

GÖTTLICHE PERSPEKTIVE

Doch was machen wir denn nun mit den Punkten, die unser Lebensbild entstellen? Eine Möglichkeit ist, dass wir Gott anklagen. Dass wir ihm sagen: Wie konntest du diesen schwarzen Punkt in meinem Leben bloß zulassen? Doch wenn wir in der Bibel lesen, wird deutlich, dass Gott alles mit anderen Augen sieht als wir. Die Bibel ist gewissermaßen eine Sammlung von Geschichten unterschiedlichster Menschen mit verschiedenen Hoffnungen und Träumen. All diesen Menschen ist gemeinsam: Sie haben erlebt, wie Träume platzten. Wie Dinge sich nicht so entwickelten, wie sie es gerne gehabt hätten. Sie haben mit Gott gerungen, hatten unbeantwortete Fragen an Gott, und viele von ihnen zweifelten an Gottes Liebe und Führung. Und wie stellt Gott sich dazu? Immer wieder erinnert er die Betroffenen daran, dass er die Dinge aus einem anderen Blickwinkel betrachtet als wir Menschen:

- *Gott sagt: »Meine Gedanken sind nicht eure Gedanken, und meine Wege sind nicht eure Wege. Denn wie der Himmel die Erde überragt, so sind auch meine Wege viel höher als eure Wege und meine Gedanken als eure Gedanken. (Jesaja 55,8-9)*
- *Denn ich allein weiß, was ich mit euch vorhabe: Ich, der HERR, habe Frieden für euch im Sinn und will euch aus dem Leid befreien. Ich gebe euch wieder Zukunft und Hoffnung. Mein Wort gilt! (Jeremia 29,11)*

JOSEF ALS VORBILD

Eine Person, die mich in diesem Zusammenhang immer wieder neu fasziniert, ist Josef. Seine Geschichte ist in 1. Mose 37-50 nachzulesen. Bei dem, was er alles erlebt hat, wäre eine Fixierung auf das Negative absolut verständlich gewesen. Aber er wählte einen anderen Weg und Umgang mit den schwarzen Punkten in seinem Leben.

Die Geschichte von Josef beginnt mit der Beschreibung eines 17-jährigen Jugendlichen. Er ist der Lieblingssohn des Vaters und wird zum Missfallen seiner Brüder bevorzugt. So erhält Josef eines Tages ein wunderschönes Gewand, um das ihn seine Brüder sehr beneiden. Josef hat auch besondere Träume, in denen sich seine Brüder – (in Gestalt von Garben und später in Gestalt von Sternen) – vor ihm verneigen. Von da an hassen ihn seine Brüder noch mehr. Sie schmieden ein Komplott gegen ihn und verkaufen Josef schließlich als Sklaven nach Ägypten.

In Ägypten wird Josef ein Sklave im Haushalt von Potifar, dem Oberbefehlshaber der Leibwache und Kämmerer des Pharao. Doch Gott hat Josef nicht vergessen und lässt ihm all seine Arbeit gelingen. Josef steigt im Hause Potifars immer höher auf und wird dessen ranghöchster Sklave. Schließlich verliebt sich Potifars Frau in den jungen, erfolgreichen und attraktiven Hebräer. Sie versucht ihn täglich zu verführen, doch Josef bleibt dank seines Glaubens an Gott standhaft: »*Wie könnte ich da ein so großes Unrecht tun und gegen Gott sündigen?*« (1. Mose 39,9)

Aus Rache beschuldigt Potifars zurückgewiesene Frau Josef ungerechterweise der sexuellen Belästigung. Daraufhin lässt ihn Potifar ins Gefängnis werfen.

Aber auch im Gefängnis steht Gott Josef bei und sorgt dafür, dass der Gefängnisverwalter ihm wohlgesinnt ist (1. Mose 39,21). Schon bald überträgt der Verwalter Josef die Aufsicht über die anderen Gefangenen und über alles, was im Gefängnis geschieht. Doch alle Gunst ändert nichts an der Tatsache, dass Josef ein Gefangener ist! Und zwar nicht in einem Luxusgefängnis. In 1. Mose

41,14 wird im hebräischen Urtext ein Wort verwendet, das mit „Loch" oder „Grube" übersetzt werden kann.

Und es geschah nach diesen Dingen, lesen wir in 1. Mose 40,1 (ELB) ... Das Ereignis, von dem in Kapitel 40 berichtet wird, spielt sich elf Jahre nach Josefs Ankunft in Ägypten ab. Elf Jahre sind also vergangen, von denen Josef vermutlich die meiste Zeit unschuldig im Gefängnis verbracht hat! Und obwohl sich jahrelang nichts an seiner Situation ändert, bleibt Josef Gott treu und erfüllt die Aufgaben, die ihm anvertraut werden, gewissenhaft. Dazu gehört auch eine neue Aufgabe, wie wir in 1. Mose 40 erfahren. Es kommen nämlich zwei neue Gefangene hinzu: der oberste Mundschenk und der oberste Bäcker des Pharao. Josef erhält den Auftrag, sich um die beiden neuen Gefangenen zu kümmern. Als die beiden eines Nachts geträumt haben, schenkt Gott Josef die Weisheit, ihre Träume zu deuten. Beide Träume erfüllen sich: Der Mundschenk wird wieder in sein Amt eingesetzt, der Bäcker verliert sein Leben. Bevor der Mundschenk auf seinen alten Posten zurückkehrt, bittet ihn Josef, sich für seine Freilassung einzusetzen. Doch der Mundschenk vergisst ihn. Zwei Jahre lang!

Erst als der Pharao einen Traum hat, den niemand deuten kann, erinnert sich der Mundschenk wieder an Josef. Im Traum des Pharao tauchten zunächst sieben fette und danach sieben magere Kühe auf, die symbolisch für Jahre stehen – wobei die sieben mageren Kühe eine schlimme Hungersnot voraussagen. Jetzt schlägt endlich Josefs Stunde. Er wird an den Hof des Pharao gerufen, wo er den Anwesenden die Bedeutung des Traums erklärt. Darüber hinaus rät er dem Pharao, wie er die bevorstehende Hungerkatastrophe abwenden kann. So wird Josef schließlich zum Kanzler des Pharao ernannt und später sogar zum Vizekönig über Ägypten.

Josef ist zu diesem Zeitpunkt 30 Jahre alt. Er ist inzwischen zum Mann herangereift. Als er als Sklave nach Ägypten kam, war er erst 17 Jahre alt. Was für einen Weg hat er in diesen Jahren zurückgelegt! Dank seiner gehobenen Position kann Josef später in Zeiten der Not für seine Brüder und den alten Vater sorgen. Und was noch wichtiger ist: Er erwirbt für sie einen Ort, wo der Familienstamm in Frieden leben und später zur Nation Israel wachsen kann.

Die Josefgeschichte liest sich fast wie ein Märchen: vom Sklaven zum Vizekönig von Ägypten. Doch was mich an dieser Geschichte besonders bewegt, ist Folgendes: Dass die Geschichte so positiv endet, ist alles andere als naheliegend. Wenn ich mich in die Lage von Josef hineinversetze, dann wird mir bewusst, wie anders sich seine Geschichte hätte entwickeln können! So viele schwarze Punkte hätten sein Lebensbild dominieren können – der Hass seiner Brüder, seine Versklavung, die Verleumdung von Potifars Frau, die vielen Jahre schuldlos im Gefängnis, das gebrochene Versprechen des Mundschenks und anderes.

Dass Josef die Jahre im Gefängnis übersteht, ohne bitter zu werden, ist in meinen Augen ein Wunder. Immer wieder zu Unrecht eingesperrt. Vergessen. Verraten. Doch selbst in der tiefsten Dunkelheit gibt er nicht auf. Er wird in diesen Jahren zu dem Mann geformt, der später das Land (sowie seine Familie) vor der großen Hungersnot der damaligen Zeit rettet. Und sogar seinen Brüdern, die ihn als Sklaven verkauft haben, vergibt. Das bewegt mich tief.

HEILSAME VERHALTENSMUSTER

Wenn schwarze Punkte unser Lebensbild herausfordern, stehen wir also vor der Entscheidung, wie wir damit umgehen. Die Punkte stellen uns gewissermaßen vor eine Wegkreuzung, bei der wir die Wahl zwischen zwei Wegen haben: Der eine Weg ist ein zerstörerischer Weg. Menschlich gesehen vielleicht völlig nachvollziehbar. Ein Weg voller Bitterkeit, Neid, Wut, Unversöhnlichkeit und vielem mehr. Leider wird uns dieser Weg früher oder später innerlich zerstören. Indem wir uns gedanklich voll und ganz auf das Negative fixieren, nehmen die schwarzen Punkte mehr und mehr Raum ein in unserem Denken. Und insbesondere die verborgenen Punkte, also diejenigen Punkte, die uns innerlich zermürben, können eine solche Macht entfalten, dass sie uns gänzlich mutlos machen.

Geschichten wie diejenige von Josef oder das vorbildliche Verhalten von anderen Menschen in schwierigen Situationen machen mir Mut. Denn sie zeigen mir, dass es auch einen heilsamen Weg gibt, mit Nöten umzugehen.

Nachfolgend möchte ich Ihnen sieben heilsame Verhaltensmuster vorstellen. Dabei geht es um die Frage, wie es gelingen kann, die Negativfixierung, die unser Denken vergiftet und uns am Aufblühen hindert, zu überwinden. Die genannten Verhaltensmuster sind keineswegs abschließend, sondern als Impulse und Hilfen für Ihr Leben zu verstehen. Zudem sind die Punkte in ihrer zeitlichen Abfolge nicht starr, sondern können ineinander übergehen oder von der Reihenfolge her sogar variieren.

Schwarze Punkte stellen uns vor eine Wegkreuzung.

Vielleicht spricht Sie einer dieser Punkte auf besondere Weise an. Dann könnte dies möglicherweise ein Hinweis darauf sein, dass Sie sich in besonderer Weise damit auseinandersetzen sollten, um einen heilsamen Umgang mit den schwarzen Punkten in Ihrem Leben zu lernen.

1. DEN SCHMERZ ZULASSEN

Wenn ein schwarzer Punkt oder Fleck in Form eines Schicksalsschlages oder Ähnlichem mit voller Wucht in unserem Leben einschlägt, ist dies zunächst ein Schock. In einer ersten Phase macht dieser Schmerz oft sprachlos. Betroffene verstummen und fallen nicht selten in eine tiefe Hilflosigkeit und Isolation. Andere können nur still mitleiden und es ist wichtig, dass sie diese Sprachlosigkeit mit aushalten und die Stille nicht – wie die Freunde von Hiob – mit Geschwätz füllen, das das Leid der Betroffenen noch verstärkt.

Der erste Schritt zu einem heilsamen Umgang mit einer schmerzlichen Erfahrung ist die Trauerarbeit. Hier ist es wichtig, dass ich meinen Schmerz und mein Leid zulasse. Dass ich eine persönliche Ausdrucksform dafür finde und ihn nicht verdränge – selbst wenn sich dadurch wenig bis nichts an meiner Situation ändert. Trauerarbeit ist gar nicht so leicht in Kulturkreisen, in denen man (im Vergleich mit anderen Kulturen) praktisch keine Trauerkultur kennt. Aber es ist extrem wichtig, dass wir den angestauten Gefühlen in uns Luft verschaffen. So wie wir es auch in den Psalmen sehen.

Bei einem Drittel der Psalmen (also bei 50 von insgesamt 150 Psalmen) handelt es sich um Klagelieder eines Einzelnen. Die Klagepsalmen sind verblüffend ehrlich und ungeschönt. Betroffene wenden sich an Gott und verschaffen ihren Gefühlen Luft. In diesen Zusammenhang gehört auch die Warum-Frage. *Gott, warum lässt du das zu? Warum lässt du mich so leiden? Wo bist du eigentlich? Das ist nicht fair!* Die Warum-Frage hat ihre Berechtigung, weil sie dabei hilft, aus der Erstarrung und der Hoffnungslosigkeit herauszutreten. Insofern hat sie großen therapeutischen Wert.

Zur Klage gehören Empörung, Unverständnis, Weinen, Jammern, Anklage und so weiter. Klage kann auch durch Musik, durch Kunst, durch Sport, durch kreatives Schaffen, durch Texte, durch Handarbeiten und vieles mehr ausgedrückt werden. Ebenfalls dazugehören kann, dass man mit jemandem ganz ehrlich über seine tiefsten Gefühle spricht. Vielleicht sogar mit einer Therapeutin, einem Coach, einer Seelsorgerin … Diese Phase darf nicht abgekürzt oder weggelassen werden. Sie ist enorm wichtig und kann individuell lange andauern.

2. EINE NEUE PERSPEKTIVE FINDEN

Zeiten der Trauerarbeit und der Klage schaffen auf geheimnisvolle Weise Raum dafür, dass eine neue Sicht für Gottes Handeln und ein neues Bewusstsein für Gottes Nähe entstehen kann. Auch dies bringen die verschiedenen Psalmen immer wieder zum Ausdruck – bei Asaf genauso wie bei David und anderen Psalmdichtern. So singt Asaf unvermittelt nach seiner Klage: *Gott, heilig ist alles, was du tust. Wer sonst ist ein so großer Gott wie du?* (Psalm 77,14). Neue Perspektiven entstehen nicht über Nacht. Sie lassen sich nicht erzwingen. Doch indem wir unserem Inneren Luft verschaffen, entsteht Raum für neue Gedanken und eine veränderte Sicht. Wir werden fähig zu erkennen, was in unserem Leben trotzdem noch da ist – an Gutem und Wundervollem.

So enden viele Klagepsalmen mit einem erstaunlich versöhnlichen Schluss. Mit einem Perspektivenwechsel hin zum Positiven. Inmitten von Problemen und Vorwürfen finden die Psalmschreiber zu einer neuen Sicht der Dinge. Sie danken für ihre Freiheit, rufen sich ihre Geschichte bzw. die ihres Volkes ins Gedächtnis und loben Gott für sein Eingreifen in der Vergangenheit. Wie beispielsweise in Psalm 77 durch die Erwähnung des Auszugs aus Ägypten. Die Erinnerung an die Wunder, die Gott damals tat, werden zur Quelle neuer Ermutigung: Es gibt keine ausweglosen Situationen für Gott. Damals so wenig wie bei uns heute.

Erinnern Sie sich an die Geschichte von Maria und dem Gärtner, die ich in Kapitel 1 nacherzählt habe? Marias Verhalten illustriert diesen zweiten Punkt sehr treffend. Innerlich ist Maria noch in Schockstarre. Jesus ist tot! Sie kann es nicht fassen. Und nun ist auch noch sein Leichnam verschwunden! Verzweifelt steht sie vor dem Grab. Weinend schaut sie hinein und sieht zwei Engel. Doch Marias Blick ist in jenem Moment blind für die Boten Gottes. Sie spricht zu den beiden: »*Sie haben meinen Herrn weggenommen, und ich weiß nicht, wo sie ihn hingelegt haben.*« (Johannes 20,13; Hfa) Maria sieht in jenem Moment nur die Lücke, nur den fehlenden Leichnam. Sie ist so darauf fixiert, dass sie die göttliche Gegenwart am Ort des Todes übersieht. Selbst den Auferstandenen hält sie zunächst für einen Gärtner. Erst als Jesus ihren Namen nennt, werden ihre Augen geöffnet und sie erkennt, dass sie Zeugin eines Wunders geworden ist.

Ich wünsche Ihnen, dass die liebevolle Stimme von Jesus in

Zeiten der Not und der Trauer zu Ihnen durchdringt und sich Ihre Augen öffnen für eine neue Sicht der Dinge.

3. GOTT VERTRAUEN

Die Erinnerung an das, was Gott in der Vergangenheit in meinem Leben oder dem Leben von anderen getan hat, ist ein Schritt zu neuem Vertrauen. Bei schwierigen Erfahrungen, die uns in ein Gefühlschaos stürzen und Warum-Fragen in uns aufsteigen lassen, kann unser Vertrauen auf Gott ganz schön ins Wanken geraten. In Psalm 103,2 steht: *Preise den Herrn, meine Seele, und vergiss nicht, was er dir Gutes getan hat.* Dann folgt eine lange und eindrückliche Aufzählung von so viel Gutem, das Gott getan hat.

Wieso wohl fordert auch Gott selbst sein Volk immer wieder mit Nachdruck auf: „Vergesst nicht!", „Erinnert euch daran!" usw. Er tut es, weil wir Menschen so schrecklich vergesslich sind! Gott hat an seinem Volk Israel so viele Wunder getan. Doch kaum gerieten die Israeliten erneut in Schwierigkeiten, war alles wieder vergessen. Ähnlich erging es den Jüngern im Neuen Testament. Und genauso ist es doch auch bei mir! Selbst wenn ich noch so viel mit Gott erlebt habe – sobald mein Leben in den Grundfesten erschüttert wird, ist das viele Gute plötzlich wie ausgeblendet. Interessant ist, wie oft David seine Seele in den Psalmen direkt anspricht und sie ganz bewusst dazu auffordert, auch das Gute zu sehen. Im Bild der schwarzen Punkte gesprochen lautet die Aufforderung wie folgt: Richten Sie Ihren Blick nicht nur auf den schwarzen Punkt in Ihrem Lebensbild! Denn es gibt noch so viel mehr in Ihrem Leben als diesen schwarzen Punkt. Entscheiden Sie sich neu dafür, darauf zu vertrauen, dass Gott es gut meint mit Ihnen, trotz allem! So, wie es Ihnen in seinem Wort versprochen wird.

Gott ist selbst in den Tiefen unseres Lebens vertrauenswürdig. Es gibt viele Fragen, auf die wir keine Antworten haben. Aber wir dürfen darauf vertrauen, dass er unser Leben im Überblick sieht. Er weiß, wie das, was wir jetzt erleben, mit seinen Plänen für unser

Leben zusammenpasst. Wir sind in der Regel zu kurzsichtig dafür. Gott verfolgt gute Pläne und Absichten mit Ihrem Leben, das haben wir in Jeremia 29,11 gelesen. Er lässt

Sie nicht im Stich. Und er kann selbst mitten in dem Dunkel, in dem Sie jetzt stecken, Wunderbares entstehen lassen. So, wie im Dunkel einer Muschel aus einer Verletzung des Muschelfleisches eine Perle entstehen kann.

Gott ist selbst in den Tiefen unseres Lebens vertrauenswürdig.

4. MEIN LEBENSBILD ANNEHMEN

Indem ich meinen Schmerz zulasse, um eine neue Perspektive ringe und mich mit aller Kraft an Gottes Versprechen klammere, taste ich mich an den Punkt heran, wo ich bereit werde, die aktuelle Situation so anzunehmen, wie sie ist. Annahme bedeutet zu akzeptieren, dass die Dinge im Moment sind, wie sie sind. Aber auch, dass ich meine Vorstellungen vom idealen Leben und von mir selbst loslasse. Dass ich Jesus darum bitte, mir zu helfen, mit dieser Situation, die für mich im Moment so unerträglich scheint, zu leben. Annahme bedeutet also, dass ich nicht länger gegen meine Lebensumstände ankämpfe, sondern dass ich loslasse. Im Vertrauen darauf, dass mein Leben, meine offenen Fragen, meine Trauer und mein Schmerz bei Gott gut aufgehoben sind.

Annahme bedeutet, dass ich die schwarzen Punkte als Teil meines momentanen Lebensbildes akzeptiere. Aber dass ich darauf verzichte, mich gedanklich *nur* auf die schwarzen Punkte zu fixieren. Ein Ja zu meinem Lebensbild hilft mir, die Dinge anders zu sehen. Vielleicht wird mir auf einmal bewusst, dass mein Lebensbild ja gar nicht schwarz-weiß ist, sondern dass in Wirklichkeit eine Fülle von Farben und Farbschattierungen mein Lebensbild bereichern. Und dass die schwarzen Punkte mein Bild auf ihre Weise auch einzigartig machen. Sie zerstören mein Bild keineswegs, sie machen es geheimnisvoll und auf verletzliche und berührende Weise kunstvoll. Und indem ich zu meinen schwarzen Punkten stehe, können sie vielleicht sogar zu einer Brücke zu anderen Menschen werden. Indem wir anderen Anteil geben an unseren Lebenskämpfen, unserem Scheitern, unseren Fragen, unserer Traurigkeit und unserem Schmerz, werden wir zu Weggefährten und Leidensgenossen – für Menschen, die Ähnliches erlebt haben oder noch durchleben. Wie sollen andere Menschen dem Gott der Zerbrochenen begegnen, wenn wir unsere eigene Gebrochenheit verschweigen? In der Bibel wird uns nirgendwo ein sorgen-, angst-, schmerz- und tränenfreies Leben versprochen. Aber wir dürfen uns am Versprechen festhalten, dass Jesus immer bei uns ist. Dass er größer ist als unsere Angst. Dass er uns mitten in den Stürmen des Lebens seinen Frieden schenkt.

5. DANKBARKEIT TRAINIEREN

Eine besondere und geheimnisvolle Kraft geht von dem heilsamen Verhaltensmuster *Dankbarkeit trainieren* aus. Schon mehr als einmal habe ich erstaunt zugehört, wie Freunde oder Bekannte davon erzählt haben, welch verändernden Einfluss Dankbarkeit in schwierigen Zeiten auf ihr Denken hatte. Eine Freundin fiel nach dem plötzlichen Unfalltod ihres Ehemannes psychisch (verständlicherweise) in ein tiefes Loch. Mitten in ihrer Verzweiflung entschied sie einige Wochen später, jeden Tag drei Dinge aufzuschreiben, für die sie dankbar sein konnte. Nach etwa drei Wochen stellte sie überrascht fest, wie sehr diese kleine tägliche Übung ihr Denken beeinflusst hatte.

Dankbarkeit ist möglich, selbst in den unmöglichsten Situationen. Paulus schreibt aus dem Gefängnis (!) an die Christen in Ephesus: *Dankt Gott, dem Vater, immer und für alles im Namen von Jesus Christus, unserem Herrn* (Epheser 5,20). Dankbarkeit ist die bewusste Entscheidung, eine schädliche Fixierung auf die schwarzen Punkte zu überwinden und den Blick auf das Schöne und Wunderbare in meinem Leben zu lenken, das trotz all dem

Schwierigen da ist und das goldfarben auf meinem Lebensbild hervorschimmert. Und wenn wir gedanklich nicht dauernd auf die schwarzen Punkte in unserem Leben fixiert sind – auf Probleme mit den Kindern, den leidenden Lebenspartner, finanzielle Sorgen etc. –, hat dies gewaltige Auswirkungen auf unseren Alltag.

6. NEUE DENKMUSTER EINÜBEN

Es ist absolut verständlich, dass jemand, der beispielsweise einen geliebten Menschen verloren hat, lange braucht, bis sein Blick wieder frei dafür wird, auch die guten Seiten des Lebens zu sehen. Wer trauert, hat jedes Recht, die entstandene Lücke zu beklagen! Manchem verschließt die Depression den Blick aufs Leben. Die Dunkelheit trübt seine Gedanken und er braucht ärztliche Hilfe. Doch dann gibt es auch solche, die weder depressiv noch trauernd sind. Im Grunde genommen geht es ihnen (zumindest subjektiv beurteilt) recht gut. Trotzdem sind sie dauernd am Klagen und Jammern. Sie richten ihren Blick einseitig auf den Mangel, auf das, was ihrer Meinung nach fehlt, was misslungen oder nicht ideal ist. Solche negativen Denkmuster können sich im Laufe der Zeit verhärten. Kennen Sie das Gefühl, wenn man mit Menschen zusammen ist, die dauernd negativ reden und über alles und jeden schimpfen? Es ist alles andere als angenehm. Doch was können wir tun, um nicht so zu werden? Wir können lernen, unsere Gedanken umzuprägen! Und dadurch bewusst gegen eine negative Denkweise anzugehen.

Es kann auch sein, dass negative Denkmuster damit zusammenhängen, dass ich an meinen schwierigen Lebensumständen und schwarzen Punkten im Leben mitschuldig geworden bin. Vielleicht hat mein Verhalten dazu geführt, dass meine Ehe zerbrochen ist. Vielleicht habe ich durch eine Fehlentscheidung das Leben eines anderen Menschen zerstört. Vielleicht habe ich meine Kinder vernachlässigt oder lieblos behandelt, was sich leider nicht rückgängig machen lässt. Vielleicht habe ich mich durch Lügen in eine Sackgasse manövriert. In einem solchen Fall ist es ausgesprochen wichtig, dass wir uns in Erinnerung rufen, dass Jesus genau für solches Versagen am Kreuz gestorben ist. Wir dürfen all das, was uns belastet, all die Fehler, die wir begangen haben, sowie unser Versagen zu ihm bringen und ihn um Vergebung bitten. In seiner Liebe rechnet er uns unsere Schuld nicht länger an. Das bedeutet nicht, dass damit alles begangene Unrecht wiedergutgemacht ist. Möglicherweise muss ich mein Leben lang mit den Konsequenzen meines Fehlverhaltens leben. Doch Jesus steht mir zur Seite und schenkt meinem Leben einen neuen Sinn und Inhalt. Zudem will er mir dabei helfen, die zerstörerischen Gedanken über mich selbst zu überwinden. Denn durch seinen Tod am Kreuz hat er meine Ehre wiederhergestellt. Ich darf als geistliches Königskind – als Prinz oder Prinzessin – mit erhobenem Kopf meinen Alltag bestreiten.

> Es ist wichtig zu wissen, dass unsere Emotionen den Entscheidungen im Kopf hinterherhinken.

Auch wenn widrigste Umstände unser Leben negativ beeinflussen, liegt es immer noch an uns, wie wir damit umgehen. Nichts und niemand kann uns zerstören außer wir selbst! Nicht einmal der Teufel, wenn wir ihm im Glauben an Jesus widerstehen (vgl. 1. Petrus 5,7-10).

Jeder neue Tag gibt uns die Möglichkeit, neue Entscheidungen zu treffen. Entscheidungen, die heilsam für uns sind. Mit Entscheidungen treffen meine ich an dieser Stelle vor allem den Entschluss, neue Denkmuster einzuüben. Es sind unsere Gedanken, in denen die entscheidenden Schlachten unseres Lebens stattfinden. Entscheidungen werden im Kopf gefällt und es ist wichtig zu wissen, dass unsere Emotionen und Gefühle den Entscheidungen im Kopf hinterherhinken. Es braucht viel Geduld, bis unsere Emotionen dasselbe sagen wie unser Kopf.

Neue Denkmuster einzuüben bedeutet zum Beispiel, Entscheidungen wie die folgenden zu treffen:

- Stopp dem Vergleichen & dem Neid
- Stopp dem Selbstmitleid
- Stopp der Fixierung auf Negatives
- Stopp dem Nachtrauern von Vergangenem
- Stopp dem Misstrauen gegenüber Jesus
- Stopp den Zukunftsängsten
- Stopp ...

7. DAS LEBEN GESTALTEN

Wenn wir unsere Lebensumstände akzeptieren, wird unser Blick wieder offen für die Gestaltungsmöglichkeiten unseres Lebens. Führen Sie sich gedanklich noch einmal Ihr Lebensbild vor Augen. Ein unverwechselbares Meisterwerk ... mit kunstvoll eingearbeiteten schwarzen Punkten, aber auch vielen anderen Farben. Hier und da etwas Goldstaub für Dinge, für die Sie besonders dankbar sind. Doch bleiben Sie nicht bei diesem Status quo stehen! Wagen Sie es, in die Zukunft zu träumen! Was wünschen Sie sich für Ihr zukünftiges Lebensbild? Wovon träumen Sie? Wie könnte es in Ihren kühnsten Träumen in zwei, fünf oder zehn Jahren aussehen? Auch wenn Sie Schwieriges durchlitten haben oder momentan durchleiden und die Folgen des Erlebten Sie weiter begleiten werden: Das Leben geht weiter. In Jesus Christus haben Sie eine sichere Hoffnung (vgl. 1. Petrus 1,3-9). Sie haben einen Auftrag in dieser Welt zu erfüllen. Fassen Sie neuen Mut, wagen Sie konkrete Schritte und hören Sie auf das Flüstern Ihres Herzens. Jesus sehnt sich danach, dass die Schönheit Ihres Lebensbildes (alle schwarzen Punkte miteingeschlossen!) für andere sichtbar wird – zu Gottes Ehre und anderen zum Segen.

Passivität

Ein weiteres weitverbreitetes Hindernis auf dem Weg zu blühendem Leben ist die Passivität.

Doro Zachmann bringt die Problematik dieses Hindernisses in einem ihrer Texte wie folgt auf den Punkt:

> *So oft sind wir Wartende:*
> *Auf den Zug, auf den richtigen Partner,*
> *auf die nächste Gehaltserhöhung ...*
> *Wenn erst dies und jenes erreicht oder eingetreten ist,*
> *dann, ja dann geht es uns erst richtig gut,*
> *erst dann geht es so richtig los, erst dann*
> *können wir wirklich glücklich sein, denken wir oft.*
>
> *Und verpassen damit unser Leben, das währenddessen*
> *schon längst an unsere Herzenstür klopft.*
> *Heute, an diesem Tag. Jetzt, in diesem Moment.*
> *Hier, an diesem Ort.*
>
> *Gestalte dein Leben, sieh dein Glück,*
> *mach das Beste aus dem, was du bereits hast*
> *und was dir anvertraut ist.*
> *Warte nicht länger, lebe los!* [57]

VERHÄNGNISVOLLES WARTEN

Es ist keineswegs meine Absicht, das Warten als solches abzuwerten. Denn manch einem würde es überaus guttun, vor einer übereilten Tat oder Entscheidung etwas länger zuzuwarten. Dieser Abschnitt handelt auch nicht von Situationen, in denen uns

---

[57] Zachmann, Doro 2018. *Ein Päckchen voller Dank.* Wesel: Kawohl Verlag.

das Warten gewissermaßen aufgezwungen wird (zum Beispiel bei einer Zwangspause gesundheitlicher Art). Vielmehr geht es um mein eigenverantwortliches Handeln im Umgang mit dem Warten. Oder anders gesagt um das, was mir innerhalb der Grenzen, die meinem Lebensgarten gesetzt sind, an Möglichkeiten anvertraut ist. Möglichkeiten, die ich aktiv nutzen oder aber ungenutzt verstreichen lassen kann.

Aus eigener Erfahrung weiß ich um die verhängnisvolle Macht der Passivität. So viele Argumente scheinen immer wieder *für* das Warten im Sinne eines Hinauszögerns zu sprechen und damit *gegen* verantwortliches Handeln im Hier und Jetzt: „Im Moment fehlt mir die Zeit dazu", „Ich muss abwarten, bis sich meine finanzielle Lage verbessert hat", „Ich warte so lange, bis mir Gott unmissverständlich zeigt, dass diese Entscheidung richtig ist" und so weiter. Warten kann ganz unterschiedliche Ursachen haben: Angst, Unsicherheit, Bitterkeit, Neid, vielleicht aber auch Bequemlichkeit oder anderes.

Wir können die Möglichkeiten, die uns unser Lebensgarten bietet, aktiv nutzen oder ungenutzt verstreichen lassen.

Die Life-Coaches und Blogger Marc und Angel Chernoff formulieren ihren Tipp für den Umgang mit diesem Hindernis wie folgt: „Wann immer das Gras auf der anderen Seite grüner aussieht, hör auf zu starren, hör auf zu vergleichen, hör auf zu jammern und beginne das Gras zu bewässern, auf dem du stehst."[58] Werden Sie aktiv! Tun Sie etwas! Hören Sie auf zu warten – auf Freitag, auf den Sommer, auf die Liebe des Lebens. Verwarten Sie Ihr Leben nicht in der trügerischen Hoffnung, dass die Lebensumstände eines Tages ideal sein werden. Denn „eines Tages" könnte sich plötzlich ernüchternd als „keines Tages" entpuppen. Die gute Nachricht lautet: Auch wenn die Lebensumstän-

---

58 Im Original: „Whenever the grass looks greener on the other side, stop staring, stop comparing, stop complaining, and start watering the grass you're standing on" (vgl. https://tinyurl.com/zwj8a2k [13.01.2018]).

de nicht ideal erscheinen – Blühen ist trotzdem möglich! Genau dies lehrt uns auch die Natur.

BLÜHENDES LEBEN IN DER NATUR

Ich bin immer wieder verblüfft über die Tatsache, dass sich in der Natur zu jeder Jahres- und Tageszeit blühendes Leben findet. Dass Pflanzen bei mildem Frühlingswetter zu neuem Leben erwachen, scheint nachvollziehbar. Aber dass es Blumen gibt, die selbst bei klirrender Winterkälte aufblühen, ist schier unglaublich. Nichts scheint die Kraft des Blühens aufhalten zu können.

Doch auch hier gilt: jede Pflanze auf ihre Weise! Während einige Pflanzen (insbesondere in anderen Breitengraden) ganzjährig blühen, ist die Blüte der meisten Pflanzen hier in Europa einer bestimmen Jahreszeit zugeordnet. Die übrige Zeit ist der gesamte Lebenszyklus der Pflanze – vom Samen bis zur Samenbildung – auf ein erneutes Aufblühen und Reifen zu dem ihr bestimmten Zeitpunkt angelegt. Bei einigen Pflanzen überleben einzig die Samen den Winter. Und in diesen winzigen Samen ist faszinierenderweise alles enthalten, was eine Pflanze für ihr erneutes Wachstum und ihre Entfaltung benötigt.

Wollten die kleinen Samen in der Erde auf den perfekten Zeitpunkt warten, an dem die kleinen Pflänzchen sicher und unbeschadet den Erdboden durchdringen und wohlbehütet aufwachsen könnten, dann würden vermutlich keine Pflänzchen wachsen. Kälte, Eis, Sturm, Hitze, Trockenheit, Überschwemmungen, Schnee, Wind, Hagel … So viele Wetterbedingungen stellen eine Bedrohung für die zarten Pflänzchen dar. Und in der Tat birgt das Keimen ein gewisses Risiko. Hier in der Schweiz erleben wir momentan einen weiteren Winter, in dem es eigentlich zu warm ist für die Jahreszeit. Dies führt dazu, dass einige Pflanzen zu früh Knospen treiben. Zu früh deshalb, weil die fragilen Keime oder Blüten erfrieren, wenn dann nochmals ein Kälteeinbruch kommt. Bei Bäumen kann dies zur Folge haben, dass es aufgrund der erfrorenen Blüten im Herbst keine Ernte gibt. Ein schmerzhafter Verlust. Doch Gott sei Dank bedeutet dies (zumindest meistens) nicht das Ende für den Baum. Es folgt ein neues Jahr und damit eine neue Chance aufzublühen und Früchte zu tragen.

Die Natur zeigt uns: Blühen ist möglich – unter guten wie unter widrigen Umständen. Vielleicht berührt mich die Christrose gerade deshalb so sehr, weil sie mit ihren Blüten der frostigen Winterkälte und sogar dem Schnee trotzt. Letzteres hat ihr auch den Namen „Schneerose" eingebracht. Sie symbolisiert die Hoffnung auf hellere Tage und einen Neuanfang. Die Christrose wartet nicht auf den warmen Frühlingsanfang. Ihre Blütezeit ist im Winter.

Erstaunlicherweise gibt es sogar Pflanzen, die dank genügend *Dunkelheit* schöner blühen. Dies trifft zum Beispiel auf den Weihnachtskaktus zu, der bloß insofern etwas mit Weihnachten zu tun hat, als er üblicherweise zu dieser Zeit im Jahr blüht. Die meist leuchtend rosa oder roten Blüten des Weihnachtskaktus entwickeln sich nur unter bestimmten Umständen, nämlich an sogenannten Kurztagen, wie sie hierzulande im Winter gegeben sind. Die Pflanzen brauchen zur Blütenbildung täglich mehr als acht Stunden Dunkelheit. Auch eine leichte Absenkung der Temperatur fördert den Blütenansatz. Das Resultat von genügend Dunkelheit – verbunden mit Phasen des Lichts – sind farbenfrohe Blüten, mit denen der Weihnachtskaktus leuchtende Farbe in die oft graue Winterzeit bringt.

Dies zeigt: Es muss nicht zwingend ideal sein, was ich mir als ideal vorstelle. Ich kann mir zum Beispiel schwerlich vorstellen, dass ausgerechnet die Kälte oder die Dunkelheit das Wachstum und Aufblühen von gewissen Pflanzen fördert. Und doch trifft genau dies auf einige Pflanzen zu. Und so kann es auch im menschlichen Leben sein. Vielleicht entpuppen sich auch hier stürmische Lebensumstände im Nachhinein als förderlich für die Entwicklung des Lebens, weil genau diese die Wurzel unserer Lebenspflanze stärker gemacht haben. Herausfordernde Lebensumstände sollten also auch im menschlichen Leben keine Entschuldigung dafür sein, auf bessere Zeiten zu warten.

„HANDELT, BIS ICH WIEDERKOMME!"

Besonders unter Christen ist nicht selten die Aussage zu hören: Falls ich einen bestimmten Weg gehen oder etwas Bestimmtes tun soll, muss mir Gott dies erst noch ganz genau bestätigen. Am liebsten hätten wir eine persönliche Nachricht, einen handgeschriebenen Brief vom Himmel. Ich kenne dieses Gefühl. Genau dies hätte ich mir gewünscht, als es mir zu einem bestimmten Zeitpunkt in meinem Leben so vorkam, als wären alle Türen verschlossen und als gäbe es absolut keine Zukunftsperspektive für mich. „Wieso tut Gott nichts?", habe ich mich gefragt und meine Enttäuschung wuchs täglich.

Als ich mich innerlich einmal genau in einer solchen Stimmung der Unzufriedenheit befand, weil Gott mir – meiner Wahrnehmung nach – einfach nicht zeigte, was er von mir wollte, stand mir plötzlich eine Geschichte aus der Bibel vor Augen. Und zwar das Gleichnis, in dem ein Mann aus vornehmer Familie in ein fernes Land reiste, um dort zum König über sein eigenes Land ernannt zu werden und dann zurückzukehren. Vor seiner Abreise rief er zehn seiner Diener zu sich und gab jedem eine bestimmte Menge Geld (wörtlich „eine Mine": Damit ist nicht ein Geldstück, sondern eine abgewogene Geldmenge gemeint, die etwa einem Gewicht von 600 Gramm entspricht). Danach sagte er zu ihnen: *Handelt damit, bis ich wiederkomme!* (Lukas 19,13b; LUT). Diese Aufforderung hat mich in jenem Moment zutiefst getroffen. Da die Bibel ein Buch ist, durch das Gott auch in der Gegenwart zu uns spricht, kann es geschehen, dass wir in manchen Momenten genau spüren, dass ein bestimmtes Wort uns ganz persönlich gilt! So erging es mir auch in jenem Moment. Die Erkenntnis, dass es an *mir* war zu handeln, stellte mein Denken auf den Kopf. Und zwar in einem Moment, in dem ich von meiner Passivität wie gelähmt war und Gott vorwarf, dass er nichts tat in meinem Leben.

Die Erkenntnis, dass es an mir war zu handeln, stellte mein Denken auf den Kopf.

Mir wurde in jenem Moment neu bewusst, dass Gott auch mir Dinge anvertraut hat: Beziehungen, Aufgaben, Leidenschaften, Begabungen. Und dass es in *meiner* Verantwortung liegt, das, was mir anvertraut ist, aktiv einzusetzen und weiterzuentwickeln. Dasselbe trifft auch auf Sie zu! Wie die Diener in der Geschichte sind auch Sie aufgefordert zu handeln und Ihr Kapital nicht nur zu schützen, sondern zu vermehren. Sie sind dazu aufgerufen, Ihr Potenzial genau jetzt zu entfalten, inmitten der Lebensumstände, in denen Sie sich befinden.

ES BEGINNT MIT IHNEN!

Es ist ein Prinzip, das uns in der Bibel immer wieder begegnet: Gott stellt Menschen vor eine Herausforderung und erwartet von ihnen den ersten Schritt. Gott zwingt niemanden zur Horizonterweiterung oder zu einem neuen Weg oder einer neuen Erfahrung. Aber er steht erwartungsvoll daneben und hofft, dass sich Menschen darauf einlassen und mutig einen Schritt wagen, der sie zu neuen Ufern führt und der ihren Glauben und ihr Vertrauen stärkt. Manchmal scheint es, als ob Gott das Vertrauen der Menschen zuerst testen möchte, ehe er handelt.

Ich denke zum Beispiel an den Durchzug des Volkes Israel durch das Rote Meer. Gott hat den Weg durch das Meer nicht einfach ohne menschliches Zutun gebahnt, sondern zu Mose gesagt: *»Warum schreist du zu mir um Hilfe? Sag den Israeliten lieber, dass sie aufbrechen sollen! Heb deinen Stab hoch und streck ihn aus über das Meer! Es wird sich teilen, und ihr könnt trockenen Fußes mitten hindurchziehen«* (2. Mose 14,15-16). Die Israeliten sollten also aufbrechen, ehe auch nur irgendwelche Anzeichen von einem Weg durch das Meer zu sehen waren. Und bevor Gott das Wasser teilte, musste Mose seinen Stab hochheben und zum Meer hin ausstrecken. Erst danach teilte Gott das Meer!

Ähnliches geschah beim Durchzug des Volkes Israel durch den Jordan unter der Leitung von Josua. Auch hier stoppte Gott das

Wasser im Jordan nicht, ohne dass zunächst ein menschlicher Gehorsamsschritt erfolgte. Josua erhielt von Gott folgenden Auftrag: *»Befiehl den Priestern, mit der Bundeslade anzuhalten, sobald ihre Füße das Wasser des Jordan berühren«* (Josua 3,8). Und genau so geschah es: *Der Jordan war wie jedes Jahr zur Erntezeit über die Ufer getreten. Als nun die Träger der Bundeslade das Wasser berührten, staute es sich. Es stand wie ein Wall sehr weit flussaufwärts (…). Das Wasser unterhalb des Walles lief zum Toten Meer hin ab. So konnte das Volk durch das Flussbett gehen. Vor ihnen lag die Stadt Jericho. Die Priester mit der Bundeslade des HERRN standen auf festem Grund mitten im Jordan, und die Israeliten zogen trockenen Fußes an ihnen vorüber ans andere Ufer«* (Josua 3,15-17).

Ein weiteres Beispiel finden wir in 1. Könige 20,13-14. In dieser Geschichte geht es um König Ahab und seine bevorstehende Schlacht gegen die Syrer: *Unterdessen war ein Prophet zu König Ahab von Israel gekommen und richtete ihm eine Botschaft vom HERRN aus:* *»Siehst du, wie mächtig das Heer der Feinde ist? Und doch gebe ich sie heute in deine Gewalt. Daran sollst du erkennen, dass ich der HERR bin.« »Wer soll denn kämpfen?«, fragte Ahab. »Die Truppe deiner Bezirksverwalter«, bekam er zur Antwort. »Und wer soll den Kampf eröff-*

> Wenn wir sehen wollen, was Gott in unserem Leben tun will, müssen wir den ersten Schritt wagen!

nen?« »Du!«, antwortete der Prophet. Wenn Sie sehen wollen, was Gott in Ihrem Leben tun will, dann müssen Sie den ersten Schritt wagen! Gott wird es zu Ende bringen, aber erst möchte er sehen, dass Sie ihm vorbehaltlos vertrauen.

So wie bei Petrus, um noch ein Beispiel aus dem Neuen Testament zu nennen. Jesus holte Petrus nicht aus dem Boot. Vielmehr sagte er zu Petrus: *»Komm her!«* (Matthäus 14,29). Daraufhin stieg Petrus aus dem Boot und ging Jesus auf dem Wasser entgegen. Und für einen kostbaren Moment, der sein bisheriges Denken auf den Kopf stellte, erlebte er, dass ihn das Wasser trug – ein Wunder! Beim Erzählen dieser Geschichte wird die Betonung nicht selten auf das fehlende Vertrauen von Petrus gelegt, weil er plötzlich realisierte, wie stark der Sturm war, und er daraufhin zu sinken begann. Doch Petrus hatte etwas erlebt, was keiner der Jünger, die im Boot zurückgeblieben waren, erlebt hatte. Diese Erfahrung hat ihn nachhaltig geprägt und sein Vertrauen in Jesus gestärkt.

Mutter Teresa, eine Nonne, die bis zu ihrem Tod 1997 in den Slums von Kalkutta gewirkt hat, antwortete auf die Frage „Was kann ich nur tun, um zu helfen?" immer: „Fang einfach an. Fang zu Hause an, indem du deiner Familie etwas Gutes sagst. Fang an, indem du in deiner Gemeinde, an deinem Arbeitsplatz oder in der Schule jemandem hilfst, der in Not ist. Fang an, indem du aus allem was du tust, etwas Schönes für Gott machst."[59] Oder wie einst Theodor Roosevelt sagte: „Tu, was du kannst, mit dem, was du hast!" Es muss nichts Großes oder Wichtiges sein – auch kleine Schritte tragen zur Veränderung der Welt bei.

Lassen Sie nicht zu, dass die Passivität Ihr Aufblühen verhindert! Wagen Sie Schritte ins Ungewisse und gestalten Sie mutig Ihr Leben. So, wie es in den folgenden Worten von Ulrich Schaffer zum Ausdruck kommt:

Ich wage Schritte in den Nebel.
Ich will nicht stillstehen,
nur weil ich Angst
vor dem Ungewissen habe.
Die größere Gefahr ist es,
zu warten, bis alles klar ist,
um nur ja keinen Fehler zu machen,
und dann vor lauter Warten
nichts mehr zu riskieren
und im Stillstand nicht mehr zu wachsen.

---

59 Meyer-Liedholz, Dorothea; Metzenthin, Christian u. a. 2011. *Wir glauben in Vielfalt: Arbeitshilfe mit Begleit-DVD für das kirchliche Angebot im 5.-7. Schuljahr (JuKi)*. Zürich: TVZ. S. 446.

*Ich will mein Leben
nicht verwarten.*[60]

Gottes Vision für Ihr Leben ist nicht Rückschritt oder Stillstand,
sondern ein mutiges Eintreten in das, was Gott mit Ihrem Leben
vorhat. Steigen Sie ein in dieses göttliche Geschehen! Es beginnt
mit Ihnen!

---

60 Schaffer, Ulrich 1987. *Ich wage ... Etwas einsetzen, um Leben zu gewinnen.*
München: Groh, S. 12.

Mein Lebensgarten 3

In diesem Kapitel haben wir uns mit der Frage auseinandergesetzt: Was hindert mein Blühen? Folgende Fragen sollen Ihnen dabei helfen, die drei Hindernisse, die in diesem Kapitel genauer vorgestellt wurden, konkret anzugehen mit dem Ziel, sie immer wieder neu zu überwinden und ihnen damit zunehmend die Macht zu nehmen:

Hindernis 1: Angst

- Welche Ängste belasten Ihren Alltag?
- Welche Rolle spielen Ängste in Ihrem Leben?
- Wie reagieren Sie auf Ängste?
- Wie sieht Ihr Gottesbild aus? Ist es von Angst geprägt? Falls ja, was könnten Sie tun, um Ihr Gottesbild zu revidieren?
- Inwiefern könnte sich eine Situation zum Positiven verändern, wenn Sie die Ängste in einem bestimmten Lebensbereich »entmachten« würden?
- Rufen Sie sich immer wieder in Erinnerung, dass Jesus stärker ist als jede Angst! Manchmal hilft es auch, sich auf die Kraft von Jesus zu berufen und laut Mut zuzusprechen: „Jesus, in deiner Kraft mache ich mich jetzt auf den Weg, um dieses oder jenes zu tun. Du siehst meine Angst. Aber ich will auf dich schauen und dir vertrauen, dass du mir helfen wirst!"

Hindernis 2: Negativfixierung

Vorschlag für eine praktische Vertiefung:

- Nehmen Sie ein weißes Blatt Papier. Malen Sie für diejenigen Dinge, die Ihr Herz und Leben beschweren, einen schwarzen Punkt. Je nach Stärke des Schmerzes einen größeren oder kleineren Punkt.
- Unterscheiden Sie zwischen sichtbaren Punkten (schmerzhafte Dinge, die auch für andere Menschen sichtbar sind) und unsichtbaren Punkte (schmerzhafte Dinge, die für andere Menschen unsichtbar sind), indem Sie die sichtbaren Punkte schwarz ausmalen und die unsichtbaren Punkte leer lassen. So, dass bei Letzteren nur die Umrisse zu sehen sind.
- Überlegen Sie, welche Rolle die schwarzen Punkte in Ihrem Lebensbild spielen. Machen Sie sich bewusst, dass Ihr Lebensbild längst nicht einfach nur schwarz-weiß ist, sondern aus einer Vielfalt von Farben und Mustern besteht. Ergänzen Sie Ihr Lebensbild jetzt mit Farben und Mustern. So, dass die schwarzen Punkte ins Bild integriert werden. Es soll auch sichtbar werden, welche Rolle die Punkte in Ihrem Lebensbild spielen – ob eher eine unscheinbare oder aber eine sehr dominante. Vielleicht ist es auch nur ein einziger Punkt, der das ganze Bild stark prägt.
- Nehmen Sie nun einen goldfarbenen Buntstift oder goldenes Streuglitzer zur Hand und dekorieren Sie Ihr Lebensbild mit Goldpunkten oder Goldflecken für Dinge, für die Sie dankbar sind. Vielleicht überschneiden sich einige Goldsplitter sogar mit schwarzen Punkten? Nicht, weil Sie dankbar sind für das Schmerzvolle, sondern weil Sie in schwierigen Zeiten Gottes Hilfe auf ganz besondere Weise erleben durften ...
- Welche Farbe überwiegt auf Ihrem Lebensbild? Überlegen Sie sich abschließend, welche Veränderung Sie sich im Hinblick auf Ihr Lebensbild für die kommenden Monate wünschen. Wünschen Sie sich mehr Farbe? Wünschen Sie sich, dass ei-

nige schwarze Punkte weniger dominant sind auf Ihrem Lebensbild? Oder aber dass mehr Goldpunkte hinzukommen? Ich selbst wünsche mir, dass mein Lebensbild im Laufe der Jahre immer goldener wird.

Hindernis 3: Passivität

- Wo stecken Sie in Ihrem Leben in einer Warteposition fest, weil Sie wünschten, dass die Lebensumstände anders wären?
- Im Hinblick auf welche Fragen oder welche Themen in Ihrem Leben wünschten Sie sich einen Brief von Gott, in dem er Ihnen genaue Anweisungen gibt, wie Sie vorgehen sollen?
- Ist Ihnen bewusst, dass Ihnen mit Gottes Wort bereits ein solcher „Brief" hinterlassen wurde? Versuchen Sie in den kommenden Wochen so in der Bibel zu lesen, als ob es sich dabei um einen persönlichen Brief von Gott an Sie handeln würde!
- Was würde sich in Ihrem Leben ändern, wenn Sie die Anweisung von Jesus, im Hier und Jetzt zu handeln, in die Tat umsetzen würden?
- Wenn Sie in der nächsten Woche oder im nächsten Monat einen mutigen Schritt wagen sollten – wobei könnte es sich hierbei handeln? Ich mache Ihnen Mut, Ihre Gedanken in die Tat umzusetzen!

Ich will den Blick zur Sonne heben
und dankbar aus der Gnade leben

In Gottes Liebe Wurzeln schlagen
getrost in allen Lebenslagen

Meine Blüten sanft entfalten
Gottes Wirken stille halten

Nicht nur an mich selber denken
mir Geschenktes weiterschenken

Tapfer jedem Kummer trotzen
trotzdem vor Vertrauen strotzen

In Seinem Frieden Heimat finden
mich mit Ewigkeit verbinden

Denn das gibt meinem Leben Sinn
dort aufzublühen, wo ich bin

Debora Sommer (15.02.2018)

. . . .

4. WAS FÖRDERT MEIN BLÜHEN?

....

„Auf die größten, tiefsten, zartesten Dinge in der Welt
müssen wir warten, da geht's nicht im Sturm,
sondern nach den göttlichen Gesetzen
des Keimens und Wachsens und Werdens."[61]
DIETRICH BONHOEFFER

Wenden wir unser Augenmerk nun auf das, was unser Blühen fördert. Sie finden in diesem Kapitel Ermutigung und Unterstützung
für Ihren ganz individuellen Weg des Aufblühens. Möge sich Ihre
Knospe zu einer wundervollen Blüte entfalten! Es ist noch nicht
zu spät dafür! Allzu oft lassen wir uns durch Ängste und Sorgen
gefangen nehmen, reden uns ein, dass der richtige Zeitpunkt noch
nicht gekommen sei oder wir unsere Chance gar verpasst hätten.
Doch das spiegelt nicht die Realität wider. Aufblühen erfordert
Mut, ja, aber es lohnt sich! Das bringt die folgende Geschichte

---

61 Bonhoeffer, Dietrich. *Barcelona, Berlin, Amerika 1928–1931*, DBW Band
10, Seite 529.

von Kristiane Allert-Wybranietz auf wundervolle Weise zum Ausdruck.

VON DER SEHNSUCHT ZU BLÜHEN

Sie stand in einem Garten, wie es viele Gärten gibt: inmitten von gelben, roten und blauen Blumen – ach, es waren alle Farben vorhanden. Doch sie meinte, eine besondere Blume zu sein. Schon im Frühjahr beschloss sie, auf keinen Fall zu früh zu erblühen. Sie könnte ja einem Spätfrost zum Opfer fallen. Schließlich war ihr Blumenleben begrenzt, da wollte sie nichts riskieren und ja nicht zu früh ihren Knospenmantel verlassen.

Als im Frühling die ersten Blumen zaghaft zu blühen begannen, dachte sie: »Wie leichtsinnig meine Mitblumen ihre Blüte riskieren!« – Und sie fühlte sich bestätigt, als einige davon wirklich einmal einen Nachtfrost nicht überstanden. Traurig sahen sie aus, die Opfer, mit ihren verknüllten Blütenblättern auf dem gesenkten Stängel.

Im Mai und Juni erblühte dennoch eine Blume nach der anderen in voller Pracht. Die Nelken verströmten ihren Duft und die Pfingstrosen leuchteten um die Wette. Nur diese eine Blume stand noch immer trotzig in ihrer Knospe und weigerte sich, ihre Blütenblätter zu öffnen: »Sollen doch die anderen schon blühen«, sagte sie sich. Schlimmes hatte sie schon darüber gehört, was einer Blume so alles zustoßen kann, wenn sie erst einmal blüht. Waren es im Frühjahr die Nachtfröste, vielleicht auch noch etwas Schnee, so konnte der Regen im Sommer die Blätter abschlagen. Und wie würde sie dann wirken, so ohne Blütenblätter? Vorbei wäre es mit dem ganzen Blütenzauber.

Und erst die Vorstellung, jemand könnte sie pflücken, weil sie so schön blüht! Nein, in einer Vase wollte sie auch nicht landen. Niemand pflückt Knospen, dachte sie und kam sich sehr klug und vernünftig vor. Sie wollte sich erst ganz sicher fühlen, um sich dann mit all ihrer Kraft zu entfalten.

Allerdings bewunderte sie heimlich die Pracht ihrer Freundinnen: wie die ihre Blätter in der Sonne räkelten, mit ihrem Duft betörten, ihre Farben ausbreiteten! Diese lebendige Vielfalt war ihr, die noch immer ängst-

lich in ihrer Knospe hockte, manchmal ein wenig ungeheuer, bedrohlich — vielleicht, weil sie es insgeheim erstrebenswert und herrlich fand? Tief in ihrem Blumenherzen fühlte sie, dass sie gerne mitblühen wollte.

An manchen Tagen wurde sie dann unsicher: Ob sie überhaupt mit all dieser Blütenpracht mithalten konnte? Was würden die anderen denken, wenn sie weniger schön wäre und nicht so gut duften würde? Vielleicht würde sie als Blüte gar versagen?

Immer, wenn solche Fragen ihr Unruhe bereiteten, fiel ihr ein, dass sie auf jeden Fall in ihrer Knospenhülle sicher war, dass all diese Ängste sie nicht berühren würden, solange sie einfach in ihrer Knospe bliebe. Außerdem gab die Knospe ihr Halt und Wärme in den manchmal doch recht kühlen und windigen Sommernächten. Aber die Blume fühlte auch Einsamkeit und Enge, die sie oft bedrängten. Und sie spürte, dass sie ausgeschlossen war von dem prallen Leben und Blühen auf ihrem Beet.

Nach und nach wurde sie immer ratloser. Auf der einen Seite wollte sie die Sicherheit ihrer Knospe nicht aufgeben, auf der anderen Seite wollte sie nicht so recht in ihr bleiben. Was nun?

»Wer weiß«, dachte sie, »wie die anderen Blumen reagieren, wenn sie mich blühen sehen. Immerhin kennen sie mich nur als Knospe. Wenn ich jetzt mein Innerstes nach außen kehre, würden manche möglicherweise lachen.« Und ausgelacht werden wollte sie auf keinen Fall!

Da fielen ihr auch wieder alle Bedrohungen ein, die draußen auf sie lauern konnten. War nicht gerade erst der stolze Rittersporn vom Nachtwind umgeweht worden? Und die Margeriten: Fast das ganze Beet hatte dieses Mädchen gestern gepflückt, einfach abgerissen. Nein, danke! Das sollte ihr nicht passieren.

Trotzdem – irgendwo drängte es sie, auch mitblühen zu können, die Sonnenstrahlen mit ihren Blütenblättern aufzufangen und den kühlen Regen zu genießen, sich einfach in die wunderbare Farbenvielfalt einzufügen.

Überhaupt: Wie mochten ihre Blütenblätter wohl aussehen? Sie fürchtete sich, vielleicht hässlich zu sein – war aber auch neugierig auf sich selbst. Wenn wirklich mal ein Blatt abfallen sollte, schien das so schlimm nun auch wieder nicht zu sein; die anderen hörten ja deswegen nicht gleich mit dem Blühen auf, wirkten keineswegs hässlich dadurch.

Schließlich wurde es Ende August. Immer schwerer wurde ihr die Entscheidung. Angst, Neugier, Sicherheit und Lebenslust kämpften in ihrer Blumenseele, ohne dass eine Seite die Oberhand gewann. Konnte die Blume jetzt noch ein solches Risiko eingehen? Immerhin war sie mittlerweile eine alte Knospe. Vielleicht sollte sie einfach doch noch etwas warten, bis sie ganz sicher war. Sicher? In mancher Sommernacht gestand sie sich ein, dass sie in ihrer Sicherheit immer unsicherer wurde. Sie war immer nur Knospe gewesen, hatte keinerlei Erfahrung im Blühen. Und doch – in ihr wuchs immer mächtiger eine Ahnung, wie schön das Blühen sein musste. Wie gut stand den Malven ihr Rosa zu Gesicht. Wie fröhlich wippten die Wicken im Wind! Wie beeindruckend erhoben sich über allen die sattgelben Sonnenblumen.

Und so wurde sie eine immer traurigere Knospe. Von Tag zu Tag fühlte sie deutlicher, wie sich in all ihrer Sicherheit Stillstand und Leere zeigten. Sie war zwar eine sichere Knospe – im Herzen aber eine Blume, die sich nicht zu entfalten wagte.

Im September wurden die Sonnenstrahlen milder und das Blumenbeet langsam leerer. Da wusste die Blume plötzlich, dass sie sich jetzt entscheiden musste. Mit dem September nahte auch schon der Herbst. Womöglich könnte sie dann erfrieren, obwohl sie sich beinahe schon erfroren fühlte hinter ihren Knospenmauern.

Und dann, an einem besonders schönen Septembermorgen, arbeitete sie sich doch noch aus ihrer inzwischen harten Schale hervor. Sie wurde eine fantastische Blüte und erntete viel Bewunderung. Am meisten aber freute sie sich, dass sie endlich den Mut zum Blühen gefunden hatte. Sie ließ ihre Farben weithin leuchten, spielte mit Wind und Sonne, war einfach glücklich. Sie wusste jetzt, dass Blühen nichts mit Können zu tun hat, sondern mit Sein.

Es ist nicht überliefert, was aus ihr geworden ist. Vermutlich wird sie nur kurz geblüht haben, da sie sich so lange nicht entscheiden konnte. Aber sie war noch zu einer herrlichen Blume aufgeblüht, damals im September.[62]

---

62 Allert-Wybranietz, Kristiane. Jeder ist eine Blüte. Erstmals erschienen in: Körner, Heinz (Hg.) 1983. Die Farben der Wirklichkeit. Ein Märchenbuch. Fellbach: Lucy Körner Verlag.

Selbstreflexion

Nehmen Sie sich einen Moment Zeit zur Selbstreflexion, indem Sie über folgende Frage nachdenken: Was fördert mein Aufblühen, also die Entfaltung dessen, was Gott in mein Leben gelegt hat?

Wenn Sie lieber nicht von Ihrer eigenen Situation ausgehen wollen, können Sie sich auch eine Person aus Ihrem Bekannten- oder Freundeskreis vor Augen halten, deren Leben Ihrer Beobachtung nach aufgeblüht ist, und danach fragen, was diesen Prozess begünstigt hat. Auch hier kann es sich wiederum um so unterschiedliche Faktoren wie Erlebnisse, Menschen, Gefühle, Gedanken etc. handeln.

Nutzen Sie das folgende Textfeld oder ein separates Blatt dafür, Ihre Gedanken und Erkenntnisse festzuhalten.

Was fördert mein Blühen?

BEGRIFFE ZUORDNEN

Versuchen Sie Ihre Begriffe nun in die folgenden Kategorien einzuordnen:

andere Menschen	ich selbst	höhere Macht

Vergleichen Sie diese Aufstellung mit der Aufstellung in Kapitel 3 und stellen Sie sich die Frage: Hat sich etwas verändert? Falls ja, was? Welche Spalte spielt im Hinblick auf das Aufblühen die wichtigste Rolle?

Förderliche Faktoren

Beim Zusammentragen von förderlichen Faktoren lausche ich immer wieder gebannt den originellen und inspirierenden Antworten aus der Runde meiner Zuhörerinnen. Die erwähnten Stichworte und Gedanken lassen sich – wie die hinderlichen Faktoren – jeweils in die bereits eingeführten Kategorien einordnen: 1. andere Menschen, 2. ich selbst, 3. eine höhere Macht. Nachfolgend eine Auswahl aus der bunten Palette von Antworten, geordnet nach Kategorien:

ANDERE MENSCHEN

So, wie wir das Verhalten von anderen Menschen manchmal als hinderlich erleben, können andere auch maßgeblich zum Aufblühen unseres Lebens beitragen.

Andere Menschen fördern mein Aufblühen durch:

- Gemeinschaft
- Ermutigung
- Förderung
- Therapie, Coaching, Seelsorge, Begleitung
- Unterstützung durch eine Freundin/den Partner
- Freundschaften
- Wertschätzung
- Menschen, die an mich glauben
- Freude an Enkelkindern
- etc.

ICH SELBST

Wie bereits im letzten Kapitel zum Ausdruck gekommen ist, können auch wir selbst einiges zum Aufblühen unseres Lebens beitragen. Hilfreiche Faktoren sind hier:

- Annahme/Akzeptanz meiner Lebensumstände
- positive Gedanken
- Mut
- Freude
- Ausdauer/Beharrlichkeit

- Hoffnung
- Entlarven von Lebenslügen
- innerer Frieden
- Selbsterkenntnis
- gesundes Selbstbewusstsein
- kleine Schritte wagen
- Dankbarkeit
- genügend Zeit
- Zufriedenheit
- Gebet
- Vergebung
- Geduld mit mir und anderen
- gesunder Lebensstil
- etc.

HÖHERE MACHT

In dieser Kategorie geht es schließlich darum, wie Gott selbst heilsam auf unser Leben einwirkt. Unsere Lebensblume blüht auf durch:

- die Liebe Gottes, die mich trägt
- die Fürsorge meines himmlischen Vaters
- Gottes Ja zu mir
- Ermutigung durch Gottes Wort
- göttliche Annahme und Vergebung
- spürbares Wirken Gottes in meinem Leben
- etc.

WICHTIGE VERSCHIEBUNG

Die Reflexion darüber, welche der eben genannten Kategorien menschliches Aufblühen am allermeisten fördert, ist bei Weitem nicht so eindeutig wie bei der Frage nach hinderlichen Faktoren (wo die Kategorie „ich selbst" ganz offensichtlich hervorstach).

Selbstverständlich spiele *ich selbst* auch beim Aufblühen eine sehr wichtige Rolle, keine Frage! Doch diesmal gibt es eine Verschiebung, die von großer Bedeutung ist: Im Vergleich zur Auswertung der hinderlichen Faktoren spielen neben unserer eigenen Einstellung und Haltung im Hinblick auf das Aufblühen auch äußere Faktoren (Einflüsse einer „höheren Macht") und andere Menschen eine Schlüsselrolle.

In Kapitel 2 (im Unterkapitel *Blühen – zu seiner Zeit*) habe ich bereits auf die Tatsache hingewiesen, dass eine Blume nie aus eigener Kraft blühen kann. Sie ist auf eine Atmosphäre angewiesen,

Im Hinblick auf unser Aufblühen spielen auch äußere Faktoren eine Schlüsselrolle.

die das Blühen überhaupt erst ermöglicht. Sie braucht *Licht, Sauerstoff, Wasser und Erde*. Gottes unfassbar großes Geschenk an uns Menschen ist, dass Jesus (als „höhere Macht") genau diese grundlegenden Bedürfnisse in unserem menschlichen Leben stillen will: Er selbst will unser Licht sein, er schenkt uns Luft zum Atmen und ist das lebendige Wasser. In seiner Liebe dürfen wir tiefe Wurzeln schlagen. Gott spricht den Menschen Worte des Lebens zu, der Liebe, der Wertschätzung und Annahme. In einer solchen Atmosphäre kann sich die menschliche Lebensblume öffnen und blühendes Leben entstehen.

Doch nicht nur Gottes Worte sind zentral für die Entwicklung eines menschlichen Lebens, sondern auch Worte, die Menschen aussprechen und die das Leben von anderen entweder aufbauen oder zerstören.

ZERSTÖRERISCHE WORTE

Als Nachteule schätze ich nächtliche Arbeitsstunden im Büro. Dann ist alles so wunderbar ruhig. Keinerlei Unterbrechungen, die mich dauernd aus meiner Gedankenwelt reißen. Wenn ich an etwas arbeite, das meine Aufmerksamkeit nicht voll und ganz in Beschlag nimmt, kommt es gelegentlich vor, dass ich das Radio einschalte. Meistens entscheide ich mich für Musik, hin und wieder höre ich aber auch den Nachtclub auf Radio SRF 1, in dem unter der Woche jeweils von 22:00 bis 01:00 Uhr mit den Zuhörern über ein bestimmtes Thema disktutiert wird. Die meisten Themen interessieren mich offen gestanden nicht sonderlich. Doch gelegentlich ist etwas dabei, das meine Aufmerksamkeit erregt oder mich berührt. Dies trifft auch auf eine Sendung zu, die viele Monate zurückliegt. In jener Sendung ging es um Worte und ihre Wirkung. Und zwar um Worte oder Aussagen aus der Kindheit, die uns bis heute prägen. Als ich so mit einem halben Ohr zuhörte, erregte eine Anruferin plötzlich meine volle Aufmerksamkeit: Eine über 60 Jahre alte Dame erzählte, wie sie in der Unterstufe wiederholt von ihrem Lehrer vor der ganzen Klasse bloßgestellt worden war. Er habe ihr damals gesagt, dass sie nichts tauge und eine Versagerin sei. Mit tränenerstickter Stimme sagte sie, dass seine Worte sie bis heute verfolgten und sie bis heute mit dem Gefühl lebe, dass sie nichts tauge und eine Versagerin sei.

Das hat mich mitten ins Herz getroffen. Ist es nicht schrecklich, welche Konsequenzen die Worte des Lehrers im Leben dieser Frau hatten? Aus eigener Erfahrung weiß ich, wie einschneidend Worte einer Lehrperson in der Kindheit sein können. Das Beispiel dieser nächtlichen Anruferin illustriert eindrücklich, wie machtvoll Worte sind: Mit Worten kann man im Leben eines Menschen irreparablen Schaden anrichten. Worte von Eltern, Lehrern oder anderen Autoritäten sind Schlüsselerlebnisse in der Entwicklung eines Kindes.

So warnt auch die Bibel vor der Macht der Worte. Dies kommt vor allem im dritten Kapitel des Jakobusbriefs in überraschender Deutlichkeit zum Ausdruck:

Die Zunge ist nur ein kleines Organ unseres Körpers und kann sich doch damit rühmen, große Dinge zu vollbringen. Wie ist es denn beim Feuer? Ein Funke genügt, um einen ganzen Wald in Brand zu setzen! *Auch die Zunge ist ein Feuer; sie ist – mehr als alle anderen Teile des Körpers – ein Mikrokosmos unserer unheilvollen Welt. Unser ganzes Wesen wird von ihr vergiftet; sie setzt die gesamte menschliche Existenz in Brand mit einem Feuer, das die Hölle selbst in ihr entzündet. Es gelingt dem Menschen zwar, die unterschiedlichsten Tiere zu zähmen – Raubtiere und Vögel, Reptilien und Fische. Sie alle hat der Mensch gebändigt; doch die Zunge kann kein Mensch bändigen. Sie ist ein ständiger Unruheherd, eine Unheilstifterin, erfüllt von tödlichem Gift. Mit ihr preisen wir den, der unser Herr und Vater ist, und mit ihr verfluchen wir Menschen, die als Ebenbild Gottes geschaffen sind. Aus ein und demselben Mund kommen Segen und Fluch. Das, meine Geschwister, darf nicht sein! Oder lässt etwa eine Quelle aus ein und derselben Öffnung genießbares und ungenießbares Wasser hervorsprudeln?* (Jakobus 3,5-11)

HEILSAME WORTE

Gott sei Dank ist auch das Gegenteil wahr. Und dies ist im Zusammenhang mit förderlichen Faktoren für blühendes Leben von höchster Bedeutung! Zum Guten eingesetzt sind Worte nämlich auch ein Geschenk. Oder wie es in einem meiner Lieblingsverse in der Bibel formuliert wird: *Ein Wort, geredet zu rechter Zeit, ist wie goldene Äpfel auf silbernen Schalen* (Sprüche 25,11; LUT).

Worte können ermutigen, aufbauen, trösten und zum Leben freisetzen. Sie weisen Richtung, verändern zum Guten und bewahren vielleicht sogar vor Irrwegen. So gebraucht, sind sie ein Segen. Im Neuen Testament wird für „segnen" übrigens das griechische Verb *eulogein* verwendet. Wörtlich bedeutet dieser Ausdruck „Gutes (von oder zu einem Menschen) reden". Dies geschieht beim Segen immer im Aufblick zu Gott. So, wie Gott gute Worte über mein Leben ausspricht,

Worte sind ein Geschenk.

spreche ich in seinem Auftrag und in seiner Autorität gute Worte über dem Leben von anderen Menschen aus.

Was wir anderen Menschen sagen, kann für sie von größter Bedeutung sein. Vielleicht verändert es sogar ihr Leben. Eine Geschichte, die dies auf ergreifende Weise zum Ausdruck bringt, ist die Geschichte des großen amerikanischen Erfinders Thomas Alva Edison und seiner Mutter:

Eines Tages kam Thomas Edison von der Schule nach Hause und gab seiner Mutter einen Brief. Er sagte ihr: „Mein Lehrer hat mir diesen Brief gegeben und sagte mir, ich solle ihn nur meiner Mutter zu lesen geben."

Die Mutter hatte die Augen voller Tränen, als sie dem Kind laut vorlas: „Ihr Sohn ist ein Genie. Diese Schule ist zu klein für ihn und hat keine Lehrer, die gut genug sind, ihn zu unterrichten. Bitte unterrichten Sie ihn selbst."

Viele Jahre nach dem Tod der Mutter, Edison war inzwischen einer der größten Erfinder des Jahrhunderts, durchsuchte er eines Tages alte Familiensachen. Plötzlich stieß er in einer Schreibtischschublade auf ein zusammengefaltetes Blatt Papier. Er nahm es und öffnete es. Auf dem Blatt stand geschrieben: „Ihr Sohn ist geistig behindert. Wir wollen ihn nicht mehr in unserer Schule haben."

Edison weinte stundenlang und dann schrieb er in sein Tagebuch: „Thomas Alva Edison war ein geistig behindertes Kind. Durch eine heldenhafte Mutter wurde er zum größten Genie des Jahrhunderts."[63]

Diese Geschichte berührt mich immer wieder aufs Neue.

Was für eine Mutter! Sie hatte die Geistesgegenwart zu realisieren, welche Folgen die geschriebenen Worte für ihr Kind haben könnten, und ersetzte sie durch Worte, die ihren Sohn dazu ermu-

---

63 Aus dem Englischen übersetzt von Bhajan Noam, veröffentlicht in *Epoch Times* am 11. Februar 2016, aktualisiert am 5. August 2017: https://tinyurl.com/yas78uqa [15.01.2018].

tigten, sein volles Potenzial zu entfalten. Der Brief der Schule hängt vermutlich auch mit der Tatsache zusammen, dass Edison bereits in seiner Kindheit Hörprobleme hatte und sein Leben lang schwerhörig war. Doch die Mutter kannte ihr Kind besser, ahnte, was in dem kleinen Genie schlummerte, und setzte ihn frei zum Leben.

Die Liste von Edisons Erfindungen ist lang und beeindruckend. Seine wohl bekannteste Erfindung war die Glühlampe (Kohlefadenlampe) im Jahr 1879. Als Thomas Alva Edison im Jahr 1931 starb, schalteten die Amerikaner abends um 22.00 Uhr für ein paar Minuten das Licht aus.

An dieser wahren Begebenheit wird deutlich, wie groß der Einfluss von Worten ist – und damit auch *unsere* Verantwortung! Was lösen wir mit unseren Worten aus? Lassen sie andere aufblühen oder rauben sie ihnen den Lebensmut? Was sagen Sie zu Ihren Kindern, Ihrem Ehepartner, Ihren Eltern, Ihren Arbeitskollegen oder Nachbarn, zum Beispiel auch dann, wenn Sie angespannt sind? Gerade dann, wenn wir mit unseren Nerven am Ende sind, stehen wir in der Gefahr, Dinge zu sagen, die andere verletzen. So geschieht es leider immer wieder, dass wir anderen mit unseren Worten wehtun. Was bleibt, ist die Möglichkeit, sich aufrichtig zu entschuldigen und Betroffene um Verzeihung zu bitten. Dies ist gerade bei den eigenen Kindern von höchster Wichtigkeit.

Ein Lebensstil, der andere Menschen wertschätzend wahrnimmt und dies auch in Worten zum Ausdruck bringt, kann große Veränderungen bewirken.

Es bleibt eine große Herausforderung, daran zu arbeiten, dass unsere Worte mehr und mehr zu einer Ermutigung für andere werden. Ein Lebensstil, der andere Menschen wertschätzend wahrnimmt und dies auch in Worten zum Ausdruck bringt, kann große Veränderungen bewirken – für diejenigen, die unsere Wertschätzung erhalten, aber auch für uns selbst. So, wie es auch in dem positiv abgewandelten Spruch zum Ausdruck kommt: **Wer anderen eine Blume sät, blüht selber auf!**

AUFBLÜHEN MÖGLICH MACHEN

Da Worte so großen Einfluss haben, gilt es vielleicht auch in unserem eigenen Leben einige Anpassungen vorzunehmen, damit Raum für blühendes Leben entsteht. Dies kann zum Beispiel bedeuten, dass wir uns von Menschen distanzieren, die uns mit ihren Worten andauernd verletzen, herabsetzen oder entmutigen. Und dass wir uns stattdessen bewusst mit Menschen umgeben, die uns mit ihren Worten aufbauen, ermutigen und aufblühen lassen.

Doch was können Sie tun, wenn sich die Menschen, die Sie beleidigen oder herabwürdigen, in Ihrem direkten Umfeld befinden? Wenn Sie ihren Worten täglich ausgesetzt sind und Ihnen deren Verhalten und Kränkungen alle Energie und Lebensfreude rauben wollen? Hier spielt es eine große Rolle, in welchem Verhältnis Sie zu den entsprechenden Menschen stehen. Wenn es sich zum Beispiel um Arbeitskollegen oder Nachbarn handelt, kann es in extremen Fällen (z. B. wenn alle Gespräche und Versuche, die Situation zu klären, über längere Zeit erfolglos waren oder die Demütigungen zunehmend Ihre Gesundheit beeinträchtigen) vielleicht sogar zur Entscheidung führen, dass Sie sich der Konfliktsituation entziehen, indem Sie sich einen neuen Job suchen oder den Wohnort wechseln. Nicht, weil Sie feige davonlaufen, sondern weil Sie sich auf diese Weise selbst schützen. Wenn es sich hingegen um Familienmitglieder oder andere Menschen in Ihrem engsten Umfeld handelt, von denen Sie sich nicht distanzieren können, bleibt Ihnen inmitten dieser misslichen Situation immer noch die Möglichkeit der Abgrenzung. Denn nicht immer sind es bloß die anderen, die sich falsch verhalten. Oft sind wir auch mitbeteiligt. Wenn Sie sich selbst nicht wertschätzen und respektieren, werden andere so mit Ihnen umgehen, wie Sie auch mit sich selbst umgehen. Vergessen Sie nie: Sie haben Respekt verdient! Sich abzugrenzen kann zum Beispiel bedeuten, dass Sie auf erwachsene und sachliche Art Stellung beziehen, wenn Sie respektlos behandelt werden. Und hiermit signalisieren: Ich lasse mir nicht alles gefallen!

Gott selbst verleiht Ihrem Leben eine Würde, die unantastbar ist. Er begegnet Ihnen mit respektvoller Liebe. Nähren Sie sich daher immer wieder mit Worten des Lebens aus der Bibel. Nehmen Sie sie in sich auf und lassen Sie Ihr Innerstes davon prägen und heil werden. Auf diese Weise entsteht Raum für ein gesundes Wachstum und blühendes Leben.

FÖRDERLICHE VERHALTENSWEISEN

Man könnte über so viele Dinge schreiben, die wichtig und hilfreich sind auf dem Weg zum Aufblühen, dass es mir nicht leichtgefallen ist, eine Auswahl zu treffen. Mut, Ausdauer, Geduld, Beharrlichkeit, Vertrauen, Zufriedenheit, Gelassenheit und vieles mehr ist gefragt. Aus einer Vielzahl von Faktoren habe ich mich schließlich für die zwei folgenden Verhaltensweisen entschieden, die meiner Meinung und Beobachtung nach von entscheidender Bedeutung sind: *Wurzel-Pflege* und *Trotzdem-Glauben*.

Wurzel-Pflege

In Kapitel 1 habe ich erklärt, wie wichtig die Wurzeln für eine Pflanze sind. Wenn unsere Wurzeln unterversorgt oder krank sind, wirkt sich dies unmittelbar auf die Entwicklung der Pflanze über der Erdoberfläche aus. Ebenso verhält es sich in unserem Leben. Wenn wir unseren Fokus bloß auf das Sichtbare legen und unser Inneres dabei vernachlässigen, wird unsere Lebensblume früher oder später verkümmern. Irgendwo und irgendwann kommt der Entwicklungsprozess zum Stillstand, weil die Wurzelkraft für eine Weiterentwicklung nicht mehr ausreicht. Das Aufblühen wird gestoppt, und was in uns angelegt ist, findet nicht zur vollen

Wurzel-Pflege bedeutet: Ich bin bereit, Verantwortung für mein Leben zu übernehmen.

Entfaltung. Ohne intensive Wurzel-Pflege bleibt blühendes Leben eine Illusion.

Genau deswegen ist Wurzel-Pflege so elementar wichtig. In erster Linie bedeutet Wurzel-Pflege: Ich bin bereit, Verantwortung für mein Leben zu übernehmen. Ich übernehme Verantwortung für mein Denken und Handeln. Ich setze mich mit all meiner Kraft dafür ein, dass sich meine Lebensblume gesund entwickelt, damit meine Persönlichkeit aufblüht und sich meine Begabungen entfalten. Mit all meiner Kraft? „Und was ist, wenn meine Kraft nicht ausreicht?", fragen Sie sich jetzt vielleicht.

Die ernüchternde Antwort ist: Ihre Kraft wird *nie* ausreichen! Aus eigener Kraft werden Sie es *nie* schaffen, Ihre Lebenspflanze zum Aufblühen zu bringen. Und es liegt auch nicht in Ihrer Macht, Samen oder Früchte zu produzieren, die anderen Menschen zum Segen werden.

Die ermutigende Antwort ist: Gott höchstpersönlich hat alle Voraussetzungen dafür geschaffen, dass Ihre Lebenspflanze aufblühen kann – selbst in einer unwirtlichen Umgebung. Er *selbst* will Ihre Kraft sein. Er sehnt sich danach, dass Ihre Lebenspflanze in ihrer einzigartigen Schönheit aufblüht. Dass Sie immer mehr zu dem Menschen werden, als der er Sie geschaffen hat, und Sie diese Welt bereichern. Dass Stürme Sie nicht umwerfen und Menschen, die mit Ihnen in Berührung kommen, heilsam berührt und verändert werden. Hierfür brauchen Sie einen tiefen Halt und starke Wurzeln. In diesem Unterkapitel werfen wir den Blick auf einige Dinge, die wesentlich sind im Hinblick auf die Stärkung Ihrer Lebenswurzeln.

Gott hat alle Voraussetzungen dafür geschaffen, dass unsere Lebenspflanze aufblühen kann.

ELEMENTARE GRUNDBEDÜRFNISSE STILLEN

Damit ein tiefer Halt und die Stärkung Ihrer Wurzeln in Ihrem Leben Realität werden, braucht es von Ihrer Seite her zunächst nichts Weiteres als die Bereitschaft, Hilfe anzunehmen. Und zwar die Hilfe des Meistergärtners. Er hat für sämtliche Grundbedürfnisse, die Ihre Wurzeln und Ihre Lebensblume für eine gesunde Entwicklung brauchen, vorgesorgt und stellt sie Ihnen umsonst zur Verfügung. Die entscheidende Frage ist: Sind Sie bereit, Ihre elementaren Grundbedürfnisse mit dem, was Gott für Sie vorbereitet hat, zu stillen und sich auf einen heilsamen Wachstumsprozess einzulassen?

Grundbedürfnis 1: Gottes Liebe. Ich bin überzeugt, dass Menschen aufblühen, wenn sie Gottes Liebe erfahren. Und zwar bin ich deshalb davon überzeugt, weil ich Menschen erlebt habe, die am Ende waren und deren Leben sich grundlegend verändert hat, nachdem sie Gottes Liebe begegnet sind. Dieser Liebe, die in Jesus Christus Gestalt angenommen hat: *Gottes Liebe zu uns ist daran sichtbar geworden, dass Gott seinen einzigen Sohn in die Welt gesandt hat, um uns durch ihn das Leben zu geben* (1. Johannes 4,9). Aus Liebe zu uns ist Jesus am Kreuz für unsere Schuld gestorben, um die Beziehung mit Gott, die menschliches Leben aufblühen lässt, wiederherzustellen. In der Verbindung mit Jesus wird unser Herz mit dieser göttlichen Liebe ausgefüllt, deren Kraft Dinge tun kann, die menschlich gesehen nicht erklärbar sind. Je mehr wir in Gottes Liebe verwurzelt sind (so wie ich es in Kapitel 1, im Unterkapitel *Verwurzelt in Jesus,* erklärt habe) und je mehr wir uns dieser Liebe und ihrer Bedeutung für unser Leben bewusst sind, desto mehr werden wir aufblühen.

Unter Aufblühen verstehe ich beispielsweise, dass jemand, der viele Gemeinheiten erlebt hat, deswegen nicht bitter wird, sondern ein warmherziges Gemüt behält. Oder dass Menschen, die ein schweres Schicksal zu tragen haben, sich dennoch mit sich selbst und ihrer Geschichte versöhnen. Ich denke an einen

Mann, der als Verdingkind eine sehr schwere Kindheit hatte und der durch Gottes Liebe ein Mann voller Güte wurde. Aufblühen kann bedeuten, dass Menschen, die sich jahrelang zutiefst einsam und verlassen fühlten, überwältigt sind von der Erkenntnis, dass Jesus ja eigentlich immer bei ihnen ist. Oder dass Menschen nicht nur tun, was andere von ihnen verlangen, sondern dass sie Begabungen entdecken, die Gott in ihr Leben gelegt hat, und damit beginnen, sie zu entfalten. Es kann bedeuten, dass Menschen bei Gott ihre lähmenden Sorgen ablegen können und wieder fähig werden, ihr Leben aktiv zu gestalten. Aufblühen kann bedeuten, dass Menschen, die meinen, es gäbe keine Perspektive mehr für ihr Leben, plötzlich wieder einen Sinn erkennen, weil Gottes Liebe ihrem Leben Würde und Bedeutung verleiht. Ein solches Aufblühen geschieht aber nicht von einem Tag auf den nächsten. Solche Veränderungsprozesse brauchen Zeit. Manchmal braucht es dazu auch Gespräche mit einem professionellen Coach oder einem Seelsorger, damit zerstörerische Denkmuster erkannt, durchbrochen und durch neue Denkmuster ersetzt werden können. Sind Sie bereit, diese verändernde Kraft von Gottes Liebe anzunehmen?

Grundbedürfnis 2: Göttlicher Lebensatem. Bei der Erschaffung des Menschen hauchte Gott Adam seinen Atem ein (1. Mose 2,7). Gottes Mund-zu-Mund-Beatmung machte den Menschen zu einem lebendigen Wesen. Im Alten Testament spielt der Begriff *ruach* eine zentrale Rolle. *Ruach* steht für *Wind, Atem, Geist, Energie* und *Lebenskraft*. Manchmal wird der Begriff auf den Menschen bezogen und manchmal theologisch für Gott gebraucht, um eine Kraft auszudrücken, die begrifflich schwer zu umschreiben ist. Mit dem deutschen Wort „Geist" ist nur ein kleiner Teil der Stellen abgedeckt, in denen der Begriff *ruach* vorkommt. *Ruach* kann auch für äußere Kräfte wie Wind und Sturm verwendet werden. Der Sinn ist dem jeweiligen Kontext zu entnehmen. *Ruach* bezeichnet die pure Lebenskraft. Gott schenkt diese Lebenskraft und nimmt sie auch wieder weg: *Alle Lebewesen hoffen auf dich, dass du ihnen ihre*

Speise gibst zur rechten Zeit. Du gibst sie ihnen, sie sammeln alles ein. Du öffnest freigebig deine Hand, und sie werden satt von deinen guten Gaben. Doch wenn du dein Angesicht verbirgst, dann erschrecken sie. Entziehst du ihnen den Lebensatem, so scheiden sie dahin und werden wieder zu Staub. Entsendest du deinen Lebensatem, dann werden sie geschaffen. Und so erneuerst du den Anblick der Erde (Psalm 104,27-30). Hier wird deutlich: Letztlich verdanken wir alle, die wir heute am Leben sind, unser Leben dem göttlichen Lebensatem. Ohne den Atem, den Gott dem ersten Menschen eingehaucht hat und der durch jeden lebendigen menschlichen Körper fließt, wäre Leben unmöglich.

An weiteren Stellen wird mit *ruach* auch die zurückkehrende Lebendigkeit eines erschöpften Menschen beschrieben, so etwa bei Simson: *Simson wurde sehr durstig und er schrie zum Herrn: »Du hast deinem Diener diesen großen Sieg geschenkt. Und jetzt soll ich vor Durst sterben und in die Hände dieses unbeschnittenen Volkes fallen?« Da ließ Gott Wasser aus einer Höhle bei Lehi sprudeln, und Simson trank und gewann* **neue Lebenskraft** [= ruach, Anm. D. S.]. *Er nannte den Ort En-Hakore* [= Quelle des Rufenden, Anm. D. S.], *und diese Quelle ist bis heute in Lehi zu finden* (Richter 15,18-19; NLB). So bedeutet *ruach* nicht nur Atem, sondern auch Lebendigkeit und Lebenskraft. Zudem steht der Begriff auch im Alten Testament bereits mehrfach für den Heiligen Geist, als dritte Person der göttlichen Dreieinigkeit.

Und genau mit dieser Lebendigkeit und Lebenskraft möchte Gott Sie am heutigen Tag beschenken. Genau dann, wenn Sie den Eindruck haben, Ihnen würde der Atem abgeschnürt und Ihre Energie reiche nicht länger aus, möchte er Sie durch seinen *ruach*, seinen Geist und seine Lebenskraft, neu beleben. Dass Gottes Ruach sogar stärker ist als der Tod, wird in einer krassen Vision des Propheten Hesekiel deutlich, die in Hesekiel 37 nachzulesen ist. Ruach kommt darin in mehreren Bedeutungen vor. Hesekiel sieht auf einer Ebene lauter ausgetrocknete menschliche Überreste liegen. Er erhält von Gott den Auftrag, zu diesen Knochen zu sagen, dass Gottes Ruach sie wieder lebendig machen wird. Nachdem er das getan hat, hört Hesekiel ein Rauschen (einen Sturm) und sicht, wie die Knochen zusammenrücken und sich wieder zu menschlichen Körpern formen. Hesekiel ruft aus jeder Himmelsrichtung einen Wind (*ruach*) herbei, damit die Ruach den noch toten Körpern Lebensatem einhauchen. Daraufhin werden sie alle lebendig. Gottes Ruach kann also sogar Totes wieder lebendig machen. Nichts ist ihm unmöglich.

Im Neuen Testament wird der alttestamentliche, hebräische Begriff *ruach* (der im Neuen Testament meist mit dem griechischen Wort *pneuma* wiedergegeben wird) noch vertieft. Nachdem Jesus zurück zu seinem Vater in den Himmel ging, sandte er seinen Nachfolgern einen Tröster: den Heiligen Geist. Der Heilige Geist ist Gottes Kraft im Leben derjenigen, die Jesus nachfolgen. Durch ihn will Gott Menschen trösten und wiederherstellen, die verzweifelt oder innerlich gebrochen sind. Gott möchte durch seinen Geist Heilung schenken und neues Leben schaffen. Durch ihn will er nicht nur unseren Körper, sondern auch unseren Geist lebendig machen!

Grundbedürfnis 3: Lebendiges Wasser. Als sich David in der Wüste von Juda aufhielt, schrieb er: *Gott, mein Gott bist du, dich suche ich. Wie ein Durstiger, der nach Wasser lechzt, so verlangt meine Seele nach dir. Mit meinem ganzen Körper spüre ich, wie groß meine Sehnsucht nach dir ist in einem dürren, ausgetrockneten Land, wo es kein Wasser mehr gibt* (Psalm 63,2). Kennen auch Sie diesen inneren Durst, den David hier beschreibt? Oder ist es vielleicht eher ein undefinierbares Gefühl der Sehnsucht nach etwas, das Sie selbst nicht wirklich erklären können?

Das Jahr 2018 steht unter der Jahreslosung[64] aus Offenbarung 21,6 (LUT): *Ich will dem Durstigen geben von der Quelle des lebendigen Wasssers umsonst.* Im Bibelvers ist von „Durstigen" die Rede.

---

64 Jahreslosungen gibt es bereits seit dem Jahr 1930. Initiator war der Pfarrer und Liederdichter Otto Riethmüller (1889–1938), der zur Bekennenden Kirche in Deutschland gehörte.

Dies hat bei mir die Frage aufgeworfen, ob ich mich selbst überhaupt als „Durstige" verstehe.

Wenn Jesus von sich selbst als dem Wasser sprach und davon, dass er den Durst der Durstigen stillen wolle, hatten seine Zuhörer einen ganz anderen Bezug zum Wasser und zum Durst, als dies heute bei uns der Fall ist. Wir haben das Privileg, in einem Land zu leben, in dem wir einen Wasserhahn aufdrehen können und uns sofort gesundes und köstliches Trinkwasser zur Verfügung steht. Davon können wir trinken, so viel wir wollen ... so lange, bis unser Durst gestillt ist! Doch manchmal vergessen wir auch zu trinken, weil wir gar keinen Durst haben.

Während einer Israel-Reise schärfte man uns vor dem Wüstentag ein, dass wir unbedingt genügend trinken sollten – selbst, wenn wir keinen Durst verspürten. Denn der Körper verliert Flüssigkeit, ohne es zu merken, und dieser Verlust muss dringend ausgeglichen werden. Der Tag endete damit, dass ein Teilnehmer unserer Reisegruppe im Krankenhaus landete. Im Verlauf des Nachmittags war er plötzlich zusammengebrochen. Die Diagnose lautete: Dehydration, also Flüssigkeitsmangel. Er hatte keinen Durst verspürt und infolgedessen nicht genügend getrunken.

Es ist allgemein bekannt, wie wichtig es für unsere Gesundheit ist, dass wir genügend trinken. Tun wir dies nicht, plagen uns seltsamerweise nicht immer Durstgefühle, sondern der Flüssigkeitsmangel kann sich beispielsweise in Form von Kopfschmerzen bemerkbar machen.

Dies bringt mich zur Überlegung, wie es um meinen geistlichen Durst steht. Spüre ich ihn überhaupt? Oder macht er sich vielleicht in anderen Symptomen bemerkbar? In Entmutigung? In Traurigkeit? In Angst? Und ist es nicht oft so, dass ich auf alle möglichen Weisen versuche, auf diese Symptome zu reagieren – aber am Ende wird es doch nicht besser? Erst wenn ich mich selbst als durstig und damit als hilfsbedürftig wahrnehme, wächst meine Sehnsucht danach, dass jemand diesen tiefen Durst in mir – nach Liebe, nach Hoffnung, nach Heilung, nach Vergebung, nach Annahme, nach Anerkennung etc. – stillt. Jesus kann das. Er kann sogar einen Durst in mir stillen, von dem ich nicht einmal weiß, dass er existiert.

Möge Jesus uns dabei helfen, den Durst unserer Seele zu erkennen. Denn erst dann werden wir realisieren, wie dringend wir die Begegnung mit Jesus brauchen, der das lebendige Wasser in Person ist. Nur er kann den inneren Durst von uns Menschen wirklich stillen. Und genau dies möchte er auch in Ihrem Leben tun!

In Hesekiel 47,12 findet sich folgende wunderbare Bibelstelle: »... *An beiden Ufern des Flusses wachsen alle Arten von Obstbäumen. Ihre Blätter verwelken nie, und sie tragen immerfort reiche Frucht. Denn der Fluss, der ihren Wurzeln Wasser gibt, kommt aus dem Heiligtum. Monat für Monat bringen sie neue, wohlschmeckende Früchte hervor, und ihre Blätter dienen den Menschen als Heilmittel.*« Was mich besonders daran fasziniert: Die Pflanzen müssen nicht krampfhaft nach Wasser suchen. Das Wasser fließt aus dem göttlichen Heiligtum direkt zu ihren Wurzeln. Ich möchte auch so ein Baum sein, wie er in diesen Versen beschrieben wird: mich vom lebendigen Wasser durchdringen lassen und, indem ich das tue, erleben, wie unaufhörlich Früchte reifen, die andere Menschen stärken, und Blätter wachsen, die anderen Menschen zur Heilung dienen. Auf diese Weise dient das lebendige Wasser, das Gott schenkt, mir selbst und anderen zur Stärkung und Wiederherstellung.

> Gott will unsere elementaren Grundbedürfnisse stillen und unsere Wurzeln stärken.

Grundbedürfnis 4: Göttliches Licht. Das letzte elementare Grundbedürfnis einer Pflanze ist Licht. Nun kann man sich zu Recht fragen, was dieses Grundbedürfnis denn mit Wurzel-Pflege zu tun hat. Neulich bin ich auf einen faszinierenden Bericht mit dem Titel *Studie zeigt: Pflanzenwurzeln sehen im Dunkeln*[65] gesto-

---

65 vgl. Bericht von Andreas Müller in *grenzwissenschaft-aktuell.de* vom

ßen. Im Bericht geht es darum, dass Forscher des Max-Planck-Instituts für chemische Ökologie erstmals bewiesen haben, dass Sprossen das „Licht bis hinab in die im dunklen Erdreich vergrabenen Wurzeln" übertragen. „Hier in steter Dunkelheit aktiviert das so übertragene Licht Lichtrezeptoren in der Wurzel und löst dort lichtabhängige Wachstumsreaktionen in den Pflanzen aus." Das Licht hat bei einer Pflanze also einen nicht unerheblichen Einfluss auf die verborgenen Wurzeln und deren Wachstum. Ähnlich ist das auch bei uns Menschen. Das göttliche Licht leuchtet tief in unser Innerstes. Selbst unsere geheimsten Gedanken bleiben Gott nicht verborgen. Jesus möchte, dass ans Licht kommt, was uns niederdrückt, was uns belastet und nicht in Ordnung ist (vgl. Psalm 139,1-11 und 23-24). Sein Licht leuchtet wie ein Scheinwerfer auf unsere Schuld und unsere dunklen Lasten. Aber nicht im Sinne eines Scheinwerfers, der uns bloßstellt oder uns verurteilt. Jesus möchte uns mit seinem Licht vielmehr dabei helfen, dunkle Stellen in unserem Inneren zu erkennen und zu bereinigen, damit sein Licht immer mehr Raum in uns gewinnen kann (Psalm 51,7-12). Er will verhindern, dass wir innerlich verkümmern, und es uns ermöglichen zu wachsen.

In Johannes 8,12 sagt Jesus: *»Ich bin das Licht der Welt. Wer mir nachfolgt, wird nicht mehr in der Finsternis umherirren, sondern wird das Licht des Lebens haben.«* Jesus möchte uns mit seinem Licht beschenken. Unsere Dunkelheit hell machen. Das Einzige, was wir dazu beitragen können, ist, dass wir uns seinem Licht aussetzen. Dass wir seine Gegenwart und sein Wort auf uns einwirken lassen. Genau dies kommt auf wunderbare Weise in einem Lied von Gerhard Tersteegen zum Ausdruck, das den Titel *Gott ist gegenwärtig* trägt. Hier die Strophen 1 und 6:

1. Gott ist gegenwärtig.
Lasset uns anbeten
und in Ehrfurcht vor ihn treten.

01.11.2016 (https://tinyurl.com/y9x7lh6r [14.02.2018]).

Gott ist in der Mitte.
Alles in uns schweige
und sich innigst vor ihm beuge.
Wer ihn kennt, wer ihn nennt,
schlag die Augen nieder;
kommt, ergebt euch wieder.

6. Du durchdringest alles;
lass dein schönstes Lichte,
Herr, berühren mein Gesichte.
Wie die zarten Blumen
willig sich entfalten
und der Sonne stille halten,
laß mich so
still und froh
deine Strahlen fassen
und dich wirken lassen.

Auf diese Weise – mit seiner Liebe, seinem Lebensatem, seinem Wasser und seinem Licht – möchte Gott unsere elementaren Grundbedürfnisse stillen und unsere Wurzeln stärken. Sogar dann, wenn Sie den Eindruck haben, dass Ihre Wurzeln so verkümmert sind, dass kein Leben mehr in ihnen ist, sind die göttlichen Nährstoffe fähig, Ihren Wurzeln neues Leben einzuhauchen!

ZEIT FÜR GOTT

Doch wie können diese elementaren Grundbedürfnisse in meinem hektischen Alltag denn überhaupt gestillt werden? Die Antwort lautet: indem ich mir Zeit für Gott nehme. Indem ich mich täglich seinem Wort und seiner Gegenwart aussetze.

Im Abschlussreferat des Willow Creek Kongresses 2018 in Dortmund sprach Bill Hybels über Dinge, die diesen Kongress seiner Meinung nach perfekt machen würden. Dabei erwähnte er auch Folgendes: Es würde den diesjährigen Kongress perfekt machen, wenn jeder der 12.000 Teilnehmenden von jetzt an einen Stuhl hätte, auf dem er jeden Tag 15 Minuten verbringt, um in Gottes Wort zu lesen und darauf zu hören, was Gott sagt. So ein Stuhl könne etwas ganz Außergewöhnliches sein.

Um dies zu untermauern, erzählte Bill die bewegende Geschichte eines Mannes, der jahrelang einer seiner wichtigsten Mitarbeiter gewesen war. Die Entscheidung, beim ehrenamtlichen Aufbau der Willow Creek Church in Chicago mitzuhelfen, war eine Folge seiner „Stuhl-Zeit". Ursprünglich hatte ihn Bills Aufforderung, täglich 15 Minuten pro Tag auf einem Stuhl mit der Bibel zu verbringen, empört und er hatte Bill vorgeworfen, dass er keine Ahnung habe, wie es in der hektischen Arbeitswelt zugehe. Doch Bill erwiderte, dass es lediglich eine Frage der Prioritäten sei, die man sich im Leben setzt. Wenn uns etwas wichtig ist, finden wir immer Zeit dafür. Daraufhin setzte jener Mann Bills Aufforderung in die Tat um. Und der Stuhl – als Symbol für seine Zeit mit Gott – veränderte in der Tat sein Leben. Immer wieder sprach Gott zu ihm in eben jenem Stuhl und der Mann war bereit, Gottes Willen in seinem Leben in die Tat umzusetzen. Als Erstes kündigte er seinen überaus erfolgreichen Job in der Werbebranche. Nach vielen Jahren ehrenamtlicher Mitarbeit in der Willow Creek Church zog er in einen anderen Bundesstaat, um einem Freund beim Aufbau einer neuen Kirche zu helfen. Um die finanziellen Mittel für den Aufbau jener Gemeinde zu generieren, ging er zurück in die Werbebranche und kam so fünf Jahre lang ganz allein für die finanziellen Mittel des Gemeindegründungsprojektes auf. Einige Jahre später erhielt Bill einen Anruf der Ehefrau seines langjährigen Mitarbeiters. Sein Freund sei schwer krank. Bill flog umgehend zu ihm und fand ihn in einem Stuhl sitzend. „Ist dies immer noch *der* Stuhl?", fragte Bill. Sein Freund bejahte. Bill fragte: „Und was sagt Gott in diesem Moment, in diesem Stuhl zu dir?" Sein Freund erwiderte, dass er in seinem Herzen wisse, dass es keine Heilung mehr für ihn gebe und dass er innerlich zur Ruhe gekommen sei und Frieden habe. Er lese jetzt nur noch über den Himmel und freue sich darauf, nach Hause zu gehen. Wenige Wochen später starb er. Der Stuhl erhielt einen Ehrenplatz in der Familie, die den tiefen Wunsch hegte, dass Gott auch zu vielen von ihnen in diesem (oder einem anderen Stuhl) sprechen möge.

Haben auch Sie einen solchen Stuhl oder einen anderen besonderen Ort, an dem Sie täglich 15 Minuten mit Gott verbringen? Ich habe auch so einen Stuhl. Beschämenderweise muss ich sagen „ich *hätte* auch so einen Stuhl". Leider habe ich die überaus schlechte Angewohnheit, auf dem Stuhl immer wieder Dinge zu lagern, die das Sitzen darauf unmöglich machen. Doch nun habe ich mich neu entschieden: Das muss weg. Ich möchte mir wieder ganz neu Zeit mit Gott einräumen. Ich will hören, was Gott zu mir spricht. Dies hat allerhöchste Prioriät. Und ich möchte auch Sie von Herzen dazu ermutigen, sich auf dieses Abenteuer einzulassen.

GOTTES WORT ALS WICHTIGSTER NÄHRSTOFF

In Matthäus 4,4 nimmt Jesus Bezug auf 5. Mose 8,3, indem er sagt: »*Es heißt in der Schrift: ›Der Mensch lebt nicht nur von Brot, sondern von jedem Wort, das aus Gottes Mund kommt.‹*« Gottes Wort ist lebensnotwendige Nahrung für unsere inneren Wurzeln. Davon spricht auch der Prophet Jeremia, wenn er schreibt: *Dein Wort ward meine Speise, sooft ich's empfing, und dein Wort ist meines Herzens Freude und Trost; denn ich bin ja nach deinem Namen genannt, HERR, Gott Zebaoth* (Jeremia 15,16; LUT).

Das ganz Besondere und Kostbare an Gottes Wort ist, dass es in Jesus Christus lebendig geworden ist: *Jesus, der das Wort ist, wurde ein Mensch von Fleisch und Blut und lebte unter uns. Wir sahen seine Herrlichkeit, eine Herrlichkeit voller Gnade und Wahrheit* (Johannes 1,14). Es geht also nicht bloß um die Betrachtung eines alten Buches, das unser Leben mit seinem zeitlosen Inhalt von Grund auf verändern kann, sondern auch um die Beziehungspflege mit dem Mensch gewordenen Wort, mit Jesus. Ich kann mit Jesus sprechen wie mit einem Freund, meine Lasten bei ihm ablegen und ihn um Hilfe bitten für die Herausforderungen meines Alltags. Aber vor lauter Reden darf ich nicht vergessen, dass er auch zu mir sprechen möchte. Er möchte mir immer wieder neu seine Liebe und Bestätigung schenken und sehnt sich danach, dass ich diese Liebe erwidere. Gott zu lieben – mit allem, was Sie als Person ausmacht, und mit allem, womit Gott Sie befähigt hat – ist das Beste und Wichtigste, das Sie in Ihrem Leben tun können.

DIE BEIDEN WICHTIGSTEN GEBOTE

Jesus wurde einmal von einem Schriftgelehrten gefragt, welches das wichtigste Gebot von allen sei. Jesus antwortete mit Bezug auf das Alte Testament: *»Das wichtigste Gebot ist: ›Höre, Israel, der Herr, unser Gott, ist der alleinige Herr. Du sollst den Herrn, deinen Gott, lieben von ganzem Herzen, mit ganzer Hingabe, mit deinem ganzen Verstand und mit aller deiner Kraft!‹* [5. Mose 6,4-5; Anm. D. S.] *An zweiter Stelle steht das Gebot: ›Liebe deine Mitmenschen wie dich selbst!‹* [3. Mose 19,18; Anm. D. S.] *Kein Gebot ist wichtiger als diese beiden«* (Markus 12,29-31).

Und so möchte ich bei meinen Gedanken zur Wurzel-Pflege auch ganz nah an diesen zwei wichtigsten Geboten bleiben. Was ich bisher erörtert habe, sind alles Facetten des ersten Gebotes. Wenn ich empfange, was Gott mir in seiner Liebe schenken will, erwidere ich seine Liebe. Wenn ich mir Zeit für ihn nehme und die Beziehung mit ihm pflege, ist dies Ausdruck meiner Liebe zu ihm.

Das, was ich für meine Mitmenschen zu tun imstande bin, ist untrennbar verbunden mit dem, was ich für mich selbst tue.

Es bleibt das zweite Gebot: meine Mitmenschen zu lieben – wie mich selbst! Oft liegt die Betonung auf dem, was wir für unsere Mitmenschen tun sollen. Dabei wird nicht selten außer Acht gelassen, dass das, was ich für meine Mitmenschen zu tun imstande bin, untrennbar verbunden ist mit dem, was ich für mich selbst tue. Wenn ich mich selbst vernachlässige und mich nur noch um das Wohl anderer kümmere, wird dadurch nicht *mehr* Liebe beim anderen ankommen. Ich kann anderen nur so viel Liebe geben, wie ich mir selbst Liebe schenke. Der folgende Text von Bernhard von Clairvaux bringt dies auf wundervolle Art und Weise zum Ausdruck:

> *Wenn du vernünftig bist, erweise dich als Schale*
> *und nicht als Kanal, der fast gleichzeitig empfängt und weitergibt,*
> *während jene wartet, bis sie gefüllt ist.*
> *Auf diese Weise gibt sie das, was bei ihr überfließt,*
> *ohne eigenen Schaden weiter...*
> *Lerne auch du, nur aus der Fülle auszugießen,*
> *und habe nicht den Wunsch freigiebiger zu sein als Gott.*
> *Die Schale ahmt die Quelle nach.*
> *Erst wenn sie mit Wasser gesättigt ist, strömt sie zum Fluss, wird*
> *sie zur See ...*
> *Du tue das Gleiche! Zuerst anfüllen und dann ausgießen.*
> *Die gütige und kluge Liebe ist gewohnt überzuströmen, nicht auszuströmen.*
> *Ich möchte nicht reich werden, wenn du dabei leer wirst.*
> *Wenn du nämlich mit dir selbst schlecht umgehst, wem bist du dann gut?*
> *Wenn du kannst, hilf mir aus deiner Fülle, wenn nicht, schone dich.*

Wenn ich einem Mitmenschen etwas Gutes tue, dann ist dies – zumindest für die betroffene Person – sichtbar. Was ich für mich selbst tue, bleibt in der Regel verborgen. Daher möchte ich mich auch hier wieder auf diesen unsichtbaren Teil, einen weiteren wesentlichen Bestandteil der Wurzel-Pflege – konzentrieren.

MICH SELBST LIEBEN LERNEN

Doch wie kann ich mich denn selbst lieben? Vor Jahren bin ich in einem Buch auf eine Zeichnung gestoßen, die mich zutiefst berührt hat. Darauf war ein junges Mädchen zu sehen, das sein Herz in der Hand hielt. Es saß mitten in einem riesigen Herzen, das auf den Boden gemalt war. Darunter standen die Worte: „Ich wohne in seiner Liebe. In seinem Herzen finde ich mein Herz."[66] Die Liebe dessen, der mich erschaffen und sein Leben für mich gegeben hat, bietet den schützenden Rahmen dafür, dass ich mein Herz öffnen und lernen kann, mich selbst anzunehmen und zu lieben.

Ich liebe mich zum Beispiel dann, wenn ich all das Gute, das Gott für mich bereithält, annehme. Ich liebe mich auch, indem ich die Wertschätzung und die Würde, die Gott mir zuspricht, anerkenne und meine Identität in Jesus festmache. Sodass ich mich als von Gott geliebte Tochter, als von Gott geliebter Sohn verstehe, als Erbin und Erbe des himmlischen Reichtums und vieles mehr. Ich liebe mich auch, wenn ich von mir nicht *mehr* verlange, als Gott es tut! Ich darf so sein, wie ich bin, ohne Wenn und Aber. In dem Maß, wie ich mich von Gott wertgeschätzt fühle, kann ich auch anderen Wertschätzung schenken. In dem Maß, wie ich die Ermutigung, die Gott mir zuspricht, für mich in Anspruch nehme, kann ich diese Ermutigung auch an andere weitergeben.

GOTT MIT MEINEM VERSTAND LIEBEN

Gehen wir nochmals zurück zum wichtigsten Gebot, Gott zu lieben: *Wie* sollen wir Gott lieben? Im Markusevangelium lautet die Antwort: *Von ganzem Herzen, mit ganzer Hingabe, mit deinem ganzen Verstand und mit aller deiner Kraft!* (Markus 12,30). „Von ganzem Herzen, mit ganzer Hingabe und mit aller deiner Kraft" erscheint mir nachvollziehbar. Doch wie kann ich Gott mit meinem ganzen **Verstand** lieben?

Es ist interessant zu sehen, wo das Wort „Verstand" zum ersten

---

66 Baar, Hanne (Hg.) 2007. *Gottesverwechslung: Jana-Herzberg-Grafiken.* 3. Auflage. Würzburg: Hymnus-Verlag. S. 100.

Mal in der Bibel vorkommt. Es wird im Zusammenhang mit dem Bau der Stiftshütte genannt, wo Gott zu Mose sagt:

»Ich habe Bezalel, den Sohn Uris und Enkel Hurs vom Stamm Juda, ausgewählt, den Bau des heiligen Zeltes zu leiten. Mit meinem Geist habe ich ihn erfüllt; **ich habe ihm Weisheit und Verstand gegeben und ihn befähigt**, *alle für den Bau erforderlichen handwerklichen und künstlerischen Arbeiten auszuführen. Er kann Pläne entwerfen und nach ihnen Gegenstände aus Gold, Silber oder Bronze anfertigen; er hat die Fähigkeit, Edelsteine zu schleifen und einzufassen; er versteht sich auf das Bearbeiten von Holz und auf viele andere Arten von Kunsthandwerk. Ich habe Oholiab, den Sohn Ahisamachs vom Stamm Dan, ausgesucht, um ihm bei allen Arbeiten zu helfen. Auch allen anderen Kunsthandwerkern, die am heiligen Zelt arbeiten,* **habe ich Weisheit und Verstand gegeben**, *damit alles nach meinem Befehl angefertigt wird«* (2. Mose 31,1-6).

Gott hat die Kunsthandwerker mit Weisheit, Verstand und künstlerischem Geschick ausgestattet, damit sie fähig waren, Gottes Vorgaben gemäß, ein transportables Zeltheiligtum anzufertigen. Dieses „Zelt der Begegnung" begleitete das Volk Israel während seiner langen Wanderjahre durch die Wüste.

Gott hat auch Sie mit Verstand und Weisheit ausgestattet. Sie sind berufen, Ihre Fähigkeiten zu Gottes Ehre und zum Segen von anderen Menschen einzusetzen. Indem Sie das tun, zeigen Sie Gott Ihre Liebe. Indem Sie die Begabungen einsetzen, die Gott Ihnen anvertraut hat, erfüllen Sie die beiden wichtigsten Gebote.

MEIN LEBENSHERZ DEFINIEREN

Bevor Sie fähig sind, Ihre Gaben einzusetzen, sollten Sie sich selbst so gut wie möglich kennenlernen. Sich selbst Aufmerksamkeit zu schenken, ist nämlich auch eine Form von Selbstliebe. Zudem ist es eine Form der Wurzel-Pflege, die nicht unterschätzt werden darf. Je besser Sie Ihre Leidenschaften und Talente kennen, desto wirkungsvoller können Sie dienen und desto kraftvoller aufblühen! Was bringt Ihr Herz zum Klingen? Was belebt Sie und verleiht Ihnen neue Energie? Was bringt Ihre Augen zum Leuchten? Welches sind Ihre Lieblingsthemen? Bei welchen Tätigkeiten fühlen Sie sich zutiefst im Leben angekommen? Solche und ähnliche Fragen sind Wegweiser auf dem Weg zu einem erfüllten Leben, in dem Sie Ihre Persönlichkeit zum Aufblühen bringen und anderen Menschen dadurch zum Segen werden.

Für mich selber war es äußerst aufschlussreich und hilfreich, im Rahmen einer Auszeit mein eigenes Lebensherz zu gestalten. Daher möchte ich Ihnen mit diesem Abschnitt die Möglichkeit bieten, dass auch Sie einen gezielten Blick in Ihr Herz werfen und Ihr ganz individuelles Lebensherz definieren können.

Folgende sechs Schritte können Ihnen dabei helfen, Klarheit zu gewinnen im Hinblick auf das, was Ihr Herz bewegt und erfüllt:

1. *Nehmen Sie ein leeres Blatt Papier zur Hand und zeichnen Sie zunächst ein großes Herz darauf.* Das ist Ihr Lebensherz! Es ist Ihnen von Gott geschenkt und darf von Ihnen mitgestaltet werden. Danken Sie Gott für dieses wundervolle  Geschenk und bitten Sie ihn, Ihre Gedanken im Hinblick auf die Gestaltung Ihres Lebensherzens mitzuprägen und Ihnen Einsicht zu schenken.

2. *Setzen Sie in einem nächsten Schritt Ihr individuelles „Lebenshaus" in die Mitte Ihres Herzens.* So, dass die Ecken Ihres „Lebenshauses" die obere Spitze des Herzens sowie beidseitig die Seitenränder berühren und es so zu einer Unterteilung des Herzens in verschiedene Bereiche kommt. Statt eines „Lebenshauses" dürfen Sie selbstverständlich auch etwas anderes zeichnen: ein

Lebenszelt, ein Lebens-
schloss, einen Lebenscam-
per, ein Lebensiglu, eine
Lebens-Wohngemein-
schaft ... Was auch immer
am besten auf Ihre Lebenssituation zutrifft. (Falls
Ihre zeichnerischen Fer-
tigkeiten zu wünschen üb-

rig lassen, finden Sie Ihr „Lebenshaus" bestimmt auch als Bild-
datei im Internet und können es ausdrucken und aufkleben.)
Das „Lebenshaus" steht symbolisch für unser Zuhause.
Für die verlässliche Konstante, die Heimat, Ihr „Hauptquartier" oder Ihre „Basis"[67] – wie Philipp Riederle es
nannte –, von der aus Sie jederzeit in die Welt hinaus-
gehen und wohin Sie wieder zurückkehren können. Das
Haus ist aber nicht nur ein Ort der Stärkung, sondern auch
ein Ort der Verantwortung – je nach Lebenssituation.
In meinem Fall bin ich mit meiner Entscheidung für ein Leben als Ehefrau und Mutter entsprechende Verpflichtungen
und Verantwortungen eingegangen und ich bin immer wieder
neu herausgefordert, dieser Verantwortung gerecht zu werden.
Überlegen Sie sich, wie Ihre Verantwortlichkeiten aussehen.
Als Kind den Eltern gegenüber? Als Eltern den Kindern gegenüber? Als Alleinstehende Ihren engsten Verwandten oder
Freunden gegenüber? Anderen Mitbewohnern gegenüber?

3. *Betten Sie Ihr „Lebenshaus" in einem nächsten Schritt in eine Landschaft Ihrer Vorstellung ein.* Mein Haus steht in einer idyllischen
   Landschaft, direkt am Wasser. Es steht auf einem weitläufigen
   Grundstück und bietet einen direkten Blick auf die Berge. Das
   ist nicht eine Abbildung des Ist-Zustandes, sondern vielmehr
   eine Umgebung, von der ich träume. Und genau dies soll bei

---

67 Riederle 2013:205.

diesem Punkt auch geschehen: Hier erlauben wir uns zu träumen. Im Kern geht es jetzt nämlich um die Frage: Welche Dinge brauche ich in meinem Leben unbedingt, damit ich mich lebendig und erfüllt fühle? (Auch wenn sich selbstredend nicht alles in die Tat umsetzen lässt ...) Was ist wichtig für mein inneres Gleichgewicht? Wovon träume ich? Was inspiriert mich? Lassen Sie Ihren Gedanken freien Lauf und nehmen Sie sich genügend Zeit für diesen wichtigen Punkt.

4. *Definieren Sie nun Ihre Kernleidenschaften.* Hier geht es darum, verschiedene Herzbereiche unterschiedlichen Kernleidenschaften zuzuordnen. In welche Richtung fühlen Sie sich von Gott geführt? Was sagen andere Menschen über Sie im Hinblick auf Dinge, die Sie gut können? Überlegen Sie, welche Kernleidenschaften Teil Ihres Lebensherzens sein sollten, damit Sie sich erfüllt und lebendig fühlen: z. B. Reisen, Malen, Sport treiben, Backen, Komponieren, Dekorieren, Fotografieren, anderen bei praktischen Arbei-

ten helfen, Gastfreundschaft, wissenschaftliche Forschung, Gartenarbeit und so weiter. Alles Erdenkliche hat Raum. In meinem Fall habe ich meine Kernleidenschaften den drei Bereichen zugeordnet, die durch das Zeichnen meines Lebenshauses entstanden sind: zwei größere und ein kleinerer Bereich. Bei den zwei großen Bereichen entschied ich mich für *Schreiben* und *Musik*. In die kleine Herzspitze unten schrieb ich *Lehren*. Meine Leidenschaften in diese drei Begriffe zu bündeln, war das Ergebnis eines intensiven Prozesses.

5. *Malen Sie die Bereiche farbig aus und denken Sie dabei betend über die Frage nach, inwiefern Ihre Kernleidenschaften mit einem Auftrag in Verbindung stehen, den Gott Ihnen anvertraut.* Das Besondere an den Leidenschaften, die Gott in unser Herz legt, ist, dass sie irgendwann und irgendwie auch anderen Menschen zum Segen werden und dass sie meistens auch im Zusammenhang mit einem Auftrag stehen, den Gott uns gibt. Bitten Sie Gott darum, dass er Ihnen Ihren Auftrag immer deutlicher offenbart und Ihnen hilft, den Mut und die Kraft zu finden, Ihren Kernleidenschaften nachzugehen, selbst wenn dies eine Veränderung Ihrer Prioritäten mit sich bringt. Heute weiß ich, dass Schreiben nicht nur ein Hobby für mich ganz persönlich ist, sondern auch ein Auftrag, den Gott mir anvertraut. Aber jeder Auftrag kostet auch etwas. Schreibprojekten nachzugehen, neben allem, was meinen Alltag sonst schon ausfüllt, ist einerseits zwar erfüllend (weil ich leidenschaftlich gerne schreibe), aber es kostet mich andererseits auch unglaublich viel Kraft, viel Freizeit, viele Nachtstunden. Es bedeutet für meinen Ehemann und meine Kinder, dass sie oft auf mich verzichten müssen. Auch, wenn ich für Referate unterwegs bin. Einen Auftrag zu leben, kann viel von uns abverlangen. Zugleich ist es etwas zutiefst Erfüllendes und Beglückendes, Gott und anderen Menschen mit unseren Kernleidenschaften zu dienen.

6. *Halten Sie konkrete Schritte fest, wie Sie Ihre Kernleidenschaften fördern können.* Allein durch das Aufschreiben von Kernleidenschaften ändert sich nichts in Ihrem Leben. Veränderung tritt erst ein, wenn man auch konkrete Umsetzungsschritte wagt. Gegen Ende von Kapitel 3 bin ich auf die Bibelstelle in Lukas 19,13b eingegangen: *Handelt damit, bis ich wiederkomme!* Gott wünscht sich, dass wir das, was er uns anvertraut hat, aktiv einsetzen und weiterentwickeln. In meinem Fall war es

so, dass ich gewisse Leidenschaften zwar in mir schlummern fühlte, aber dass ich keine (oder nur wenige) Möglichkeiten sah, sie auch einzusetzen. Um nicht einfach passiv zu bleiben und mich selbst für all die verschlossenen Lebenstüren zu bemitleiden, beschloss ich, winzig kleine Schritte zu tun. Als ich von meiner Auszeit wieder nach Hause kam, bastelte ich

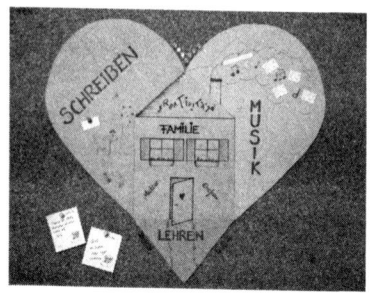

eine größere Version meines Lebensherzens auf vier Stück Moosgummi und befestigte es auf einer Pinnwand. Nun hatte ich die Möglichkeit, mir in jedem der Bereiche kleine Aufgaben zu geben und diese direkt an den entsprechenden Bereich zu pinnen. Dies ermöglichte es mir auch, darauf zu achten, dass ich mich in jedem dieser Bereiche bewusst herausfordern ließ. Es war mir ein großes Anliegen, meine Grenzen zu erweitern, indem ich Talente weiterentwickelte und nach Möglichkeiten suchte, anderen damit zu dienen. Im Bereich der Musik entschied ich mich, wieder Gesangsunterricht zu nehmen, Geld dafür zu sparen und mich auf die Suche nach einem Lehrer zu machen. Im Bereich Schreiben plante ich eine erste kurze Schreibauszeit und ein erstes kleines Projekt. Im Bereich der Lehre notierte ich mir, dass ich mich über Möglichkeiten schlaumachen wollte, Referate bei Frauentreffen zu halten. Die konkrete Umsetzung bestand in fünf Briefen (heute wären es vermutlich fünf E-Mails), die sich auf den Weg machten, um erste Klärungen zu erzielen.

Für mich persönlich war die Erstellung meines Lebensherzens ein sehr großer Gewinn. Seit jenem Wochenende, an dem ich mich so intensiv wie nie zuvor mit meinem Lebensherz auseinandergesetzt habe, sind rund 16 Jahre vergangen. Vieles hat sich verändert. Unser Wohnort. Unser Beruf. Unsere Kinder. Unser Sohn ist in der Zwischenzeit erwachsen geworden. Ich bin 16 Jahre älter und um viele Erfahrungen und Erlebnisse reicher geworden. Trotz aller Veränderungen würde ich mein Lebensherz heute immer noch ganz ähnlich gestalten, wobei der Bereich der Lehre in meiner aktuellen Lebensphase eine wesentlich größere Rolle spielt als beispielsweise die Musik. Aber die größte Veränderung von damals zu jetzt ist, dass ich heute lebe, wovon ich vor 16 Jahren geträumt habe. Und das erfüllt mich mit einer tiefen Dankbarkeit. Gott hat mir Türen geöffnet, die ich nie für möglich gehalten hätte. Insbesondere im Bereich des Schreibens blühe ich auf. Ich finde eine tiefe Erfüllung darin, diese Gabe einzusetzen, zu tranieren und anderen damit zu dienen.

Es ist mein tiefer Wunsch und mein Gebet, dass auch Sie, liebe Leserin, lieber Leser, herausfinden, welche Leidenschaften der Schöpfer in Ihr Herz gepflanzt hat! Leidenschaften, die er in Ihrem Leben zum Aufblühen bringen möchte. Wagen Sie es zu träumen. Wagen Sie zu glauben, dass Veränderung möglich ist. Und wagen Sie dann mutig einen ersten Schritt.

VERBÜNDETE SUCHEN

Als letzten Punkt im Zusammenhang mit der Wurzel-Pflege möchte ich noch Folgendes anmerken: Zur Wurzel-Pflege gehört, dass wir uns Verbündete suchen. Vielleicht haben Lebens- und Beziehungsstürme unsere Wurzeln im Laufe der Zeit schwer beschädigt und unser Vertrauen in andere Menschen zerstört. Aber das bedeutet nicht, dass es so bleiben muss. Gott kann auch in diesem Bereich Heilung schenken und dabei helfen, dass Sie jemandem wieder neu Vertrauen schenken können.

Vielleicht fühlen Sie sich – aus welchen Gründen auch immer – in Ihrer eigenen Familie oder in Ihrem Freundeskreis nicht länger willkommen. Solche Erfahrungen sind zutiefst schmerzhaft. Aber vielleicht schenkt Gott Ihnen stattdessen Anschluss an eine „Ersatzfamilie" – zum Beispiel, indem Sie neue Freunde oder Verbündete finden.

Lassen Sie nicht zu, dass Bitterkeit Sie beziehungsunfähig macht. Denn gerade heilsame Beziehungen helfen dabei, dass Ihre Wurzeln neu erstarken. Erinnern Sie sich an den Einfluss, den die Worte anderer Menschen auf uns haben? Auch *Ihre* Wurzeln brauchen dringend Zuspruch von anderen Menschen. Insbesondere dann, wenn Sie vor dem Wagnis stehen, mutig Ihrem Lebensauftrag zu folgen, was nicht bei allen auf Zustimmung stoßen wird. Aber auch, wenn es darum geht, ganz alltägliche Herausforderungen zu meistern oder Schicksalsschläge zu bewältigen. Hier können Verbündete, die uns zur Seite stehen, den Rücken stärken und im Gebet hinter uns stehen, einen entscheidenden Unterschied machen.

Zur Wurzel-Pflege gehört, dass wir uns Verbündete suchen.

Es ist übrigens nie zu spät dafür, sich Verbündete zu suchen! Aber wir müssen auch *unseren* Teil dazu beitragen. Neue Freunde und Verbündete sind nicht einfach so da. Von unserer Seite her ist die Bereitschaft gefragt, uns auf neue Menschen einzulassen, ihnen Zeit zu schenken und unser Herz zu öffnen (was nicht immer einfach ist, vor allem auf dem Hintergrund früherer Verletzungen). Vielleicht finden Sie Verbündete in einer christlichen Kleingruppe, in der Sie geschätzt werden als die, die Sie sind. Vielleicht finden Sie Verbündete in einer Gruppe von Menschen, mit denen Sie gemeinsame Leidenschaften teilen. Verbündete kann man an allen möglichen Orten finden: in einem örtlichen Sportverein, einer Wandergruppe, einem Chor, einer Gesprächsgruppe und so weiter.

Und selbst wenn in Ihrer jetzigen Lebenssituation kaum Verbündete vorhanden sind, möchte ich Ihnen als Trost zusprechen: *Ein* Verbündeter ist immer da: der dreieinige Gott – Vater, Sohn und Heiliger Geist. Er lässt Sie nie im Stich! Und er steht Ihnen Tag und Nacht zur Seite, damit Ihre Lebenswurzeln gesunden und erstarken.

Trotzdem-Glauben

Die härtesten Prüfungen stehen unserer Lebenspflanze bevor, wenn Dinge in unserem Leben geschehen, die uns aus der Bahn werfen. Dinge, die uns mit unseren Grenzen, unseren Ängsten und unserer Endlichkeit konfrontieren. Wenn wir Gott nicht mehr verstehen und wir uns zutiefst einsam, verlassen und emotional erschöpft fühlen.

In diesem Unterkapitel möchten wir um Antworten auf folgende Fragen ringen: Wie kann es gelingen, dass unsere begrenzte menschliche Realität immer mehr von der göttlichen Realität durchdrungen wird, die unseren Verstand übersteigt? Sodass wir mitten in unseren Lebensstürmen eine übernatürliche Freude erfahren dürfen und einen göttlichen Frieden, der nicht erklärt werden

Ein Trotzdem-Glaube ist unabhängig davon, wie sich die Dinge im Leben entwickeln.

kann? Wie können wir zu einem Trotzdem-Glauben durchdringen, der unabhängig davon ist, wie sich die Dinge in unserem Leben entwickeln?

In der Fortsetzung möchte ich Sie mit einer Person aus der Bibel bekannt machen. Gemeinsam möchten wir von ihr lernen, wie sie aus einer emotionalen Sackgasse zu einem Trotzdem-Glauben gefunden hat.

BEGEGNUNG MIT EINER BIBLISCHEN PERSON

Erschöpft lehnte er sich an eine Säule und atmete tief durch. Es blieben noch ein paar Minuten bis zu seiner Schicht. Noch ein bisschen Zeit, seinen trüben Gedanken nachzuhängen. Den anderen gegenüber zeigte er sich stark und ließ sich nichts von seiner inneren Krise anmerken. Aber in der vergangenen Zeit waren ihm ernsthafte Zweifel gekommen. Machte das, was er tat, wirklich

Sinn? Lohnte sich sein Einsatz überhaupt? Die Versuchung aufzugeben und seinen Dienst zu quittieren, wurde von Tag zu Tag größer. „Was läuft bei mir falsch?", fragte er sich. „Obwohl ich Gott diene und versuche, ohne Schuld zu leben, mich darum bemühe, dass das, was ich tue, richtig ist und Gott gefällt, werde ich ohne Ende vom Unglück verfolgt. Ich habe das alles so satt. Jeder neue Morgen ist im Grunde genommen wie eine Strafe für mich."

Seine Gedanken wanderten zu ein paar Bekannten. Obwohl sich jene keinen Deut um Gott oder den Glauben scherten, ging es ihnen blendend. Und sie waren stolz darauf! Ach, wie er sie beneidete! Sie waren gesund und hatten Geld in Hülle und Fülle. Konnten sich das beste Essen leisten und das Leben ohne Sorgen genießen. Aber womit, bitteschön, hatten sie sich *das* verdient? Sie hatten einen miesen Charakter, behandelten andere ungerecht und waren unausstehlich in ihrem Stolz. Sie mussten zu allem ihren Senf geben und lästerten über alles Mögliche: über andere Menschen, den Glauben, Gott. Sie wurden bewundert und bestärkten sich gegenseitig in ihrer Überzeugung: „Wie sollte ein Gott etwas von dem, was wir tun, mitbekommen? Der kriegt doch überhaupt nichts mit." Sie verachteten Gott und hatten trotzdem ein fantastisches Leben – sorgenfrei, einflussreich, luxuriös ... Er ließ den Kopf hängen. „Mache ich mir bloß etwas vor?", fragte er sich seufzend. Ist es vielleicht vergeblich, dass ich versuche, Gott zu dienen und seinen Geboten zu folgen?

PSALM 73 – EINBLICK IN DAS HERZ EINES MUSIKALISCHEN HAUPTLEITERS

Solche und ähnliche Gedanken gingen **Asaf** durch den Kopf, wie Sie in Psalm 73,3-14 nachlesen können. Gerne möchte ich Ihnen Asaf kurz vorstellen. Denn sein Psalm wird uns durch dieses Unterkapitel begleiten.

Asaf gehörte zum Stamm der Leviten, einem der zwölf Stämme Israels, die nach dem Alten Testament von den Söhnen Jakobs abstammen. Das Besondere am Stamm Levi war, dass die Leviten als einziger Stamm Israels für den Tempeldienst auserwählt wurden. Daher erhielt der Stamm der Leviten auch als einziger Stamm keinen Landbesitz. Stattdessen standen ihnen die Tempelabgaben zu.

In 1. Chronik 23 und 25 ist nachzulesen, dass unter König David 24.000 von insgesamt 38.000 Leviten für die Arbeiten im Tempel ausgesondert wurden. Darunter 4000 als Torhüter und 4000 als Berufsmusiker – 3712 Instrumentalisten und 288 ausgebildete Sänger. Während die Instrumentalisten in Schichten eingeteilt wurden und 24 Stunden am Tag im Heiligtum Gottes dienten, wurden die Sänger immer morgens und abends eingesetzt, um Gott mit ihren Liedern zu loben und zu preisen. Asaf war einer von drei musikalischen Hauptleitern, die von König David höchstpersönlich für den musikalischen Dienst im Tempel ausgewählt worden waren. Zusammen mit zwei anderen Leviten war Asaf verantwortlich für die 288 Sänger. Die drei Leiter erhielten den folgenden Auftrag: *Sie sollten mit ihren Liedern die Botschaften Gottes verkünden und den Gesang mit Harfen, Lauten und Zimbeln begleiten* (1. Chronik 25,1). Im Auftrag von König David dichtete Asaf, als Leiter seiner Gruppe, auch prophetische Lieder (1. Chronik 25,2).

EMOTIONALE SACKGASSE

Eine höchst verantwortungsvolle Aufgabe! Doch weder die Tatsache, dass Asaf von den Leviten abstammte, noch die Tatsache, dass er Gott sein Leben zur Verfügung gestellt hatte, noch die herausragendsten beruflichen und geistlichen Qualifikationen änderten etwas daran, dass er emotional in einer Sackgasse gelandet war. Schwierige Lebenserfahrungen hatten ihn an einen Punkt geführt, an dem er alles hinterfragte und anzweifelte.

Kommen Ihnen die Gedanken von Asaf bekannt vor? Haben auch Sie sich schon voller Elan und Begeisterung für Gott und seine Sache eingesetzt? Doch dann sind Dinge geschehen, die Sie enttäuscht und verletzt haben. Dinge, die Ihnen den Boden unter den Füßen weggezogen haben, und die Fragen in Ihnen wurden immer lauter: „Gott, was soll das? Wieso lässt du das zu? Lohnt sich das alles überhaupt? Ist das, was ich tue, nicht verschwendete Lebenszeit?" Der Vergleich mit anderen wollte Ihnen schließlich noch den Rest geben. Vielleicht quälen Sie Zweifel und Fragen, die Sie nicht einmal wagen, laut auszusprechen. Vielleicht sind Sie nahe daran, einen Dienst an den Nagel zu hängen, weil Sie so enttäuscht sind. Glauben Sie mir: Wenn Sie so empfinden, sind Sie keine Ausnahme! Sie haben zahlreiche Leidensgenossen und Leidensgenossinnen.

Rund 3000 Jahre nach Asaf dachte ich an einem Wochenende der Stille ähnlich frustriert über mein Leben und meinen Dienst nach wie Asaf damals. In Kapitel 2 habe ich bereits ein wenig von diesem Wochenende und meiner damaligen Unzufriedenheit erzählt. Ich war zu jenem Zeitpunkt 26 Jahre alt und emotional an einem Tiefpunkt. Viele Rollen hatten sich innerhalb kürzester Zeit verändert – zu meiner Rolle als Ehefrau kam die Rolle der Pastorenfrau und der Mutter und irgendwie kam ich mit all dem nicht mehr klar. Ich wusste nicht, wo mein Platz war, fühlte mich in Rollenmuster gedrängt, denen ich nicht entsprechen konnte, und vieles mehr. Ich war enttäuscht von Gott und fand es unfair, dass ich in meinem Leben vor lauter verschlossenen Türen stand, obwohl ich Gott bereitwillig meine Zukunftspläne geopfert hatte, um Theologie zu studieren. Während sich im Leben meiner Freunde scheinbar alle möglichen Türen öffneten, fragte ich mich, was um alles in der Welt ich als Frau mit einem Theologiestudium anfangen sollte. Für die meisten Tätigkeiten in diesem Berufsfeld schien ich ohnehin das falsche Geschlecht zu haben. Hatte ich mich vielleicht getäuscht und mir Gottes Führung nur eingebildet? Auch auf unser finanzielles Überleben als junge Familie wirkte sich diese Führung meiner Meinung nach alles andere als positiv aus. Theologin war mein einziger Beruf, eine Teilanstellung in der Gemeinde wurde abgelehnt – was denn nun? Wäre ich nicht doch besser Lehrerin geworden? Dann hätte ich wenigstens ein bisschen Aushilfe geben können, um etwas dazuzuverdienen ... Betroffen realisierte ich an jenem Wochenende, wie viele negative Gedanken sich in meinem Herzen angesammelt hatten. Wie Asaf fühlte auch ich mich emotional in einer Sackgasse.

Doch wie findet man einen Ausweg aus einer emotionalen Sackgasse? Ausgehend von Psalm 73 möchte ich Ihnen im Folgenden einen Prozess vorstellen, der uns im Umgang mit Krisen, Versagen und Niederlagen eine Hilfe sein kann.

1. GRENZERFAHRUNG

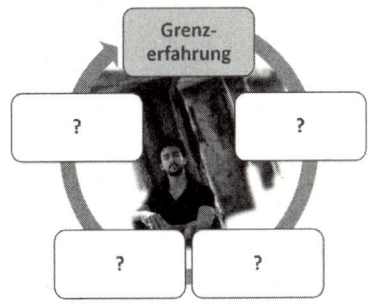

In Psalm 73,16 gesteht Asaf ganz offen: *So dachte ich nach, um all dies zu begreifen, doch es war zu schwer für mich.* Kennen Sie dieses Gefühl? Den Punkt, an dem Sie die Welt nicht mehr verstehen. Wenn Sie vielleicht Ihr Bestes gegeben haben für einen Einsatz in Ihrer christlichen Gemeinde und am Ende hagelte es nur Kritik. Wenn Sie Gott um sein Eingreifen angefleht haben im Hinblick auf eine Notsituation in Ihrem persönlichen Lebensumfeld und es geschah nichts. Einfach nichts. Man kann versuchen, solche Dinge zu verstehen, aber es ist zu schwer.

Psalm 73 veranschaulicht Folgendes: Wenn wir nicht aufpassen, landen wir bei menschlichen Grenzerfahrungen sehr schnell in einer negativen Gedankenspirale. Jene kann wie folgt aussehen:

- Ich erlebe schwierige Dinge, bin entmutigt und fühle mich einsam – auch von Gott im Stich gelassen.
- Ich vergleiche mich mit anderen, beneide sie und werde zunehmend verbittert.
- Ich fühle mich verletzt, zweifle an Gott und an meinem Auftrag.

Es ist eine Tatsache, dass wir Menschen begrenzte Wesen sind. Begrenzt in der Zeit unserer Lebensspanne, in unserer Erkenntnis und unserem Verstand. Begrenzt in der Macht, Lebensumstände zu verändern, Menschen zu ändern, Geschehenes rückgängig zu machen. Und in all dem ringen wir um Antworten und Lösungen. Die Frage, die sich an diesem Punkt stellt, ist: Wie finden wir einen Ausweg aus dem Dilemma, wenn die negativen Gedanken und Gefühle überhandnehmen? Ein Denkrätsel soll uns dabei helfen, eine Antwort auf diese Frage zu finden.

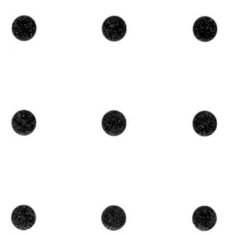

Hier sehen Sie ein Quadrat mit 9 Punkten. Die Aufgabe gilt als gelöst, wenn es Ihnen gelungen ist, alle 9 Punkte mit 4 geraden Linien zu verbinden. Die 4 Linien müssen alle miteinander verbunden sein. Der Stift darf zwischendurch nie abgesetzt werden. Und widerstehen Sie der Versuchung weiterzulesen. Ich wünsche Ihnen viel Erfolg!

Haben Sie die Lösung gefunden? Falls nicht, finden Sie sie auf Seite 250.

Ich mag dieses Rätsel, weil es so deutlich unsere menschlichen Denkgrenzen aufzeigt. Es ist so menschlich, dass wir innerhalb unseres Denkrahmens nach einer Lösung suchen. Doch die Lösung liegt nicht innerhalb, sondern außerhalb unseres Denkrahmens. In Psalm 73,21-22 bekennt Asaf reumütig: *Als mein Herz verbittert war und ich mich tief verletzt fühlte, da war ich töricht und ohne Einsicht, verständnislos wie ein Tier stand ich vor dir.* Die Bibel nimmt kein Blatt vor den Mund. Wenn ich verbittert bin und ich mir vor Sorgen das Hirn zermartere, dann verhalte ich mich uneinsichtig und verständnislos wie ein Tier. Denn mir fehlt der Blick für das Eigentliche.

Der Weg zum *Trotzdem* erfordert von unserer Seite her also zunächst die Bereitschaft, aus unseren eigenen Denkgrenzen auszubrechen. Er setzt voraus, dass wir uns auf eine andere Dimension einlassen und eine neue Perspektive zulassen. Trotzdem-Glauben ist im Kern also eine Frage der Perspektive.

2. GOTTESBEGEGNUNG

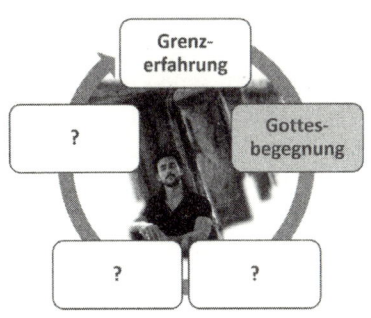

Wie diese andere Perspektive aussieht und was sie mit sich bringt, erfahren wir in Psalm 73,16-19: *So dachte ich nach, um all dies zu begreifen, doch es war zu schwer für mich – **so lange, bis ich endlich in Gottes Heiligtum ging.** Dort begriff ich, welches Ende auf jene Menschen wartet: Ganz sicher, du stellst sie auf rutschigen Boden, du*

lässt sie stürzen und in Trümmern liegen bleiben. Im Nu werden sie vernichtet, ein schreckliches Ende finden sie!

Der nächste Schritt auf dem Weg von menschlichen Grenzerfahrungen hin zu einem Trotzdem-Glauben ist die Gottesbegegnung. Bei der Aussage in Vers 17 „bis ich endlich in Gottes Heiligtum ging", stellte ich mir lange Zeit vor, wie Asaf sich auf den Weg machte, um Gottes Tempel aufzusuchen und Gott in seinem Heiligtum zu begegnen. Das Heiligtum im Tempel von Jerusalem war der Ort, wo Gott wohnte. Wo Menschen Gott begegnen und Vergebung ihrer Sünden erhalten konnten. In vielen Psalmen spüren wir etwas davon, wie viel es den frommen Juden jener Zeit bedeutete, nach Jerusalem zu pilgern, um Gott zu begegnen.

Doch was bei Asaf grundsätzlich anders war, ist: Das Heiligtum war sein Arbeitsplatz! Es war sein Beruf, die Musiker dort im Gesang und in der Musik anzuleiten und Gott zu loben. Dass Asaf in das Heiligtum ging, kann schlicht und einfach bedeuten, dass er seiner ganz gewohnten Tätigkeit nachging, obwohl ihm nicht wirklich danach zumute war. Und indem er dies tat, geschah etwas: Gott schenkte Asaf eine neue Perspektive und damit Erkenntnis. Er korrigierte seine Kurzsichtigkeit und öffnete ihm die Augen für die göttliche Dimension der Dinge. Er zeigte ihm, dass die Grenze, die er im Moment so einschneidend erlebte, nicht die alles entscheidende Grenze ist, sondern erinnerte ihn an sein Lebensende. Daran, dass Gottes Pläne viel umfassender sind, als es Menschen je verstehen können. Und dass es letztlich um die eine Frage geht, nämlich in welcher Beziehung wir zu Gott stehen. Die Erkenntnis, wie begrenzt unser Leben ist, kann schon in jungen Jahren von größter Bedeutung sein. Denn sie stellt unser Leben in einen umfassenderen Zusammenhang und lässt uns darüber nachdenken, was *wirklich* von Bedeutung ist und wirklich zählt. Es wird erzählt, dass ein vormals wohlhabender chinesischer Christ, der seines Glaubens wegen wirtschaftlichen Ruin erfuhr, sein schönes weites Grundstück gegen ein sehr kleines eintauschen musste. Seine Freunde bedauerten ihn. „Ja", soll er geantwortet haben, „mein Grundstück ist nicht lang und breit." Dann zeigte er mit dem Finger zum Himmel und sagte: „Aber es ist sehr, sehr hoch!" Der Blick nach oben beziehungsweise der Blick auf Jesus hilft uns, die Ereignisse in unserem Leben anders zu bewerten.

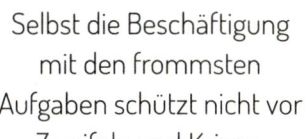

Selbst die Beschäftigung mit den frommsten Aufgaben schützt nicht vor Zweifeln und Krisen.

Das Beispiel von Asaf zeigt, dass uns selbst die Beschäftigung mit den frommsten Aufgaben nicht vor Zweifeln und Krisen schützt. Erst der Moment der Gottesbegegnung rückte seinen Blick wieder zurecht. Er erkannte, dass er Menschen beneidete, die er eigentlich hätte bemitleiden sollen, weil sie ohne Gott und damit ohne eine ewige Hoffnung lebten. Im Gegensatz zu ihm fehlte ihnen das Lebensfundament. Nämlich eine Beziehung zu Gott, die dieses irdische Leben überdauert. Das Erleben seiner Nähe.

Vielleicht geht Ihnen beim Lesen meiner Ausführungen Folgendes durch den Kopf: „Ja, wenn Gott sich mir nur zeigen würde, dann könnte ich vielleicht auch anders glauben. Aber so? Ich weiß ja nicht einmal, ob er überhaupt da ist?" Solche Zweifel und Gedanken sind auch mir vertraut. Und doch möchte ich an der Bedeutung dieser Gottesbegegnung festhalten. Vielleicht müssen wir unsere Vorstellung davon, wie diese Begegnung auszusehen hat, revidieren. Aber Gottesbegegnung ist notwendig, damit unser Innerstes zurechtgerückt wird und wir mit Gottes Hilfe zu einem Trotzdem-Glauben finden können.

Meiner Erfahrung nach gibt es **zwei Arten von Gottesbegegnungen**. Auf der einen Seite die ganz außergewöhnlichen Begegnungen: Momente, in denen Gott auf übernatürliche Weise in Ihr Leben eingreift. In denen er durch andere Menschen zu Ihnen spricht. In denen Sie ganz einfach wissen und spüren: Dies kann nur der lebendige Gott tun. Momente, in denen Ihnen fast der Atem stehen bleibt, weil Gottes Gegenwart so deutlich spürbar ist. Solche Gotteserfahrungen sind unglaublich kostbar und können durch so manche Wüstenstrecke des Lebens hindurchtragen. ABER – und dies bestätigt auch ein Blick in die Bibel – sie sind eher selten. Ich hatte auch schon ein paar solcher Gottesbegegnungen in meinem Leben. Sie sind mir unendlich kostbar, aber es sind Ausnahmen. Viele Menschen, deren Geschichte in der Bibel erzählt wird, warteten viele Jahre, bis Gott ihnen auf besondere Weise begegnete. Denken wir zum Beispiel an Mose und seine Gottesbegegnung am Dornbusch. Die vierzig Jahre vor diesem Erlebnis war Mose ein Schafhirte in der Wüste gewesen. Außergewöhnliche Gottesbegegnungen sollten ganz besonders sorgfältig aufbewahrt werden. Wie ein kostbarer Schatz. Wenn sich Gott einer einzelnen Person oder seinem Volk offenbart hatte, befahl er ihnen anschließend oft, dass sie einen Altar bauen, ein Lied darüber singen oder das Erlebnis aufschreiben sollten, damit sie es nie vergessen würden. Wir Menschen sind so unglaublich vergesslich. Vor allem bei positiven Dingen. Gott möchte unseren Blick

Gottes Geist kann dort wirken, wo wir ihm Raum geben.

für das Gute schärfen. Damit wir uns auch in Dürrezeiten an besondere Erfahrungen mit ihm erinnern. Mir persönlich hilft es, solche besonderen Gottesbegegnungen in meinem Tagebuch festzuhalten. Dort kann ich sie immer wieder nachlesen und mein Herz neu davon berühren lassen.

Daneben gibt es aber auch eine andere Art von Gottesbegegnungen. Die eher unspektakulären Begegnungen. Manchmal fürchte ich, dass wir diese Art von Gottesbegegnungen übersehen, weil wir uns eine Gottesbegegnung so viel eindrücklicher vorstellen. Dabei sind es genau diese unspektakulären Gottesbegegnungen, die unseren Glauben am Leben erhalten. So kann ich Gott zum Beispiel begegnen, wenn ich in seinem Wort lese. Ich kann ihm auch begegnen, wenn ich seine Nähe suche. Und eigentlich denke ich, dass diese unspektakulären, alltäglichen Gottesbegegnungen genauso wichtig sind wie die anderen. Gottes Geist kann dort wirken, wo wir ihm Raum geben. Aber sind wir denn auch bereit, ihm Raum dafür zu schaffen? Sind wir bereit, mitten in dem, was unseren Alltag ausmacht – so wie Asaf –, offen für ihn zu sein und uns von ihm eine veränderte Perspektive schenken zu lassen?

3. TROTZDEM-GLAUBE

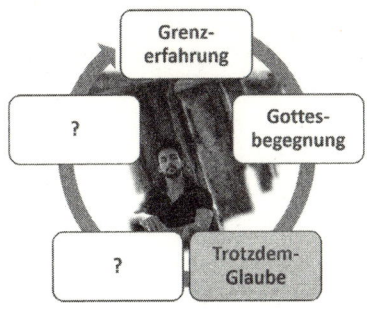

Während Asaf an jenem Tag im Heiligtum war und Gott anbetete, rückte Gott seine Sicht- und Denkweise zurecht. Das beweisen die Verse 23-26, die bei Martin Luther mit dem Wort „Dennoch" eingeleitet werden. Statt „Dennoch" könnte man auch „Trotzdem" schreiben: *Dennoch* (**TROTZDEM**) *bleibe ich stets an dir; denn du hältst mich bei meiner rechten Hand, du leitest mich nach deinem weisen Rat und nimmst mich am Ende mit Ehren an. Wenn ich nur dich habe, so frage ich nichts nach Himmel und Erde. Wenn mir gleich Leib und Seele verschmachtet, so bist du doch, Gott, allezeit meines Herzens Trost und mein Teil.*

„Dennoch" ist manchmal das einzige Wort, das uns noch bleibt. „Dennoch" bedeutet, dass ich mich dafür entscheide, trotz der Situation, die mich in die Verzweiflung treibt, weiterzugehen – wider alle menschliche Vernunft. Es meint die Entscheidung, nicht aufzugeben, sondern weiter an Gott festzuhalten und ihm zu vertrauen – trotz Ablehnung, trotz Mutlosigkeit, trotz des Gefühls der Unfähigkeit, trotz einer Niederlage und menschlichem Scheitern, trotz Zweifeln, trotz Unsicherheit, trotz Angst, trotz unendlicher Traurigkeit und trotz Entmutigung.

Trotzdem-Glaube geschieht nicht einfach so, sondern erfordert eine bewuss-

> Trotzdem-Glaube geschieht nicht einfach so, sondern erfordert eine bewusste Entscheidung.

te Entscheidung. Im Lied *Dennoch* von Thea Eichholz-Müller kommt dies auf berührende Weise zum Ausdruck. Das Lied ist Teil ihrer CD *Breite deine Flügel aus*. Das Projekt war zugleich eine Trauerverarbeitung, nachdem ihr Mann – ebenfalls ein Musiker – aus menschlicher Sicht viel zu jung an Krebs gestorben war und sie mit ihren beiden Kindern alleine zurückgelassen hatte. Im Lied singt sie unter anderem:

> *Du hast uns nicht verwöhnt mit Leichtigkeit,*
> *kein roter Teppich lag für uns bereit.*
> *Ein schwerer Kelch will erst einmal getrunken sein.*
> *Auch deine Kinder wandern durch das Tal,*
> *auch ihre Feinde sind von großer Zahl.*
> *Auch deine Kinder hört man weinend zu dir schrein:*
> *Mein Herz, es kommt noch nicht hinterher,*
> *deine Wege, sie sind zu schwer für mich –*
> *ich versteh dich nicht!*
>
> *Dennoch bleib ich stets an dir,*
> *ich häng an dir,*
> *ich bleib dir treu, so wie du mir.*
> *Mein Leben lege ich in deine Hand.*
> *Ja, ich bleibe stets an dir.*
> *Wie groß die Not*
> *auch in mir sei, du bist mein Gott!*
> *Mein Fels, bei dem ich Ruh und Frieden fand,*
> *ich bleibe bei dir – ich häng an dir.*[68]

Der Trotzdem-Glaube lebt von der Tatsache, dass Gott selbst uns mit seiner rechten Hand Halt gibt. Er trägt uns sogar dann, wenn wir keine Kraft mehr haben weiterzugehen. Selbst in den dunkels-

---

68 Eichholz, Thea 2005. *Dennoch*. Text und Musik: Thea Eichholz © Gerth Medien Musikverlag, Asslar.

ten Stunden unseres Lebens gilt: Jesus ist da. Seine Gnade und Liebe sind grenzenlos. Ein Trotzdem-Glaube trotzt dem Satan, der größtes Interesse daran hat, uns in unserem Dienst für Gott komplett lahmzulegen. Es gehört zu den schwierigsten Lektionen unseres Lebens, auch in schwierigen und dunklen Zeiten darauf zu vertrauen, dass Gott es gut meint mit uns und dass er uns nicht vergessen hat.

4. VERTRAUEN & HEILUNG

Das nächste Kästchen in unserem Prozess steht auf gleicher Höhe wie der Trotzdem-Glaube und beinhaltet zwei Themen, die untrennbar mit dem Trotzdem-Glauben verbunden sind: *Vertrauen und Heilung*. Beides Themen, die mir im Laufe der vergangenen Jahre besonders wichtig geworden sind.

Über Vertrauen habe ich in diesem Buch schon einiges geschrieben. Unter anderem habe ich in Kapitel 3 über Vertrauen als heilsames Verhaltensmuster geschrieben. Wie bei vielen anderen Themen in der Bibel fließen bei einem Trotzdem-Glauben das göttliche Wirken und unser menschliches Wirken ineinander. Trotzdem an Gott festzuhalten und weiterzugehen bedingt auf der einen Seite meine Entscheidung, weiter zu vertrauen, und auf der anderen Seite ist es Gott, der mich hält und mir hilft, dass es mir überhaupt möglich ist, ihm zu vertrauen. Gottes Wort fordert uns dazu auf zu vertrauen, dass etwas geschehen wird, auch wenn wir es noch nicht sehen können. Indem wir es tun und vertrauen, indem wir unseren Fuß vertrauensvoll ins Nichts setzen, erleben wir Gott als den, der unseren Weg schon vorbereitet hat. Er ist es, der Wege im Nichts schaffen kann. Wege in der Wüste, Wege durch Meere. Ich möchte Ihnen von Herzen Mut machen für Vertrauensschritte oder gar Vertrauenssprünge. Dies könnte der Anfang von unvergesslichen Gotteserfahrungen werden.

Im Zusammenhang mit Vertrauen möchte ich auch das Thema **Heilung** erwähnen. Menschlichen Grenzerfahrungen gehen Verletzungen aller Art voraus. Vielleicht haben uns Menschen enttäuscht. Vielleicht wurde uns unrecht getan, vielleicht bin ich auch von Gott enttäuscht. Ein verletztes Herz steht in der Gefahr bitter zu werden. Daher brauchen wir dringend Heilung. Wir brauchen geheilte Herzen, damit wir in der richtigen Herzenshaltung dienen können. Damit unser Blick frei ist für die Wahrheit, die sich in Jesus Christus offenbart hat. Und damit wir frei sind, das zu tun, was Jesus von uns möchte. Jesus möchte Ihr Herz genau in diesem Moment berühren. Glauben Sie mir: Er sieht Ihre Traurigkeit! Er kennt Ihre Verletzungen und weiß um Ihre Verletzlichkeit. Er kennt Ihre Fragen und leidet mit Ihnen. Er möchte Ihnen zur Seite stehen, Ihnen Trost schenken und Ihnen genau in dieser Situation nahe sein.

Für Jesus ist nicht Ihr Dienst oder Ihre Leistung wichtig, sondern Sie selbst. Besonders eindrücklich erkennen wir dies an der Geschichte von Elia: Unglaublich, was Elia alles mit Gott erlebt hat. Denken wir zum Beispiel an den Triumph auf dem Karmel gegen Hunderte von Baals- und Aschera-Propheten. Gott stand zu Elia und schickte Feuer vom Himmel. Danach setzte auf Elias Gebet hin nach einer dreieinhalbjährigen Dürrezeit Regen ein. In 1. Könige 18 lesen wir, dass nach diesen Ereignissen „die Kraft des Herrn" über Elia kam. In göttlicher Energie lief er vor König Ahabs Wagen her bis nach Jesreel. Ein 30-Kilometer-Lauf im Regen – schneller als der königliche Wagen. Elia war wie entfesselt. Er war sich so sicher, dass sich jetzt alles ändern würde. Dass der

König und mit ihm die gottlose Königin Isebel nun endgültig erkannt hätten, wer der lebendige Gott ist. Doch leider kam es anders. Wenig später (nur ein Kapitel nach diesen unglaublichen Erlebnissen) begegnen wir Elia unter einem Ginsterstrauch wieder. Zu Tode geängstigt von der Morddrohung der Königin Isebel. Von allen Lebensgeistern verlassen. Lebensmüde. Nach dem geistlichen Höhenflug, nach dem totalen körperlichen Einsatz fällt er in sich zusammen wie ein Häufchen Elend. Er kann nicht mehr und will nicht mehr. Es berührt mich, wie Gott ihm begegnet. Gott sagt nicht: „Jetzt lass dich doch nicht so hängen – nicht nach dem, was auf dem Karmel geschehen ist! Schlappgemacht wird hier nicht." Nein, er schickt einen Engel mit Brot und Wasser, der Elia ganz sanft berührt. Ganz behutsam und liebevoll nähert sich Gott seinem Diener Elia: „Steh auf und iss!" „Stärke dich in deiner Erschöpfung." Gott sieht, was Elia jetzt ganz dringend braucht. Durch den Engel ermutigt Gott Elia zu essen und zu trinken. Sein erschöpfter Körper soll neu gestärkt werden. Erst als Elia wieder bei Kräften ist, schickt Gott ihn weiter. Er gibt sich ihm am Berg Horeb auf sanfte Weise zu erkennen – und gibt ihm einen neuen Auftrag.

Für Jesus ist nicht Ihr Dienst oder Ihre Leistung wichtig, sondern Sie selbst.

Trotzdem weiterzugehen ist kein Sonntagsspaziergang. Es bedeutet Kampf, Leiden und Tränen. Aber wenn wir nicht aufgeben, dürfen wir erleben, wie Gott die Dunkelheit, die uns oft umgibt, ganz sanft mit seinem Licht durchdringt. Das göttliche Licht nährt die verletzliche Pflanze unserer menschlichen Hoffnung, dass Jesus mächtiger ist als alle „Trotzdems" unseres Lebens. Und selbst wenn wir schuldig an Gott oder anderen Menschen geworden sind und wenn wir versagt haben: Jesus kann uns berühren, uns unsere Schuld vergeben und uns heil machen.

5. NEUER AUFTRAG

Psalm 73 endet mit den Worten: *Gott nahe zu sein, ist mein Glück. Ich setze auf Gott, den Herrn, mein Vertrauen. Ich will all deine Taten verkünden.* (Vers 28, EU 1980) In diesem letzten Punkt des Prozesses geht es darum, dass wir Beauftragte sind.

Wir haben den Auftrag, anderen Menschen von Jesus zu erzählen – unserer Art entsprechend. Einige können das ganz gut mit Worten, andere eher durch Taten, durch Liebesdienste, durch Textnachrichten oder wie auch immer. Es geht darum, dass wir mutige Zeugen dafür sind, dass wir durch Jesus in einer Beziehung mit dem lebendigen Gott leben dürfen. Es geht darum, dass wir anderen von seiner Gnade, von der Erfüllung und dem Glück, die in einer Beziehung mit ihm zu finden sind, erzählen.

Auch Sie sind beauftragt! Ganz grundsätzlich – mit dem Auftrag, den ich eben genannt habe –, aber auch im Speziellen. Mit einem Auftrag, den Gott Ihnen ganz speziell aufträgt. Wenn Sie denken, dass andere für diesen Auftrag besser qualifiziert sind als Sie, stecken Sie schon wieder mitten im Vergleichen! Es geht nicht um einen Vergleich, sondern um den ganz individuellen Plan, den Gott für Ihr Leben hat.

Was ich Ihnen an dieser Stelle mit Nachdruck ans Herz legen möchte, weil es mir selbst so unheimlich wichtig geworden ist, ist Folgendes: **Lassen Sie sich von niemandem davon abhalten, das zu tun, was Gott Ihnen aufgetragen hat!** Lassen Sie nicht zu, dass andere Menschen Sie daran hindern, wenn Gott Ihnen etwas ganz klar gezeigt hat. Sie werden einmal *Gott* Rechenschaft ablegen über Ihr Leben. Nicht anderen Menschen. Lassen Sie nicht zu, dass der Satan Ihre Gedanken vergiften kann und Sie auf diese Weise lahmlegt. Er ist der Vater der Lüge. Er freut sich darüber, wenn Sie an Lebenslügen festhalten. Jesus ist die Wahrheit in Person. Und er wünscht sich, dass Sie *seinen* Worten Vertrauen schenken, nicht den Worten des Vaters der Lüge.

Satan möchte Sie mit aller Macht von einem Trotzdem-Glauben und Trotzdem-Weg abbringen. Denn es ist ein kraftvoller Weg. Es ist ein Weg, der allein aus menschlicher Kraft nicht möglich ist und in dem sich etwas von Gottes Herrlichkeit spiegelt. Ein Weg, in dem etwas von dem sichtbar wird, dass Gottes Kraft in den Schwachen mächtig ist.

Gott ist so viel größer, so viel mächtiger, als wir es uns in unseren kühnsten Träumen vorstellen können. Halten Sie Gott nicht klein in Ihren Vorstellungen. Sie dienen einem Herrn, dem **alles** möglich ist. Überlassen Sie Gott Ihr Scheitern, Ihr Versagen, Ihre Entmutigung, Ihre Verletzung und Gott kann all dies umwandeln in Segen.

> Lassen Sie sich von niemandem davon abhalten, das zu tun, was Gott Ihnen aufgetragen hat!

Wenn Jesus Sie beauftragt – hilft er Ihnen auch! Und es ist ganz normal, dass sich manche Aufträge oft eine Schuhnummer (oder gar mehrere Schuhnummern) zu groß für uns anfühlen. Damit ist sichergestellt, dass wir stets auf Gottes Hilfe angewiesen bleiben. Wenn Sie sich unfähig und überfordert fühlen, befinden Sie sich in bester Gesellschaft. Und wenn Sie das nächste Mal denken, Gott könne Sie nicht gebrauchen, dann werfen Sie mal einen Blick in die Bibel – und Sie werden keine Entschuldigung mehr haben. Den folgenden Text habe ich vor langer Zeit irgendwo gefunden und in meinem Sammelsurium von Gedanken und Texten abgelegt. Und ich gebe ihn hier in leicht adaptierter Version wieder:

Noah war betrunken,
Abraham war zu alt,
Josef war ein Träumer,
Jakob war ein Lügner,
Gideon hatte Angst,
Simson hatte lange Haare und war ein Frauenheld,
Rahab war eine Prostituierte,
Jeremia war zu jung,
Mose stotterte,
Zachäus war zu klein,
David hatte eine Affäre und war ein Mörder,
Elia war lebensmüde,
Jona lief davon,
die Jünger schliefen beim Gebet ein,
Marta machte sich zu viele Sorgen,
Petrus war impulsiv,
Thomas war kleingläubig,
Markus gab auf,
Timotheus hatte ein Magengeschwür
und ... Lazarus war tot.

Doch dies war bloß ein Bruchteil ihrer jeweiligen Lebensgeschichte. **Trotz dem**, was hier genannt wird, schrieben sie alle Geschichte mit Gott!

Lassen Sie sich von niemandem aufhalten, mutig Ihren Weg mit Gott zu gehen. Lassen Sie Ihre Persönlichkeit und Ihre Begabungen aufblühen – Gott zur Ehre und Ihnen und anderen Menschen zum Segen.

Mein Lebensgarten 4

- Welche Worte oder Sätze aus Ihrer Kindheit prägen Sie bis heute negativ?
- Welchen prägenden Satz möchten Sie gerne loswerden? Überlegen Sie, wie Sie ihn ins Gegenteil umformulieren könnten. Wie würde der Satz dann lauten?
- Fällt Ihnen ein Mensch ein, der ein Wort der Ermutigung brauchen könnte? Falls ja: Setzen Sie Ihre Gedanken in die Tat um!
- Welche Menschen in Ihrem Umfeld lassen Sie aufleben, welche entmutigen Sie und geben Ihnen das Gefühl, nicht gut genug zu sein? Verbringen Sie bewusst mehr Zeit in der Nähe der Menschen, die Ihnen guttun und Sie ermutigen.

Wurzel-Pflege

- Nehmen Sie sich einen Moment Zeit. Setzen Sie sich hin und spüren Sie Ihren Atem. Machen Sie sich beim Atmen bewusst, dass der Atem des Allmächtigen durch Ihre Lungen fließt. Danken Sie Gott für das Geschenk Ihres Lebens.
- Haben Sie einen Stuhl oder einen bestimmten Platz, an dem Sie täglich einige Minuten verweilen, um in Gottes Wort zu lesen und auf seine Stimme zu hören? Falls nicht, überlegen Sie sich, welcher Stuhl, welcher Raum, welche

Sitzecke sich dafür eignen würde, und richten Sie sich so ein, dass Sie sich wohlfühlen.

- Überlegen Sie sich, wann ein geeigneter Zeitpunkt für Ihre „Stuhlzeit" wäre.
- Betrachten Sie noch einmal Ihr Lebensherz und die Leidenschaften, die Sie dort definiert haben. Welchen Bereich wollen Sie als Erstes angehen? Falls Sie dies nicht bereits getan haben: Definieren Sie einen ersten Schritt, den Sie umsetzen wollen.
- Wo erkennen Sie Einzigartiges an sich? Geben Sie dem, was Ihnen besonders am Herzen liegt, in Ihrem Alltag auch wirklich Raum oder verkümmert es in der Kategorie Wunschtraum? Wagen Sie es, Ihre Leidenschaften zu entdecken, zu entfalten und mutig einzusetzen!

Trotzdem-Glauben

- Waren Sie schon einmal in einer Situation, die einen Trotzdem-Glauben erforderlich gemacht hat? Was hat Ihnen damals geholfen?
- Falls Sie sich momentan in einer Situation befinden, die Trotzdem-Glauben erfordert: Begeben Sie sich bewusst in die Gegenwart Gottes. Vielleicht hilft es Ihnen auch, sich das Schaubild mit den verschiedenen Schritten zu kopieren (Seite 246) und irgendwo hinzuhängen. Machen Sie sich immer wieder bewusst: Zweifeln gehört zum Leben dazu. Daran ist nichts Verwerfliches. Doch das beste Gegenmittel ist, sich trotzdem an Gott zu klammern.

Die Lösung zum Rätsel
Seite 236

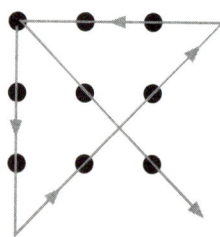

SCHLUSSGEDANKEN

Bei den Vorbereitungen für eine Lobpreiszeit bin ich vor einigen Monaten auf japanische Kunstwerke gestoßen, die mich völlig in ihren Bann gezogen haben. Die Kunstwerke waren das Resultat von *Kintsugi,* einer japanischen Methode, zerbrochene Keramik zu reparieren. Das Besondere an dieser Methode ist: Kintsugi versucht nicht, den augenscheinlichen Makel der Reparatur zu verbergen, sondern stellt ihn vielmehr in den Vordergrund. In einem komplexen Prozess werden zerbrochene oder gesprungene Keramiken repariert. Dabei wird als Kleber wiederholt ein Lack aufgetragen, dem wahlweise goldene oder silberne Pigmente beigefügt werden. Scherben werden kunstvoll zusammengefügt und ergänzen sich zu einem neuen Ganzen.

Kintsugi ist vermutlich auf Ashikaga Yoshimasa, einen *Shōgun*[69] des 15. Jahrhunderts, zurückzuführen. Nachdem dieser aus Versehen eine seiner chinesischen Teeschalen zerbrochen hatte, schickte er sie zur Reparatur nach China. Vom Ergebnis war er schwer enttäuscht. Deshalb bat er japanische Kunsthandwerker, eine bessere, optisch ansprechendere Reparaturmethode zu ent-

---

69 *Shōgun* war vom 12. bis ins 19. Jahrhundert ein japanischer Militärtitel für Anführer aus dem Kriegeradel der Samurai.

wickeln, durch die seine Teeschale wieder ansehnlich würde. So entstand Kintsugi.[70]

Durch Kintsugi wird Zerbrochenem neues Leben eingehaucht und es entsteht ein Objekt, dessen Schönheit und Wert dem Original in nichts nachsteht. Im Gegenteil: Durch die aufwendige Restauration mit der Goldverbindung erlangt die Keramik einen einzigartigen Status, dessen Wert kaum einzuschätzen ist.

Das Betrachten von Kunstwerken, die durch Kintsugi entstanden sind, hat mich zutiefst berührt, weil es mich daran erinnert hat, was Jesus in unserem Leben tun möchte. Und genau dies ist es, was blühendes Leben im Kern ausmacht.

BLÜHEN IM ZERBRUCH

In Psalm 31 gesteht David: *Ich komme mir vor wie ein zerbrochenes Gefäß* (Vers 13b; NLB). Wir alle sind auf die eine oder andere Weise innerlich (und einige auch körperlich) gebrochen. Und wir suchen krampfhaft nach Lösungen, unsere zerbrochenen Teile irgendwie zusammenzuhalten. Bei unserem „Reparatur-Material" handelt es sich vielleicht um die Arbeit, um Leistung, um Freunde, um Besitz, um Essen, um Süchte oder was auch immer. Es kann sogar etwas sein, das vordergründig sehr sinnvoll erscheint. Trotzdem bleibt das Gefühl der Gebrochenheit. So sehr wir uns auch bemühen, unsere Kräfte und Fähigkeiten reichen nicht aus, unsere eigene Gebrochenheit zu reparieren. Schließlich kommen wir zu dem Schluss, dass es keine Hoffnung für uns gibt. Dabei vergessen wir, dass Gott eine ganz andere Sicht der Dinge hat: Dort, wo wir nur Zerbruch erkennen, sieht er Schönheit. Wo wir Versagen erleben, sieht er Wachstumsmöglichkeiten. Wo wir uns wertlos fühlen, sieht er einen unendlich wertvollen Menschen.

Dies erinnert mich an ein Zitat von Blaise Pascal, das mich bereits in meinen Teenagerjahren beeindruckt hat: „Es ist nicht

---

70 vgl. https://tinyurl.com/y8ne5pcw [11.01.2018].

auszudenken, was Gott aus den Bruchstücken unseres Lebens machen kann, wenn wir sie ihm ganz überlassen." Voller Liebe und Behutsamkeit reinigt Gott die Bruchteile unseres Lebens, wenn wir bereit sind, sie ihm zu geben. Sorgfältig fügt er das, was zerbrochen ist oder sich zerbrochen und unbrauchbar anfühlt, mit dem göttlichen Gold seiner Liebe zu einem neuen und einmaligen Kunstwerk zusammen.

Dabei sieht auch er die Bruchstellen nicht als Makel. Er weiß, dass wir Menschen zerbrechliche Wesen sind. Dennoch will Jesus selbst in seiner ganzen Herrlichkeit und Kraft in unseren zerbrechlichen Lebensgefäßen wohnen: *Wir allerdings sind für diesen kostbaren Schatz, der uns anvertraut ist, nur wie zerbrechliche Gefäße, denn es soll deutlich werden, dass die alles überragende Kraft, die in unserem Leben wirksam ist, Gottes Kraft ist und nicht aus uns selbst kommt. Von allen Seiten dringen Schwierigkeiten auf uns ein und doch werden wir nicht erdrückt. Oft wissen wir nicht mehr weiter und doch verzweifeln wir nicht* (2. Korinther 4,7-8).

In Gott finden wir einen ewigen Wurzelgrund, der erneutes Aufblühen jederzeit möglich macht.

Wir werden nicht erdrückt. Ist das nicht eine großartige Zusage? Wir mögen Zerbruch erleiden oder – im Bild der Blume gesprochen – Stürme erleiden und vielleicht sogar erleben, wie unser Halm abknickt. Aber wir finden in Gott einen ewigen Wurzelgrund, der unserem Leben Heimat und festen Halt schenkt und erneutes Aufblühen jederzeit möglich machen kann. In Jesus Christus ist uns alles gegeben, was wir zum Gedeihen brauchen: Er will unser Licht sein, er schenkt uns Luft zum Atmen, er ist das lebendige Wasser. Seine Liebe lässt unsere Wurzeln gesund und stark werden. Und wir haben durch den Heiligen Geist Gottes Kraft in uns, die mitten in unserer Verletzlichkeit wirksam wird und uns mutig macht.

Lassen Sie sich beschenken, graben Sie Ihre Wurzeln fest in den göttlichen Wurzelgrund der Gnade und erleben Sie, wie sich Ihre Lebenspflanze zu voller Schönheit entfaltet.

DANK

Zunächst danke ich Gott, meinem Schöpfer, dafür, dass er mir mein Leben geschenkt hat, und für all seine Fürsorge bis zum heutigen Tag.

Dann danke ich Gott für den Lebensgarten, in den er mich hineingepflanzt hat, und für das liebevolle Zuhause, das ich als Kind erleben durfte. Danke, *Mama* und *Papa*, für das kostbare familiäre Erbe, das ihr mir auf meinen Lebensweg mitgegeben habt! Seit vielen Jahren bin ich nun selbst in der Elternrolle und weiß heute, was es bedeutet, Mutter zu sein. Es macht das, was ihr für mich getan habt, umso wertvoller. Danke ganz besonders für die tiefen Glaubenswurzeln, die ihr mir vorgelebt habt und die ich bis heute mit euch teile.

Rückblickend auf meine Herkunftsfamilie denke ich auch dankbar an all diejenigen zurück, die wesentlichen Anteil am Wachstum meiner Lebenspflanze hatten und die bereits in die himmlische Heimat vorausgegangen sind ... Ich vermisse euch. Eine Person ganz speziell.

Danken möchte ich des Weiteren allen, die auf irgendeine Weise dazu beigetragen haben, dass meine Lebenswurzeln stärker wurden und meine Lebensblume gedeihen konnte. Fünf von ihnen möchte ich namentlich erwähnen – in der Reihenfolge, in der sie in mein Leben getreten sind:

- *Mirjam,* als Schwestern wurden wir in den gleichen Herkunftsgarten hineingeboren. Uns verbinden unvergessliche Kindheitserinnerungen. Heute sind wir nicht nur Schwestern, sondern auch Freundinnen. Daran ändern auch die vielen Kilometer nichts, die uns trennen. Danke für alle schwesterliche Unterstützung – damals wie heute. Ti voglio un mondo di bene!

- *Rolf,* du hast so viel dazu beigetragen, dass sich meine Lebensblume entfalten konnte. Du hast stets an mich geglaubt, mir Rückhalt und Raum zur Entfaltung geschenkt. Dafür danke ich dir von Herzen. Zusammen mit unseren Kindern schenkst du mir ein Zuhause, wo ich mich zurückziehen darf und geliebt werde als die, die ich bin. Lass uns gemeinsam aufblühen – Seite an Seite – und uns weiterhin gegenseitig dabei unterstützen!
- *Ruben & Dina,* die große Aufgabe, als Mutter für euch da zu sein, hat mich vor eine neue Wachstumsherausforderung gestellt. Oft zweifle ich daran, dass ich dieser Rolle wirklich gewachsen bin. Aber ich möchte mein Bestes geben, weil ihr das verdient und weil es ein unglaubliches Geschenk ist, eure Lebenspflanzen zu umsorgen und eure Entwicklung mitzuverfolgen. Ihr erfüllt mein Herz mit Stolz und ich werde euch immer lieben.
- *Vreni,* du hattest im vergangenen Jahrzehnt ganz wesentlichen Anteil an meiner Entwicklung und meinem Aufblühen. Ich danke dir aus tiefstem Herzen für alles und bitte Jesus, dass der Segen, den ich durch dich erleben durfte, auf vielfache Weise zu dir zurückfließt.

Ein Buch zu schreiben, hat gewisse Parallelen mit dem Anlegen eines Gartens. Dabei geht nichts über das prüfende Auge eines erfahrenen Gartenexperten. Genau diese Rolle hast du, *Kathrin,* bei der Erstellung dieses Buches mit bewundernswerter Hingabe und Fachkompetenz übernommen. Als lektorierende „Gartenexpertin" hast du die Endgestalt dieses Buches maßgeblich mitgeprägt. Gemeinsam sind wir mehrfach durch den „Buchgarten" gegangen. Da und dort hast du mir empfohlen, etwas Unkraut zu jäten, einen Zweig zu beschneiden, hast mir dabei geholfen, etwas umzupflanzen oder neu einzupflanzen. Du hast Dünger hinzugefügt und diesen Buchgarten auf vielerlei Weise verschönert. Vielen Dank dir und dem ganzen Francke-Team!

Weitere Bücher von Debora Sommer

einzigartig – Entfalte, was in dir steckt
ISBN 978-3-86827-639-8
222 Seiten, Paperback

„Einzigartig" richtet sich an all jene, die auf ein Schmetterlingswunder hoffen. Die sich danach sehnen, dass in ihrem Leben zur Entfaltung kommt, was Gott in sie hineingelegt hat.
Die gute Nachricht ist: Wir alle sind dazu bestimmt, wunderschöne, einzigartige Schmetterlinge zu sein. Warum verharren wir trotzdem oft im Raupenstadium? Warum sehen wir Kokonzeiten als Bedrohung, nicht als Chance zum Wachstum? Welche Lektionen lassen sich aus der Verwandlung der Raupe zum Schmetterling ableiten und wie können wir diese auf unser Leben übertragen?
Für Debora Sommer ist die Verwandlung der Raupe zum Schmetterling zu einem Sinnbild für ihr eigenes Leben geworden. Offen erzählt sie in diesem Buch von ihren persönlichen Erlebnissen, gewährt Einblicke auch in schwere Zeiten in ihrem Leben und nimmt den Leser mit auf eine faszinierende Entdeckungsreise.

So einzigartig wie ein Schmetterling
ISBN 978-3-86827-719-7
48 Seiten, gebunden, farbig illustriert

Jeder ist dazu bestimmt, so einzigartig wie ein Schmetterling zu sein! Doch das geht nicht ohne die Verwandlung in der Puppe. Mit ergreifenden Texten ermutigt Debora Sommer dazu, auch in dunklen Zeiten an Gott festzuhalten und sich von ihm verändern zu lassen.